Chen Xunzheng Nianpu

陈训正年谱

唐燮军　戴晓萍　／著

ZHEJIANG UNIVERSITY PRESS
浙江大学出版社

图书在版编目(CIP)数据

陈训正年谱 / 唐燮军,戴晓萍著. —杭州:浙江
大学出版社,2019.1
（宁波学术文库）
ISBN 978-7-308-18796-1

Ⅰ.①陈… Ⅱ.①唐…②戴… Ⅲ.①陈训正—年谱
Ⅳ.①K827＝6

中国版本图书馆 CIP 数据核字（2018）第 291702 号

陈训正年谱

唐燮军　戴晓萍　著

责任编辑	杨利军	
文字编辑	吕倩岚	
封面设计	春天书装	
出版发行	浙江大学出版社	
	（杭州市天目山路 148 号　邮政编码 310007）	
	（网址:http://www.zjupress.com）	
排　　版	浙江时代出版服务有限公司	
印　　刷	浙江新华数码印务有限公司	
开　　本	710mm×1000mm　1/16	
印　　张	16.25	
字　　数	283 千	
版 印 次	2019 年 1 月第 1 版　2019 年 1 月第 1 次印刷	
书　　号	ISBN 978-7-308-18796-1	
定　　价	55.00 元	

图 1　陈训正、魏思德夫妇合照　1941 年摄于浙江永康下塔寺岁寒寮前
供图人：陈玲娟（陈训正九妹）

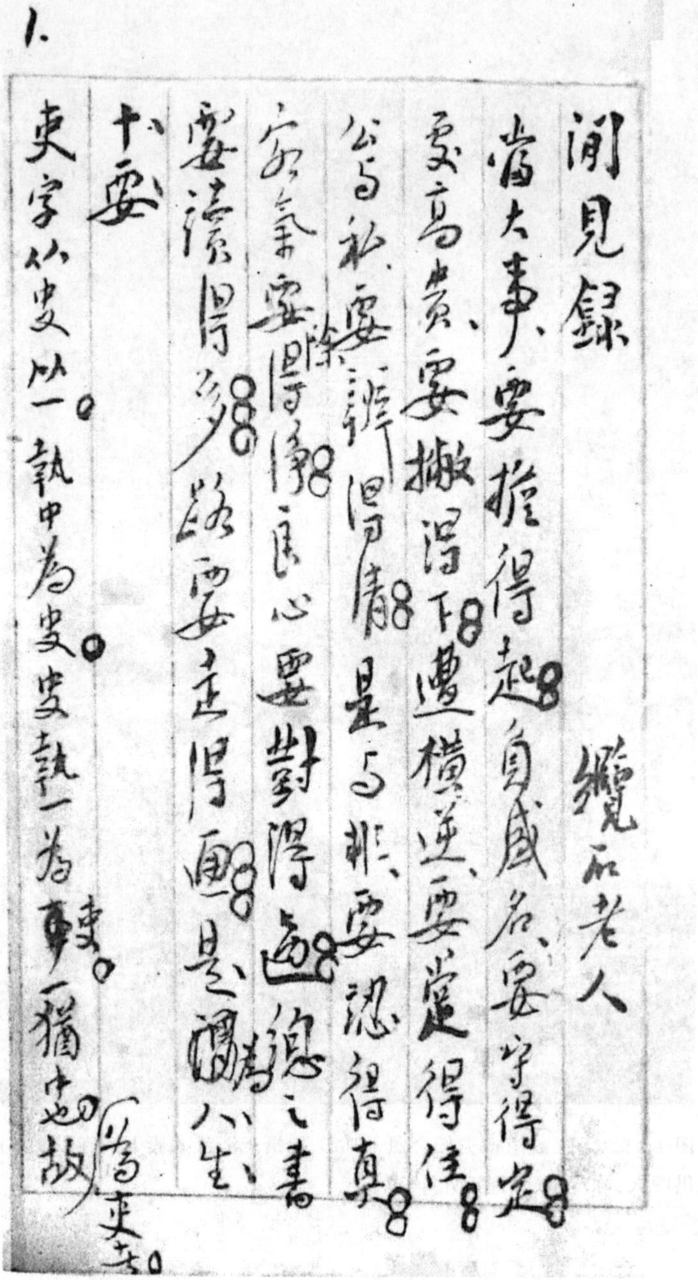

1.

図 2 陈训正手稿
供图人:陈玲娟(陈训正九妹)

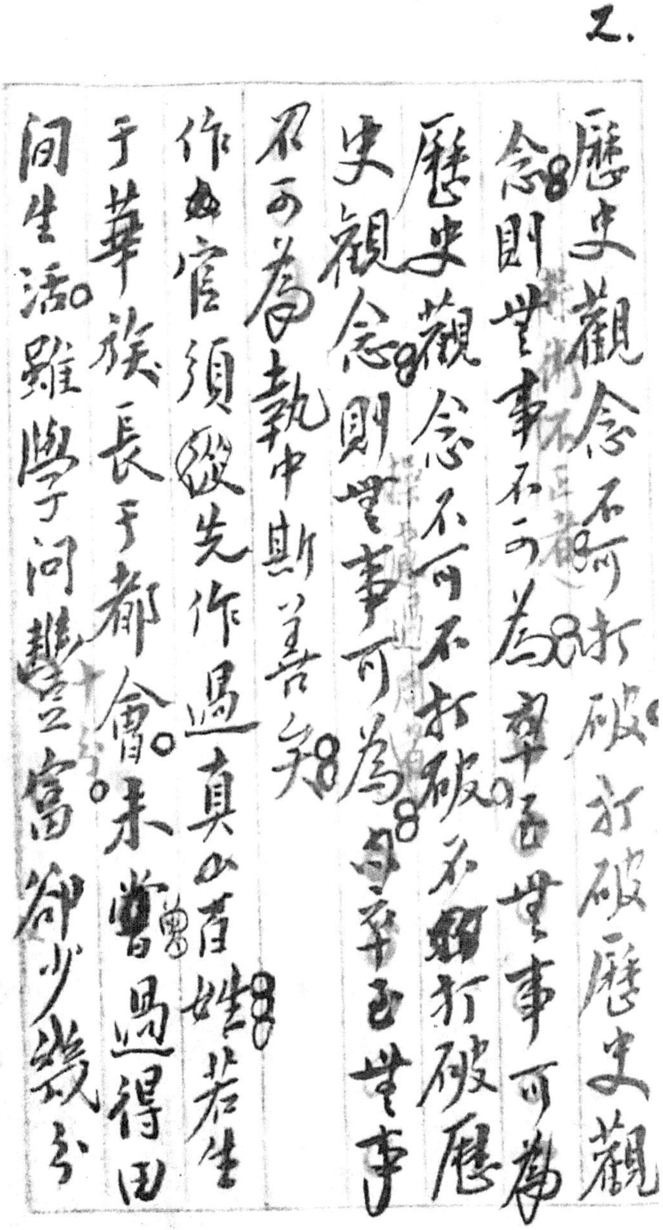

歷史觀念不可打破，打破歷史觀
念則世事不可為。尊重世事不可為
歷史觀念不可不打破，不打破歷
史觀念則世事可為。身尊重世事
不可為，執中斷善。
作女官須從先作過真正百姓若生
于華族長于都會。未嘗過得田
间生活雖學于問豐富，卻少幾分

图 3　陈训正手稿
供图人：陈玲娟（陈训正九妹）

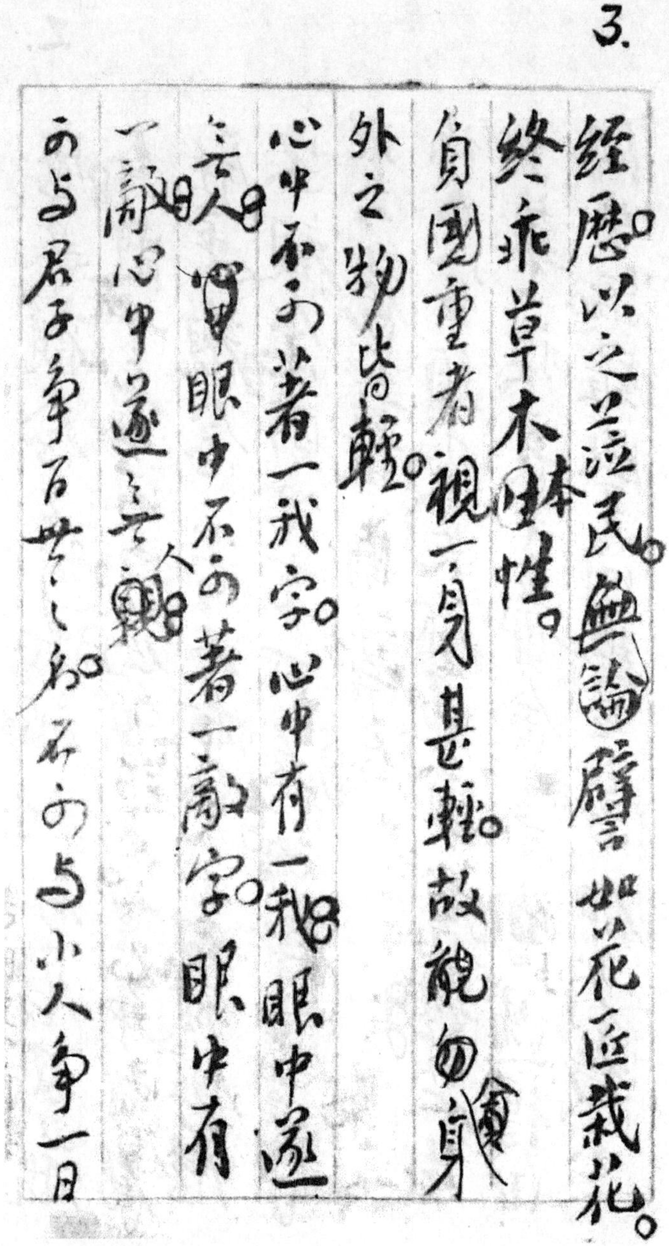

経歴以之治民。無論譬如花匠栽花。

終亦草木本性。

負固重者。視一身甚輕。故視物如軀

外之物比皆輕。

心中不著一我字。心中有一我眼中

念曰眼中不著一我字。眼中有

一念心中遂之...人

而与君子争百世之知而与小人争一日

图 4　陈训正手稿
供图人：陈玲娟（陈训正九妹）

目　录

目　录

上 篇

　　协助宁波知府推广新式学堂的清末举人,全程参与辛亥宁波光复的主要功臣,主持编纂民国《定海县志》《掖县新志》和《鄞县通志》的方志名家,合作创办并具体负责《宁波白话报》《天铎报》《商报》日常事务的著名报人,20世纪20年代末的浙江省府委员兼杭州市市长,抗战时期的浙江省临时参议会议长,诸如此类,皆系浙江慈溪人陈训正(1872—1943)在其七十余年人生旅程中所曾出演的角色。探讨陈氏出演此类角色的内因外源,分析陈氏出演不同角色时的各自作用,这其中的关键,无疑就在于尽可能全面地占有、爬梳包括诗文在内的相关史料,进而据以按年编列陈训正的生前行迹。

一、学术史回顾

　　就较为宽泛的角度而言,针对陈训正学行的探讨,始于1919年春季之前应启墀等人对其《无邪诗存》的评判。(作者按,《天婴室丛稿》之二《无邪诗旁篇》卷首云:"居白衣恤孤院二年,院主事若严为余衰诗得一百四十六首,题曰《无邪诗存》。既又搜得篚衍蟫蟫胰尾,尚留百五十首,年时错出,不能次第,因为《诗旁篇》。火之不忍,将以灾木,此戈戈者,化鱼所弃吐,尚欲流视人间耶。己未春,玄婴识。"是知《无邪诗存》纂成于1919年春。)这些评判者不是对陈训正有知遇之恩的喻兆蕃,就是与陈氏惺惺相惜的冯开、虞辉祖等挚友和当时社会声望、学界影响都在陈训正之上的陈三立、释太虚等名流,这类评述也比较客观、可信(详参表1),理当成为考述陈氏学行的出发点。

表 1　1919 年春之前对陈氏诗篇的评述

评议者	内容	出处
应启墀	天婴诗,五古最有功,乐府亦剡剡出光气,奇警而几于自然,皆足以虎视一时。次为七律,又次为五律。七绝、七古最下,七绝往往失之佻率,七古往往失之散漫。吾愿天婴益努力也。	《天婴室丛稿·诸家评议》
冯开	玄父诗,不患其不奇,而患其不驯。昌黎云:"文从字顺,各识职。""识""职"二字,即"驯"字脚注。凡诗文,无论清奇浓淡,必须臻"驯"字境界,方为成就。玄父似犹有待也。	
徐韬	天婴自谓三十以前未尝学律,五古、乐府得力于风谣;读其拟古之作,信之矣!近作稍入宋人具茨、陵阳、眉山(即晁冲之、牟巘、苏轼)诸家。天婴又言"平生实未读宋人诗",此欺耳,余不敢信。	
郑孝胥	爱奇嗜古,不作凡响,此必有哀乐过人、性情绝俗,乃堪相称。工夫自在诗外,不足为寻章摘句者道矣!	
虞辉祖	惨辉妙旨,成嵯峨俶诡之观。神血湛湛,殆欲分液郊贺。	
喻兆蕃	荒忽幼眇,跌宕光怪,如《搜神记》,如秦汉童谣。十年不见君,幽忧沈郁,乃至于此邪!噫!	
释太虚	噫作灵飙,将构其变;液匀神雪,将撢其质。骞古路而动容,击寒旻以流响。	
陈训正	余诗可以观,可以怨。若夫兴群之义,尚竢之异日。	
虞辉祖	余曩序《回风堂集》,谓吾甬上诗家,以君木、无邪为挽近之绝出者。非私言也。盖二君虽自晦于世,欲以诗明志者同;其诗之刚柔正变或稍异,而感时伤物、不能自己而有作者,又无不同也。自有清末造,学者尤尚宋诗,若隐有家法,号'同光体',实江西诗派之支流余裔。无邪奚乐为此者,无邪曰:'吾年三十,犹不读唐以后诗,吾好古歌谣而已。……且自叹不如无知之草木,其徘徊凄惋,感人情之不可聊,何如吾人之于今日,殆动于天倪之有同然者矣。顾吾自为诗,每下笔辄悲从中来,往往篇末终而废去。或谓予怀清苦,故而所作乃类宋人。夫吾遑问唐之与宋,不过如候虫应秋而鸣,谓为吾人之歌谣,可尔?'盖无邪晚际兵兴,睹乱之靡有已,故常所讽道如此!生平好与君木唱和,余每访于郡中后乐园,近且避居西城白衣寺,有所作,尤不肯示人。乌乎,世果可嫉其如斯耶!读君诗者,可以怨矣。	《天婴室丛稿·叙》

从传世文献的相关记载来看,探讨陈训正学行的第二波热潮出现在 1924—1925 年,其重心显然在于肯定陈氏所主纂的《定海县志》。这其中,冯开的评述一如既往地相对公允:

> 志乘之作,羽翼惇史。外史所领,司会所掌,輶使所采,胥于是隶焉,开物成务,其揆一也。革政已还,民义昭彰,遘会既殊,取涂宜广,先正耆彦,互立科条,大氐统于一尊,畸于文胜,伦脊虽具,祛发盖鲜,必执墨守之见,以驭纷纶之局,斯又通人之蔽也。定海悬峙海东,山海之气,郁为才秀,遗文前献,灼然足征。顾自改厅为县,绵历星纪,风政推暨,非复旧贯,澄荡拘率,更定阡陌,钩稽往复,归于翔实,非夫通方博瞻特立独行之君子,其孰能宏斯业乎!陈君以异县之士,当属笔之任,不偏人文,兼进民治,因创损益,务循其本。举凡文化之升降,治理之消长,民生之荣悴,风俗之隆污,疆域之沿革,财赋之息耗,物产之丰啬,部罗州次,体用赅备,识大识小,咸有统绪。《武功》《朝邑》,颇多高简,以今方昔,宁但不愧之而已。夫人群翕辟,自简之巨,孳乳错综,莫竟畔岸。民史有述,籀其至赜,絜其至涣,箸诡化之迹,探敷治之原,斯为美也。每览囊史,于州闾文物,动举概较盈虚之数,无征不信,阐往昭来,要惟方志。矧在今世,时制迁贸,蕲向日新,民彝物曲,都关闳旨。造端于变动,而立极于光明。后有作者,其诸亦乐取乎是欤!绅绎既洽,服其精能,辄述要略,用谂并世。①

相比较而言,应季审与柳诒征对《定海县志》的评述,则又近乎肆意吹捧。譬如前者,不但认定《定海县志》"穷古往今来之蕃变以会其通,推天行人事之奥衍以治其究,体裁节目,断然创始,虽未敢言绝后,要当空前无疑也",而且在出任掖县县长后不久,便委以修纂《掖县新志》的重任②;至于后者,更是仅仅在寓目陈氏寄来的《定海县志·例目》之后,就毫无保留地歌颂这部由其弟子陈训慈的堂兄所主纂的志书:

> 陈君无邪、马君涯民,淹综坟史,贯以新知,近纂《定海县志》,示以《例目》。列志十六,分目七十,表纪传录,若网在纲,大氐袭故者十之二,创制者十之八,纵极天人,衡浃海陆,社间之会,米盐之产,黉

---

① 冯开:《定海县志叙》,《中国地方志集成·浙江府县志辑》(38),上海书店 1993 年版,第 433 页上栏。

② 陈训正:《掖县新志叙目》,《天婴室丛稿第二辑》之九《缆石幸草》,1934 年铅印本。

序之政,教宗之枢,邮置走集,邸阁息耗,生齿盈朒,主客辜较,计吏所上,警史所谕,罔不甄综,明其消息。盖虽区区一地之志,驭以龙门、夹漈之识,且究极其所未备,诒征读之,叹观止矣。世运相嬗,一文一质,君子兼之,则彬彬焉。吾国古史,大宇所罕,第毗于文,务在审美;欧墨治史,每近质家,日用饮食,胪举惟谨。两者相衡,各有极诣。簿录枯燥,传状浮夸,非夫折衷,难语体要。斯志特崇民质,旁行斜上,义据通深,撼词述事,兼以笃雅,盖所谓损益得中、质文交胜者也。世有君子,当就是求史裁矣。甲子夏六月。①

柳氏此论,是否有助于平息一度甚嚣尘上的对陈训正所拟《定海县志》编纂体例的质疑,因史载阙如而不得其详,但可以肯定的是,它确立了此后学界内外对陈训正及其《定海县志》的评述框架和方向。

第三波热潮涌现于 1931 年陈氏六十大寿前后,在此期间,章门大弟子黄侃应陈氏门人童第德之请,从文学、方志两端,予陈训正以高度评价:

> 近代古文正宗,咸曰桐城,祖述其法者盈天下……非之者未始乏人,唯先生之言镌切最甚。……得先生之说,不独可以救桐城末流之失,即近顷薄古而逞臆者,亦不至溃决冲陷而无所止,则信乎先生为今日谈文者之司南,宜其克绍西溟而殆欲过之者也。数年前,侃始得读先生所撰《定海县志》,观其编制条例,迥异于向来郡书地里之为。……盖昔之方志,畸于考古,而此则重于合今;昔之方志,质者则类似簿书,文者又模袭史传,此志详胪表谱,位置有方,综叙事实,不华不俚;昔之方志,无过乡闾之旧闻,此志则推明民生之利害。使域中千余县皆放此而为之,不特一革乡志国史之体制,实即吾华国民史之长编。……如先生者,能为乡史示准绳,即能为国史成型范,此则在位者所未宜忽忘者也。②

而鄞县县立高级工科中学,在所呈《陈前校长六十寿言》中,合乎情理地将他们的前校长比作当代文宗、循吏:

> 慈溪陈屺怀先生,以儒学名当代,为文章出入于两汉魏晋之间,为海内文宗。其长浙江民政厅、杭州市也,除弊以利,革故以新,而尤

---

① 柳诒征:《定海县志跋》,《柳诒征劬堂题跋》,柳曾符、柳定生编,华正书局 1996 年版,第 168 页。
② 黄侃:《陈玄婴先生六十寿序》,附录于陈训正《天婴诗辑》,陈训慈整理,1988 年抄本。

以兴学为务,贤声噪于众口。……共和之初,先生尝长本校矣,以经费之无常,措置之不易,夙夜匪懈,不名一钱,至卖文以给不足,甬上之人,至今称之,此先生行事之荦荦大者,而揆之于古人,固已出入于儒林、循吏之间,则先生今日之登朝,亦将以兼善天下,而弥永其年矣。今年十二月为先生六十初度,朝之士大夫,与夫亲朋故旧,必有弘丈清制以寿先生者,而本校师生则窃以是说而进质焉,未知先生亦以为然否耶?①

稍后,徐震在所作《与陈屺怀先生论文书》中,既充分表达了其本人对文学的理解,更对陈训正的文才佩服得五体投地:

震尝谓文无间于今古,要以真意为质;辞无间于单复,要以醇雅为先。所谓真意者,持之有故,语必由衷也;所谓醇雅者,出言有章,不失体要也。于此有合,方克自立。若夫貌为醇雅而质不存,无得于内,徒求诸形骸之外,纵极工美,土木披绮绣而已。惟其无得于内而徒求之于外,乃有流派之争,是丹非素,纷纭不已,自有识者观之,直如蚊虻之过乎前也。尊箸(《天婴室丛稿》)用南雷黄氏例,文辞诗歌相杂。震于先生之古文辞,好之尤深,以为笔曲而气昌,骨重而体峻,语奇而理正,排奡而一归于妥帖,悲愉欢戚,咸出于肺俯,使人如睹肝膈,信乎茂于质,又工于辞也。自韩退之褐橥古文,唐人学韩者李习之、孙可之为善,李平实,孙倔奇。北宋欧、曾、苏、王并推崇韩氏,而欧、王两家得于韩氏为多。永叔近李,介甫近孙,才皆过之,规模亦视李、孙为大,然朴厚尚逊焉。斯则唐宋之辨也。自元明以迄有清,作者多从北宋人出,明之何、李、王、李,志攀秦汉而学不逮,清代则汪容甫之溯原东汉,刘申受之规橅西京,张皋文之力追杨、马,曾涤生之取径班、韩,胡穉威、朱梅崖之专学退之,龚定庵、魏默深之宗法晚周诸子,皆欲轶宋人之樊,途辙不同,各有擅胜。先生之文亦原本韩氏,而时出于晚周诸子间,盖在可之、介甫、穉威、梅崖、定庵、默深之外,自为一格。鄙见如斯,未审有当焉否耶?②

---

① 《鄞县县立高级工科中学二十周纪念册》附录(二)《陈前校长六十寿言》,1931年12月刊行,浙江省宁波市鄞州区正始中学图书馆藏。

② 徐震:《与陈屺怀先生论文书》,《浙江省立图书馆馆刊》第四卷第五期(1935年10月31日出版),第32页。

与此同时,对《定海县志》的内部构造和陈氏的行文风格,出现了若干质疑的声音,例如1937年5月11日刊登于《时事公报》的一篇题为《陈屺怀与宋子京》的短文,就曾委婉地批评陈训正好用奥字僻字的习惯:

> 乡先辈陈屺怀先生之为文也,好以奥字僻字以及古书,掺杂文间,使人读之,觉其拮倨磨牙,难以卒诵,故往往甚浅近之文字,而以文中之多用古字故,觉无限深奥,其义转晦。为善为病,固否具论,因忆宋代宋子京焉。与陈屺怀先生,可以后先辉映。

　　而在此之前的1934年,《浙江省立图书馆馆刊》的某编辑,也曾在负责刊载陈训正《定海县志序目》时,以"编者按"的形式,直指《定海县志》所列表格"偏重太过,于人物不免阙略",尤其对该志"于《列女》亦列表不立传"的措置,更是不以为然①。

　　第四波热潮出现在1943年陈训正病逝后,下迄1947年陈氏灵柩归葬故乡前后,始则有陈建风等人在《陈训正行述》中,将其父定位成与章学诚不相上下的方志学大家:"盖方志之学,昔人所难,非擅三长,不堪其任,章氏而后,继起者希,府君三志,世无间言,方之实斋,斯无愧色。"②随后,其堂弟陈训慈、弟子沙文若又相继撰成《陈君屺怀事略》(初稿)和《陈屺怀先生行状》③。这其中,《陈君屺怀事略》(初稿)的作旨,虽仅用便重庆各界"悼祭"④陈布雷(蒋介石面前的红人)的堂兄,却是首篇全面概述陈训正生平及其学术成就的专文,而《陈屺怀先生行状》的重心和亮点,显然并非追述陈训正的生前行迹,而是从纵横两个向度界定陈氏的学术地位:

> 浙东学者自宋元以来,率尚义理制数,或专精史事,鲜有以文辞名家者。先生雅好古文诗歌,早岁与县人冯君开、应君启墀、洪君允祥齐名,有"三病夫一狂夫"之目。……四人者,各有其专诣……先生则风力道劲,器业过人。文近子长、子云,为深博无涯涘;诗词取

---

① 陈训正:《定海县志序目》,《浙江省立图书馆馆刊》第三卷第四期(1934年8月)。所谓《定海县志序目》其实就是前揭《定海县志·例目》。

② 陈建风、陈建斗、陈建尾:《陈训正行述》,载《民国人物碑传集》卷一,卞孝萱、唐文权编著,凤凰出版社2011年版,第24页。

③ 按,沙茂世《沙孟海先生年谱》1943年条云:"本年,著《桂林重刻石曼卿题名跋》、《陈屺怀先生行状》(刊于《晚山人集》、《忍庐老人行义录》)。"

④ 1980年代初,陈训慈在整理陈训正晚年所作《晚山人集》时,又将这篇旧稿增订为《陈君屺怀事略》;新增加的内容,一是引申陈训正的方志成就,二是概括陈训正"一生之总的精神"。详参《晚山人集》所附《陈君屺怀事略》,1985年抄本。

径与冯君略同,而硬语盘空,独似鲁直。要其博涉群书,探综道要,吐词为经,足以自成家数。……先生既饱学多闻,病近世方志因袭旧体,无当于实用,则创为新例,多列图表,旁行斜上,幅短而事赅。……盖先生之学,未可以一方体,其著之于书,足为后世法式者,文辞而外,惟诸志为超逸无俦云。①

降及 1947 年,又至少有两位亲友,在陈建风兄弟的恳请下,撰文悼念辞世已有五年的陈训正。这其中,张原炜的《陈无邪墓志铭》,竟夸张地将陈训正比作屈原、贾谊之俦②,故其学术价值,远不如同年 12 月沙文若所作的《晚山人集题辞》:

甬上自古多文史著作之彦,民国以来,称慈溪陈训正无邪、冯开君木、洪允祥佛矢,余皆得而师之。冯、洪二先生以教授终其身,陈先生晚岁莅政杭州,最为通显,享年最高,著述亦最富,蕲春黄侃季刚,尝以深宁王氏目之。先生著述初刊于甬上,曰《天婴室诗》,嗣刊于上海、杭州,曰《天婴室丛稿》,凡两辑。初辑七种,曰《无邪诗存》(即《天婴室诗》更名)、曰《无邪杂箸》,曰《哀冰集》,曰《秋岸集》,曰《逃海集》,曰《庸海集》,曰《阏逢困敦集》,合四册。续辑十种,曰《塔楼集》,曰《北迈集》,曰《末丽词》,曰《炎虎今乐府》,曰《紫荬词》,曰《吉留词》,曰《圣塘集》,曰《揽石秋草》,曰《揽石幸草》,曰《揽石春草》,合两册。其单行本,则有《论语时训》一卷、《甬上名谓籀记》四卷、《伣言》五卷、《悲回风》一卷,又主纂《定海县志》十六卷、《鄞县通志》六编三十六册。以上皆已刊。未刊者,有《读礼籀记》一卷、《孟子学说》三卷、《伣林》二卷、《岁寒述学》四卷、《泽畔吟》一卷、《晚山人集》四卷,又主纂《掖县志》若干卷。别有《天婴诗辑》三卷、《天婴文存》二卷,乃其晚年,就已刊旧稿选取称意者,作为定本,惜其稿未竟。此《晚山人集》,皆抗日期间退居家乡及避地浙南忧时伤乱之作。……今年四月,建风、建斗、建尾兄弟,既扶柩归葬慈溪官桥,复议先续刊《晚山人集》,属余疏记著作称目,揭之简端,俾后有考焉。

① 沙文若:《陈屺怀先生行状》,附录于《晚山人集》。
② 张原炜:《陈无邪墓志铭》,附录于《天婴诗辑》。

但遗憾的是,沙文若有关"《天婴室丛稿》,凡两辑"之说,并未引起研究者应有的关注,以至于晚近以来的所有相关研究成果,皆严重忽视《天婴室丛稿第二辑》与《天婴室丛稿》之间的差异(详参表2),遑论加以引用。

表2 《天婴室丛稿》的内部结构

天婴室丛稿	虞辉祖《叙》		天婴室丛稿第二辑	叙目	
	诸家评议			塔楼集	计录文20、诗21
	无邪诗存	计录诗143		北迈集	计录诗23、词4
	无邪诗旁篇	计录诗145		末丽词	计录词56
	无邪杂箸	计录辞50、赋5、论6、书3、叙17、传2、志3,以及李详《叙无邪杂箸》		炎虎今乐府	计录杂歌谣25
				紫莬词	计录30词
				吉留词	计录43词
	哀冰集	计录诗44、文11		圣塘集	计录35诗
	秋岸集	计录诗18、词6、文10		缆石秋草	计录诗50,以及寒同《缆石秋草后记》
	逃海集	计录诗9、词6、文12			
	庸海集	计录诗108、文11		缆石幸草	计录文22,以及陈训正《缆石幸草自序》
	庸海二集	计录诗19、文15			
	阏逢困敦集	计录诗50、词8、文14		缆石春草	计录词26

注:今《天婴室丛稿》已有文海出版社1972年影印本,故流传甚广,而《天婴室丛稿第二辑》目前仅有1934年铅印本,且深藏于国家图书馆、复旦大学图书馆等寥寥数家机构。

20世纪80年代初期,这项研究再次迎来热潮,不但涌现出《陈屺怀先生生平事略》《热心兴办宁波地方教育的陈屺怀》等不少回忆性文章(详参表3),而且持续到20世纪90年代后期。这股热潮的出现,主要是因为陈训正生前曾扮演的角色,使之顺理成章地成为改革开放后重启工作的省市政协重点关注的地方精英。尽管由于众所周知的原因,这类口述史料的真实性尚有待做进一步的考证,却仍然与早已面世的黄侃《陈玄婴先生六十寿序》、沙孟海《陈屺怀先生行状》、张原炜《陈无邪墓志铭》、柳诒征《陈君屺怀传》,成为下一波热潮的主要参考文献(尤其是赵志勤《陈屺怀先生生平事略》)。

表 3　20 世纪八九十年代关于陈训正的探讨

文名	作者	发表刊物
陈屺怀先生生平事略	赵志勤	《天婴诗辑》附录①
学者从政的典范——回忆陈屺怀先生	阮毅成	《浙江文史资料选辑》第 43 辑(1990 年)
陈屺怀轶事三则	周克任	《宁波文史资料》第 8 辑(1990 年)
热心兴办宁波地方教育的陈屺怀	陈训慈 赵志勤	《浙江文史资料》第 45 辑《浙江近代著名学校和教育》(浙江人民出版社 1991 年版)
陈氏兄弟　各有千秋——陈训正、陈布雷和陈训慈	戴光中	《文化群星——近现代宁波籍文化精英》,宁波市政协文史委员会编(中国文史出版社 1998 年版)

　　21 世纪以来的第六波热潮,大体上围绕着两个重心而展开。一是集中考察陈训正的方志成就、概括其方志思想;二是深入探讨陈氏对近代宁波地方教育发展所作的贡献,同时勉力归纳其教育思想(详参表 4)。也正因为有这些成果作铺垫,沈松平的《陈训正评传》遂能顺利成书。然而,《陈训正评传》作为首部以陈氏学行为专题考述对象的专著,尽管搜集并引用了除《天婴室丛稿第二辑》之外的几乎所有重要材料,却也犹如同期其他成果那样,存在不少缺陷,并突出地表现为:(1)在篇章结构设置上多可商榷(详参表 5),例如第二章“政坛沉浮”,不但应该与第三章“在抗战的烽火岁月中”合并,且该章第三节“力撰《国民革命军战史初稿》”理当单独成章,用以探讨陈训正的史才和史识;(2)该书无论是对陈训正方志编纂工作、教育实践活动的梳理,抑或是对陈氏方志思想、教育理念的概括,均未能突破赵志勤《陈屺怀先生生平事略》的已有论说;(3)全书对传主只褒不贬,这当然并非因为陈训正白玉无瑕,而是作者不敢据事直书的结果,从而不可避免地降低了其相关论断的合理性。

---

①　该文原应《浙江文史资料》征稿而作于 1983 年冬,次年便以《宁波光复前后之陈屺怀》为题,载入《浙江辛亥革命回忆录续辑》总第 27 辑,后又经修订而以《陈屺怀事迹述略》之名,刊载《宁波文史资料(第 8 辑)》(1990 年)。

表 4　新世纪以来的相关研究成果

文名	作者	发表刊物及期数
从民国《定海县志》、《鄞县通志》看陈训正的方志思想	柳建军	《浙江方志》2002 年第 4、5 合期
从《民国鄞县通志》看陈训正对传统方志学理论的超越	沈松平	《新疆地方志》2002 年第 4 期
从"当代方志的雏形之作"——《民国鄞县通志》看陈训正对传统方志学理论的超越	沈松平	《黑龙江史志》2002 年第 6 期
陈屺怀的教育思想与实践初探	徐鸿钧	《国家教育行政学院学报》2005 年第 11 期
陈屺怀与陈布雷兄弟	陈元	《档案春秋》2008 年第 9 期
陈训正研究	张唯	宁波大学 2012 年硕士学位论文（沈松平指导）
论陈训正的教育实践及其理念	沈松平	《浙东文化研究》第 1 辑（张伟主编，浙江大学出版社 2014 年版）
陈训正评传	沈松平	浙江大学出版社 2015 年版
《鄞县通志》编纂详探——以天一阁藏鄞县通志馆收支报告档案为中心	周慧惠	《浙江档案》2016 年第 5 期

表 5　沈松平《陈训正评传》的内部结构

章	节	章	节
一、家世生平	1.出生家世 2.陈氏三兄弟 3.后辈子女	五、教育实践及其理念	1.教育实践 2.文教理念
二、政坛沉浮	1.投身辛亥革命 2.国民政府要员 3.力撰《国民革命军战史初稿》	六、方志学理论探索	1.修志经历 2.承上启下的方志学思想
三、在抗战的烽火岁月中	1.从副议长到议长 2.献替省政	七、兄弟情怀	1.陈训正与陈布雷 2.陈训正与陈训慈
四、办报生涯	1.初涉新闻界和主办《天铎报》 2."平民共济会"和《生活杂志》 3.创办《商报》	八、朋友交游	1."浙东四才子" 2.赵氏三兄弟 3.事业挚友
		九、结语	1.溘然长逝 2.盖棺论定

二、陈训正在宁波近代教育史上的地位

有鉴于既有研究成果存在着这样或者那样的不足乃至缺陷,笔者在细读陈训正所有传世诗文集的基础上,结合废科兴学制度代谢、甬地政潮起伏之外缘探讨与陈训正心志才情之内缘分析,按时序分阶段考察陈氏兴学办校之迹,进而检讨其教育实践的成败得失、剖析其教育理念的渊源与局限。

(一)力倡新式教育的清末举人

《吴缶老为陈季生七十征诗,歌以似之》(作于 1925 年)诗末自注中,陈训正自称本族乃浙东名族鄞县走马塘陈氏的旁支,后从奉化迁居慈溪。① 但此说并未为其后嗣所信从,例如其子陈建风等人,就曾在所作《陈训正行述》(1943 年 11 月作)中断言:

> 吾陈氏始祖忠定公,随宋高宗南渡,以忤秦桧,弃官居奉化。明洪武初,山西大同县知县冲宇公始迁居慈溪西乡之官桥,遂为慈溪人。②

至如台湾方面档案,则又谓该族"自明末由河南迁浙,阅年三百,世居慈溪县西乡官桥"。诸如此类的互异,折射出官桥陈氏在相当长时期内实乃荜门寒族的消息。事实上,即便在光绪初年,该家族贩卖茶叶于浙赣两地而致富——诚如时人杨鲁曾(1855－1937)所言——充其量只能算作"中人之家"③;且致富后不久,便因陈懿宝(陈训正父亲)、陈士芳(陈训正祖父)相继病逝于光绪六年(1880)、十二年(1886)而家道中落。这就使得 15 岁的陈训

---

① 陈训正:《天婴室丛稿第二辑》之一《塔楼集》,1934 年铅印本;又可见《天婴诗辑续编》,陈训慈整理印行,1988 年抄本。

② 陈建风等:《陈训正行述》,载《民国人物碑传集》卷一,第 22—25 页。近来,陈建风之孙陈元,在追述其家族历史时,又称本族乃明代吏部尚书陈显的后裔,"明季自山西迁至浙东奉化,经九世,又迁至慈溪西乡官桥","历一十七世"而传至陈训正。详参其所作《陈屺怀与陈布雷兄弟》,《档案春秋》2008 年第 9 期,第 20—23 页。

③ [清]杨鲁曾:《官桥陈氏族义田会记》,载《光绪慈溪县志》卷五《建置四·善举》,冯可镛修,杨泰亨纂,《中国地方志集成·浙江府县志辑》(35),上海书店 1993 年版,第 132 页下栏—133 页上栏。此外,又附录于陈训慈整理印行的《天婴诗辑》,1988 年抄本。

正不得不弃贾业儒,最终在他 31 岁那年(1902)考中辛壬并科举人①。

然而,尽管陈训正通过攀缘科场阶梯而脱离社会底层,却不但早就认定科举制度必将被废弃,更常与慈溪县境内的诸多提倡新式教育者,聚会于三七市的董家和叶家:

> 其时维新变法之议甚盛,先考及大哥均以为八股必废,故不欲予先习四子书,而以五经立识字为文之根基。是年清廷果下诏废八股,改以策论课士,旋复诏复其旧,大哥以为八股之运命必不久,且本为高明者所不屑为,何必以是苦童子……是时吾乡董、叶二氏为提倡新学之中心地点,叶经伯先生及董子咸、子宜二先生均轻赀财、好宾客,吾邑有志改革之士,如陈山[密]、钱去矜、魏仲车、钱君鲲、胡君诲诸先生与大哥等,常常会其家。②

从 1903 年 11 月起,到次年下半年,陈训正在上海与人合办《宁波白话报》并担任主编③,选刊诸如《小学教育问答》《论女人家应该读书的道理》《论实业的教育》之类的论文④。由此,陈训正不但设计出一个比较完整的小学教育方案,而且大力呼吁重视女子教育,提议创办徒弟学堂和实业补习学堂。正因为陈氏身为举人又热衷于新式教育,故 1905 年育德初等农工学

---

① 张原炜:《陈无邪墓志铭》,附录于《天婴诗辑续编》,陈训慈整理,1988 年抄本。

② 《陈布雷回忆录》光绪二十四年条、光绪二十八年条,第 14、18 页。按,陈训正既是官桥陈氏家族的长房长孙,又曾予陈布雷等人以深刻影响,故被称为大哥。又,考《申报》1902 年 10 月 14 日《电传补行庚子辛丑恩正两科浙江乡试题名全录》云:"陈训正,慈溪增……本届乡闱,恩正并举,而又适逢科举变制之第一科,改八股文程序为论策经义,一时观光之士,莫不标新领异,展其英奇魁伟之材。"据此,亦可推知陈训正的中举,部分得益于该年浙江乡试渗入大量新学内容。

③ 邬奇峥:《甬人最早的自办报刊——〈宁波白话报〉》,《宁波帮》2013 年第 4 期,第 76—77 页。据蔡乐苏回忆,《宁波白话报》自 1903 年 11 月创刊至次年 6 月,共出 9 册(现存第 2、5、6 册),因未能按时出版,其议论又不大出色,故不得不加以改良(改旬刊为半月刊;增广门类,添加了教育、实业等方面的内容;每册篇幅增至 40 页左右;装帧改为洋装),但即便如此,改良后的该报仍然仅仅出版五期而匆匆停刊。详参丁守和主编的《辛亥革命时期期刊介绍(第一集)》,人民出版社 1982 年版,第 431—440 页。

④ 这其中,《小学教育问答》分三期连载于改良第 1 期(1904 年 6 月 14 日)、改良第 2 期(1904 年 6 月 28 日)、改良第 4 期(1904 年 7 月 27 日);珊笙《论女人家应该读书的道理》、幼渔《论实业的教育》,刊于改良第 3 期(1904 年 7 月 13 日)。

校①设立之际,他不无偶然却又合乎逻辑地受邀"总持"该校的校务②。

主要分布在绍兴、宁波两地的堕民,其起源众说纷纭且至今仍难认定,他们属于社会底层,世代从事贱业,诸如捕蛙、编织竹器、剃头、抬轿、充当伴娘之类③。对于这类贱民,清廷早在雍正元年(1723)九月,就已应两浙巡盐御史噶尔泰之奏请而下诏废除其贱籍④。乾隆三十六年(1771),又明令改籍后凡连续四代"本族、亲支皆系清白自守者,准报捐应试"⑤。然而,由于深受传统等级制度和等级观念之禁锢,堕民又严重缺乏改业从良的谋生手段,因而这两项诏令其实并未贯彻落实⑥。

或许也正有鉴于此,陈训正在就任育德初等农工学校监督之后,随即对症下药,"首施以人格教育"⑦,同时又着重课以农工常识。为此,他在着手编订国文教科书时,特意编入林、王二生分别钻研工艺和农学而各自成才的故事,用以激励学生"自力寻求前程"⑧,且亲自编写倡导自由平等的校歌:

> 堂堂亚东,泱泱大风,四明佳气横青葱。闻越中子弟,谁人不是文明种?黑消红灭,何堪父老尚痴聋。撞破自由钟,责任如山压肩重,唤起人间梦。民权挽补天无功,愿同胞大家努力,一雪奴才痛。心肠菩萨胆英雄,福我众生众。⑨

事实上,受聘成为育德初等农工学校的监督,陈训正不仅有机会实践其

---

① 育德初等农工学校:卢洪昶(1856—1937)等鄞县士绅联名恳请"捐建农工小学,收教堕民",呈请农商部代奏,于光绪三十年(1904)十月获批,并于次年设立。

② 陈训正:《堕民(丐户)脱籍始末记》,《鄞县通志》第四《文献志》第四册丁编《故实》,第1334—1336页。

③ 谢一彪:《城市贱民——宋代以来江浙沪地区堕民起源述评》,《城市史研究》第32辑,张利民主编,社会科学文献出版社2015年版,第124—140页。对于堕民阶层所从事的职业及其变化,洪认龙考述甚详,详参其《清代贱民阶层中的江浙堕民研究》,台湾成功大学2004年硕士学位论文,第91—106页。

④ 《大清世宗宪皇帝实录》卷十一雍正元年九月丙申条,华文书局1964年版,第27页。

⑤ 《清朝通典》卷九《食货九·户口丁中》,影印文渊阁《四库全书》本。

⑥ 俞婉君:《社会变迁与浙东堕民的解放和消融》,《浙江社会科学》2009年第9期,第71—76页。

⑦ 陈训正:《堕民(丐户)脱籍始末记》,《鄞县通志》第四《文献志》第四册丁编《故实》,第1336页。

⑧ 赵志勤:《宁波光复前后的陈屺怀》,《浙江辛亥革命回忆录续辑》,浙江人民出版社1984年版,第107页。

⑨ 林端辅口述,何雨馨整理:《宁波光复亲历记》,可见《辛亥革命宁波史料选辑》,宁波市政协文史委员会编,宁波出版社2011年版,第7页。

教育理念，也因此结识了"壹意提倡教化事务"①的新任宁波知府喻兆蕃（1862—1920）。从此陈训正成为喻氏的得力干将，并以宁波府教育会为平台，致力于新式学堂建设：

> 萍乡喻公讳兆蕃，字庶三。清光绪某年，以翰林院庶吉士改外，守吾郡。其时吾郡风尚塞陋，民鲜通达，搢绅先生多蔽于举业，而鄞尤甚。……公至一年，广咨博求，得其故，稍进各属士之材者而任以事。时余与同志倡宁波府教育会，请公指。公曰："是不可缓。"为转闻部使者，以明令行之，举中国莫之先也。会既成，竟郡之属，得学校三百六十余所，风且一变矣。②

仅鄞县一地，在光绪三十三年（1907）之前，就至少有 26 所私塾和旧式书院被改造成为新型小学堂③。

与此同时，陈训正又凭借喻兆蕃知府的赏识，与近代宁波文教界的又一名角鄞县人张美翊（1857—1924），共同呼吁创建宁波府师范学堂，用以培育当时迫切需要的师资：

> 清光绪三十一年，郡绅张美翊、陈训正等，鉴于义务教育刻不容缓，造就师资，尤为先务，爰谋于宁波府知府喻兆蕃，以湖西月湖书院改为宁波府师范学堂，即以书院基金万元为改建校舍之用，并拨渔团经费五千余元、螟蜅捐三百余元及月湖书院基金之利息为常年经费。翌年四月，校舍落成，乃开学。④

或禀请官府变卖广福、慧香两庵，用于补助"经费甚形支绌"的宁波府教育会⑤。也正是在陈训正的建议下，西门长庚庵从 1906 年 9 月起，被改建为

---

① 《鄞县通志》第二《政教志》第四册庚编上《教育一》，第 767 页。
② 陈训正：《哭萍乡·叙》，载《天婴室丛稿》之五《秋岸集》，第 237—238 页。
③ 参见《鄞县通志·政教志》之《小学沿革表》，913—999 页。
④ 《鄞县通志》第二《政教志》第五册庚编下《教育三》，第 1074 页。张美翊、陈训正的这一建议，虽从一开始就得到喻兆蕃的批准，但此后，不仅"各绅士俱不以此举为然"，更有人直接上门找喻知府"共相辩驳，坚欲改废是议"，这就使得喻氏一度"甚属为难，不知究竟作何办理"（《申报》1905 年 10 月 13 日《阻挠改设学堂》），宁波府师范学堂的建成过程也因此变得相当曲折，直到 1906 年 6 月 13 日才得以正式开学（《申报》1906 年 6 月 21 日《师范学堂开校》）。其余波所及，便是鄮山书院唯恐亦被改建为师范学堂，始则"迭次具禀力阻"，终乃改作高等小学堂（《申报》1905 年 12 月 12 日《鄮山书院改设学堂》）。
⑤ 《申报影印本》1906 年 8 月 21 日《禀请将尼庵拨充教育会经费》，第 84 册，第 505 页。

宁波府女学堂①。事实上，诸如此类的建言，不但促成了宁波府师范学堂这所特殊职业培训学校在全省范围内的率先创办②，更推动了科举制度废弃后宁波中小学教育体制的快速转型。

（二）罢课、毁学与陈训正的危机处理

陈训正不但早就呼吁创办师范学堂，而且于 1907 年 3 月，复又"拟在师范学堂内设一休假讲习所，俾各小学、私塾教员得以于每星期研究教育"③。然而，尽管陈氏对师范学堂尤为措意，却也曾因为沟通不力、处置失当，致使个别学生对监院孙圣儒个人的反感，迅速恶化并扩大为全校性的罢课风波，幸得喻兆蕃及时出面调停，才没有酿成非常之巨祸。对此，《申报》在 1907 年 4 月 29 日、5 月 3 日有比较详尽的连续报导：

> 甬郡师范学堂监院孙圣儒，平素与各学生感情极淡，日前又在友人处谈及简易科学生国文程度低浅，事为某学生所闻，颇滋不悦，遂转告同学于本月十二日全体（完全、简易两科共一百二十人）罢课，往诉校长陈训正，请另举监院。校长不允，遂一齐散堂，于十三日各将箱箧等件搬至郑氏宗祠暂寓，一面即电达提学司暨驻日宁波同乡会请为解决。……甬郡师范学堂学生日前与监院冲突，全班散学一节，已纪前报。兹经宁绍台道喻庶三观察亲自莅堂调停后，各学生除请假回家外，均于昨日一律上课矣。④

陈氏受此罢课事件之负面影响，不但从 1907 年 8 月上旬起不再担任宁波府

---

① 《申报影印本》1906 年 9 月 6 日《尼庵改作女学》，第 84 册，第 663 页。

② 据说该校乃浙江省内首所师范学堂，比杭州女子师范学堂、浙江两级师范学堂分别早一年和三年。详参胡审严《清末民初宁波的职业学校》，《宁波文史资料》第 8 辑（1990 年），第 55 页。此外，尽管从全省范围来看，宁波府女学堂的创建并不算早，却也时在 1907 年 3 月 8 日学部颁行《女子小学堂章程》之前。

③ 《申报影印本》1907 年 3 月 24 日《添设休假讲习所》，第 87 册，第 249 页。据江淑文考察，讲习所不但仅招毕业于传习所的在职小学教师，而且偏重于教学技巧的训练，详参其《清末民初小学教师专业化的研究——1903—1927 年》，台湾东海大学历史研究所 1989 年硕士论文，第 17 页。

④ 《申报影印本》1907 年 4 月 29 日《纪师范学堂冲突详情》、1907 年 5 月 3 日《师范生照常上课》，第 87 册第 686 页、第 88 册第 34 页。

决定呈请宁波官府查办慈溪毁学事件、重建被毁各校,《四明日报》10 月 21 日《宁郡教育会开第六次大会续志》载其事曰:

> 兹悉该会于午后续行提议各事件:……(丙)慈溪毁学案善后办法,议由本会公呈府宪,仍请拿办毁学之人,并请筹费建复各校;(丁)选举职员如下:正会长陈训正,副会长励建侯……名誉会计员袁丙熊。及摇铃散会时,已钟鸣五下矣。

而慈溪毁学事件的"反败为胜",又进一步激发了陈训正投身革命的热情。此后,无论是 1911 年夏国民尚武会宁波分会的筹组,抑或同年 8 月同盟会宁波支部的成立,均可见其活跃的身影。作为同盟会宁波支部副会长兼宁波保安会副会长,陈训正还全程参与了辛亥宁波光复之役①。

如同大多数传统文人,陈训正亦胸怀经世之志②,且其从政意愿在辛亥革命前后尤为强烈,其友人虞辉祖(1865－1921)在《冯君木诗序》中的追忆即其明证:

> 吾少闻陈、冯之名,后遂相遇,与交密。前年,余馆甬上,二君亦以避乱寓郡城,吾每与君木访无邪,游城北后乐园,为诗酒之会。吾不善诗,二君喜以诗相视。无邪尝欲有为,乱后意有所不乐,故其诗多幽沈郁宕之音;君木意量翛然,虽居困而有以自得,故其诗有萧旷高寒之韵,要皆吾甬上诗人之绝出者也。③

然而,陈氏虽具强烈的从政意愿,又身为辛亥宁波光复的主要功臣,却在宁波军政分府成立后的短短十余日内,甫被举为财政部长,旋即降为参议员④,随后又被迫辞职⑤。政治身份的瞬息转换,既折射出革命党内部争权夺利斗争之激烈,也充分表明陈训正其实并不适合从政⑥。

---

① 《鄞县通志》第四《文献志》第四册丁编《故实》之《辛亥宁波光复记略》,第 1336—1339 页。

② 按,《天婴室丛稿》之四《哀冰集序》云:"少日自负许,谓士生斯世,诗文而外,自有事业在。故偶有所述,辄弃去,不甚爱惜。今已矣!四十五十,忽忽无闻。自念生平,舍此无复高世,因立斯集……庚申七月玄公记。"

③ 《寒庄文编》卷一《冯君木诗序》,虞辉祖著,1921 年铅印本。

④ 《申报影印本》1911 年 11 月 8 日《宁波光复记》、1911 年 11 月 20 日《甬军政府选举职员》,第 115 册,第 116、290 页。

⑤ 陈训慈:《陈君屺怀事略》,《晚山人集》附录。

⑥ 陈训正之所以能在 1927 年国民政府成立后,历任浙江省府委员兼杭州市市长、浙江省临时参议会议长等职务,实有赖于其堂弟陈布雷的眷顾,而非其政干吏能使然。

(三)陈氏的教育实践与教育理念

陈训正自从宁波军政分府辞职以来,一度与陈谦夫、陈季屏、钱吟苇等人着力筹组效实学会,酝酿开设效实中学①。但在1912年2月学会成立、3月7日中学开学之后,大概因为既不任职于效实学会又未执教于效实中学,当年夏日陈训正离甬赴沪,②与赵家艺等人创设平民共济会,刊发《生活杂志》,提倡经济建设,其《赵君林士述》叙曰:

> 时国体初更,民气方张,乡豪里滑涂附万计,人人发愤快志,欲以强力盗名势;其尤者,且皮傅"人权""自繇"之说,用抵冒国法、侮略良细。君乃叹曰:"民生雕矣,彼含甘吮滋者,既保自润,宁知天下尚有茹戚之人哉!"因与余及其兄菊椒、三原徐亚伏,创平民共济会,设总部上海,刊发《生活杂志》,抒潥其所负民生主义,蕲行之各省县。③

然而,由于《生活杂志》的言论"为当道所忌",更因为平民共济会所倡导的"贫民自救"规划过于理想化,故"同志渐散,会遂中辍"④,陈训正也因此不得不返甬另谋生路,并从1913年8月开始,出任"旧宁属县立甲种工业学校"(原宁波公立中等工业学校)的校长⑤。

矗立在益智中学旧址上的宁波中等工业学校,乃1912年1月"宁波临时军政分府筹拨六邑公款"⑥创建而成。当其开办之初,无论师资、生源,抑或收支状况,均已显现出良好的发展势头(详参表6)。但在陈训正接手后,该校的运转经费连年短缺且日益严重⑦,早在1917年秋,就已沦落到为还旧债

---

① 方子长:《陈谦夫与宁波的教育卫生事业》,《宁波文史资料》第8辑,第16页。

② 在《追悼叔申(其四)》诗中(载《天婴室丛稿》之一《无邪诗存》),陈氏曾述及其离甬赴沪之因及客居上海之时长:"乡国不能容,流落海之涘。……蛩蛩一年余,吾复为人弃。囊笔亡所用,归来课儿子。"

③ 《天婴室丛稿第二辑》之一《塔楼集》,1934年铅印本。

④ 陈训慈:《陈君屺怀事略》,《晚山人集》附录。

⑤ 据《鄞县县立高级工科中学二十周纪念册》所载《校名沿革及历任校长姓名表》,陈训正1913年8月至1927年7月任该校校长。期间校名三易,依次为旧宁属县立甲种工业学校、旧宁属县立工业学校兼附设初级中学、旧宁属县立工科职业学校。

⑥ 《鄞县通志》第二《政教志》第五册庚编下《教育(三)》,第1083页。

⑦ 参见《鄞县通志·政教志·教育》,1086—1089页。

— 19 —

新帐而不得不出售校产的地步①，降及 1920 年冬，更是恶化到难以为继，只好拜托浙江省议员张原炜，提议将工校改归省立：

> 吾浙全省甲种工业学校向有两所，一在杭属，由省费组成之，一在宁属，由地方经费及省补助费成之。自杭属甲工改设专门统计，全省工业之独立者，只此宁属私立一校……查宁属工校成立于民国元年……每年需用银洋一万四千余元……每年不敷六千余元……至民国六年，陈校长因逐年积负，万难支持，不得已将该校所管有慈北沙田呈案变价清偿。……马路工程余款一项，向由税务司洋员主管。前年，该洋员以扩大工程，遽将余款停拨，岁入又减去二千七百五十元，以致经费益形竭蹶，每年所负至八千余元之多。陈校长道德文章，凤为乡人所信仰，其人又勇于任事……现在积负过多，无从筹措，最后办法，惟有将该校停办。当此工战时代，各处方提倡工业……有此良好已成之学校，坐令以款绌停办，讵不可惜？为此，援据本会暂行法第二十五条提出议案，拟将宁属工校改归省立，由教厅派员接收，并附《预算表》一份。是否可行，惟希公决。②

无独有偶，时宁波佛教孤儿院"困于资用"，而董事傅宜耘"自费赴南洋筹捐"③，相比之下，陈训正身为居士院长，却仅仅采取"卖文补助经费"④的对策。这既是陈氏缺乏组织管理才干的表征，无疑也正是宁波工校在其主持校务期间多年入不敷出的关键所在。

---

① 按，宁波《东南商报》2005 年 1 月 10 日所刊张介纯《一张罕见的民国地契》云："浙江旧宁属县立甲种工业学校校长陈训正，今因本校经费支拙，于民国六年九月二十三日呈奉会稽道尹，转奉省长公署第一二八六号指令，准将民国元年六邑公会议决拨与本校管有旧月湖书院遗产沙地作为壹万五千元交价出卖，移充校费在案。……中人：李镜第、赵家荪、费绍冠、冯良翰、郁桂芳、张原炜。"

② 《时事公报》1920 年 11 月 2 日《甲种工业学校改归省立之动议》。此后省议会在审核时，唯恐"其他私立学校援例陈请"而予以否决（详参《时事公报》1920 年 12 月 18 日《工校省立案之查报》），而陈训正也就在此际再度离甬赴沪，协助创办《商报》（详参陈训正《上海商报五周年纪念宣言》，文载《天婴室丛稿第二辑》之一《塔楼集》）。

③ 《鄞县通志》第四《文献志》第二册甲编中人物类表第八附录《方外纪略·寂定》，第620 页。

④ 显宗：《回忆宁波佛教孤儿院》，载《宁波文史资料存稿选编》（《宁波文史资料》第 22 辑，2001 年 12 月发行），第 218—231 页。

表 6　1912－1913 年宁波工校校情统计表

年度	教员数	职员数	招生人数（人）			毕业人数（人）	年度收支结余（元）	年度资产统计（元）			
			机械科金工科	预科	合计			工厂器械室添造房舍	校具	教具	合计
1912	11	5	37	65	102		－520				27000
1913	11	7	71	52	123	金工科 11	2881	23500	4000	2000	29500

注：本表数据取材于《鄞县通志》第二《政教志》第五册庚编下《教育三》，第 1083－
1089 页。

但晚近以来的相关研究，却全然罔顾此类客观事实，转而全盘肯定陈训正在清末民初的教育实践，同时又竭力归纳总结其教育理念，前揭沈松平《论陈训正的教育实践及其理念》的下列论断，即其显例：

> 陈训正兴办宁波地方教育事业，成绩斐然，具体可从普通教育、职业教育、特种教育三个方面来阐述。……从陈训正的办学实践来看，他不仅是一位卓有成绩、闻名全国的近代教育实践家，而且具有独立的教育思想。……首先是倡导西学，尤其是重视实用之学，强调课堂教学与实践相结合。……其次是教育平等思想。陈训正认为人人都有平等接受教育的权利，提倡对学生实施人格教育。……再次是强调因材施教，提倡运用灵活多样的教学方法去教育、培养不同的学生。

平心而论，在清季民初的浙东教育界，陈训正确实有其独特的历史地位，他不仅是浙东域内接触、接纳并倡导新式教育的先行者之一，更在科举制度被废前后，推动了宁波地方教育机构乃至教育体制的新陈代谢。尽管如此，其历史作用仍不宜高估，毕竟在宁波地方教育的近代化进程中，陈氏归根到底只是激情澎湃的配角，而非足以独当一面的将才。尤其需要辨正的是，尽管陈训正也确尝提出过诸如"为教在蒙养，立人必立始"[①]之类的见解，但总结教学经验、探讨教育理论，从来就不是其日常工作的重心所在。其教育理念既无完整体系，又大多并非原创，譬如其"母教之不可以忽也"[②]

---

① 陈训正：《秦润卿索赠，为赋〈绵历篇〉三十四韵》，《天婴室丛稿》之一《无邪诗存》，第 54 页。此诗乃应秦润卿（1877—1966）之请，为其母七十寿诞而作，其重心却是交代秦氏创办普迪学校的缘起。考《申报》1922 年 5 月 13 日《慈溪普迪学校之成绩》云："慈溪县私立普迪国民学校，为秦君润卿、李君寿山、王君荣卿等所筹设。成立于民国五年，迄今已六载，举行毕业四次。"据此可确定此诗作于 1916 年。

② 陈训正：《书张葑里〈徐母寿叙〉后》，《天婴室丛稿》之八《庸海二集》，第 353 页。

云云,就很可能受启发于其老友张美翊,后者主张"家之兴败,子女之贤否,以女教为先"①。

大约 1924 年春,陈训正应省立四师附小主任李琯卿(1891－1945)之请②,为其新著《新教育谈》作序。从《庸海二集》所录内容来看,《书李琯卿〈新教育谈〉》大体上可分为三个部分。其一,严厉批判传统教育模式,断言"中国自古无人才教育"。其二,认定当前学校教育功能有限:

> 然则欲教育人才,独可以人力为乎哉?谓人才不可无教育,则可;谓人才必出于教育,则不可也。余参与教育事业二十余年,自小学、中学乃至大学,其间卒业以去者,所见不为不多,而要之拔萃之秀,皆非教鞭所驱而来。此不特吾国然耳,环瀛海各国所称为畴人、为创作家者,亦岂寻常科目所能裁成之哉!

其三,既充分肯定李琯卿所倡导的"自学辅导",又认为李氏此法乃至舶自美国的"设计教学""道尔顿制",皆与其所倡导的"天才教育"原理相通、功能相近:

> 教育难言矣,而世顾易言之。主故者不知新,蔽今者昧乎古,其极也,皆足以杀人才。夫教育者,所以成人才,成之不克而反至于杀,此轻言教育者之罪也。……故吾谓就中国论教育,则天才教育近是已。李君琯卿为吾甬教育学者,其为教也,主自学辅导,而于今之所谓设计教学、所谓道尔顿制,尤俨然决然而行之,其识尚矣!盖吾之所称天才教育者,亦犹是云云也。③

姑且不论陈氏对传统教育模式的批判和对学校教育功能的评估是否切中肯綮,可以确定的是,陈氏颇为自得的"天才教育"观,不但无甚新意,而且大抵是对其友钱保杭(1878－1922)相关论说的复述,此则观其所作《钱君事

---

① 《菉绮阁课徒书札·致朱百行 79》,张美翊著,樊英民编校,山西画院《新美域》2008年第 2 期,第 123 页。尔后,张美翊在作于 1923 年的《恭颂诰封恭人王母邱太恭人六秩寿序》中,再次强调了"女教"的重要性:"吾乡礼仪之邦,世家之族,所以保世滋大者,必先有贤母而后有令子。"详参其《张褰叟先生文稿》,宁波天一阁藏本。

② 镇海人李琯卿被认为是五四运动后宁波小学教育界的革新派旗手,例如刊于 1940年《上海宁波公报》的曹三《宁波小学教师的变动》就曾提到:"'五四'以后,全国的教育宗旨革新了,课本也有迎合时代潮流的意味,冬烘头脑的老学究落了伍,青年们为着生活为着社会,打起精神来研究教育,负教育救国的使命,小学教育于是活跃起来。宁波因有李琯卿、林黎叔等在主持,更有革新的趋势。"

③ 《天婴室丛稿》之八《庸海二集》,第 337—339 页。

略》，即可推知：

> 君讳保杭……乃始专意教育，每海外新书出，必辗转求得之，虽重直不吝。其为教也，主自动，而以有器象者导发其机。尝曰："吾国人有天才，无人材。直者纵其势，曲者畅其生，如是而止矣！必员是规而方是矩，此匠教也，可以施之死物，而不可以施之生人。"所居曰"去矜斋"，宾朋、门弟子日常会，坐无隙席，遇疑难，辄来就咨君，君准情理，陈是非指示，人人率意满去。①

尤其是陈训正将"设计教学""道尔顿制"等同于"天才教育"的这一论调，与其说折射出他对欧美最新教育理论的密切关注，毋宁谓暴露了陈氏转趋保守的文化心理。从当初一味崇尚"西学"②，到如今自得于所谓的"天才教育"，陈氏心态的此一转折，与当时业已涌现的文化保守主义思潮基本同步。

三、陈训正方志编纂思想的形成过程

定海虽在光绪八年（1882）刚刚篡成《定海厅志》31卷，但在民国元年（1912）改厅为县后，"风政推暨，非复旧观"③，确有重修地方志的必要。事实上，早在民国九年（1920），就有王亨彦、汤浚等乡贤勉力为之，几乎同时撰成《定海厅志校补》《定海县续志》《定海县新志》和《定海厅续志》，惟因经费短缺而未尝刊行④。降及民国十二年（1923）春，沈任夫、程庆涛、贺寀唐、张康甫、孙弥卿这五位旅沪定海士绅，复以"《定海厅志》修于清光绪八年，迄今四十余载，人事变迁，已不适用"⑤为由，聘请陈训正和马瀛（1883－1961）重修

---

① 《天婴室丛稿》之七《庸海集》，第295页。

② 在汲取"西学"养分之初，陈氏一度表现出唾弃传统文化的决绝，遂有对旧礼教的猛烈抨击和对白话文的大力倡导："宁波人在上海出版之刊物，最早的就我所知，要算一九〇(五)[三]年出版的《宁波白话报》。……主编就是那位陈屺怀先生（布雷先生的哥哥），内容虽然近乎改良主义，可是文字运用明白浅显的白话（要知那时胡适、陈独秀等还不曾提倡白话文学），对于旧礼教、旧习惯，却肯用力抨击，仔细想来，不仅在宁波文化中是报界先进，就是在中国文化史上，也是难能可贵的一页。"详参五长《从〈宁波白话报〉谈到本报》，原刊《宁波人周刊》，今可见《近现代报刊上的宁波》，宁波市政协文史委员会编，宁波出版社2016年版，第496—497页。

③ 冯开：《定海县志叙》，《民国定海县志》卷首，第433页上栏。

④ 《民国定海县志》册四丁《艺文志·书目（旧志附）》，第552页下栏。

⑤ 《民国定海县志》卷首《附记》，第450页下栏。

县志。

据《鄞县通志·编印始末记》记载,旅沪定海士绅在发起重修《定海县志》之初,本拟邀约邑人马瀛主持其事,但彼时马氏正任职于上海商务印书馆,"以无暇兼顾,乃介绍陈训正于乡人,而自任非异地人所能编之《风俗》《方言》二门"①;其言下之意,便是陈氏之所以被聘为《定海县志》主纂,完全得益于其堂妹夫马瀛的引荐。《编印始末记》的这段追述,虽有贬抑陈训正之嫌②,却也是不争的事实。

(一)《定海县志》的渊源与得失

陈训正在1923年受邀编纂《定海县志》之前,除已撰作《鲦论》《燕太子丹论》《田横论》《汉高帝论》《书〈魏志·武帝纪〉后》《读〈史记·苏秦列传〉》等史论外③,既不曾有编纂地方志的经历和经验,也并未表现出超群的史识与史才。当时的他,充其量只是一个以能文善诗著称于宁波本埠和旅沪甬商中的落魄文人,并因办学不顺而连带影响到他的经济收入和日常生活,故在其《天婴室丛稿》中,时或可见诸如"旅沪二年矣,媚生诟鬼,卖文求活,蕉萃生涯,汔无长进"④之类的感慨。

受聘主纂《定海县志》,对穷困潦倒的陈训正来说,无异于雪中送炭⑤。也因此,尽管并无编纂方志的经验,但他仍迎难而上,进而在研读70余种新编方志的基础上,最终选定由进士出身而又曾"游学东瀛"⑥的钱淦(1875—

---

① 《鄞县通志》首册《编印始末记》,第3页。

② 《编印始末记》之所以贬抑陈训正,很可能是因为陈氏在1938—1940年,罔顾时局艰难而假公济私,抽印其所纂《文献志》中的"人物编"。今宁波天一阁所藏相关书札九通(时间跨度为1938年5月22日—1940年3月15日),较为详细地记录了"人物编"的编印过程,详参周慧惠《临时抽印本〈鄞县通志人物编〉编印始末考——以天一阁藏致马涯民信札为史料》,《图书馆研究与工作》2016年第2期,第82—87页。

③ 这六篇史论均被收录在《无邪杂箸》之中,详参《天婴室丛稿》之三,第129—136页。

④ 陈训正:《答李审言先生书》,载《天婴室丛稿》之七《庸海集》,第282页。根据《庸海集》自序及《答李审言先生书》之文意,可以断定陈氏此文作于1923年春。

⑤ 按,陈训正在作于1924年春的《与余岩书》中自称:"嗟乎,士穷不得志,伏处邑邑,无所暴白,徒以稍知泽古,为人驱遣,冀分其鸳鹤余粒,以养迈亲。"文载《天婴室丛稿》之八《庸海二集》,第350页。

⑥ 《宝山县续志》冯成《序》,钱淦、袁希涛纂,《中国地方志集成·上海府县志辑》(9),上海书店1991年版,第413页上栏。又,沈其光《瓶粟斋诗话》初编卷八云:"光绪丙午(1906年),(嘉定章)篆生先生由进士馆派往日本留学。宝山钱印霞(淦)、施琴南(赞唐)与之同行。"

1922)所总纂的《宝山县续志》,作为《定海县志》的蓝本:

> 《志》凡十六门,体裁节目,大半依据近刊宝山县钱《志》。十年以
> 来,全国新志,无虑七十余种,独《宝山志》能不为旧例所拘,去取最
> 录,差为精审,故本《志》略遵其例,而参之以马君瀛之主张。①

此所谓"略遵其例",具体表现为:(1)尽管《定海县志》效仿周济(1781—
1839)撰作《晋略》之成例,"依类排比,写定六册"②,其内部结构却与《宝山县
续志》大同小异(详参附表2),而且在内容取舍上也不乏相似之处,譬如在钱
淦等人看来,"自近世天文、物理日益发明,昔之所谓祥异者,无不可以学理
推测。占候经验,其用亦鲜,然……先民之说,或亦信而有征,似不容遽
废"③,而《定海县志》亦谓:"灾异亦气候之一征,虽非其常,要不同荒诞难凭
之记述。……占候由于积验,物理感应,有时而信。"④(2)《宝山县续志》凡
"各目有变更囊例,或小易名称者,并于每目之下,撮叙缘由,期易明了"⑤,
《定海县志》则又更进一步,不仅在总目下,甚至在分目中,亦往往用小字按
语的形式,自我交代其构置该目的原因或做其他补充说明,例如《营缮志》
"祠庙"下注曰:

> 案:旧志祠庙与寺观并列一门,非是。祠庙者,即古之所谓社,人群
> 要约期会之所托者也;其兴废实系民户盛衰,非宗教徒之寺观比,
> 故记之特详。

(3)陈训正等人在编纂《定海县志》的过程中,坚决贯彻《宝山县续志》"图表
不厌增多,务求详密"⑥的原则,一则"参酌海关、陆军、水警等图七种",绘成8
幅"舆地图";二则根据实测,绘制了"城厢图""普陀山图"和包括"县公署平
面图"在内的5幅建筑图⑦;三则设计制作了多达147张的各类表格⑧。

---

① 《民国定海县志》卷首陈训正《例目》,第438页。
② 《民国定海县志》卷首陈训正《例目》,第433页下栏。
③ 《宝山县续志》卷十七《杂志》,第639页上栏。
④ 《民国定海县志》册一《舆地志》,第468页下栏—469页上栏。
⑤ 钱淦:《宝山县续志凡例》,《民国宝山县续志》,第418页下栏。
⑥ 《民国宝山县续志》钱淦《序》,第414页上栏。
⑦ 《民国定海县志》卷首陈训正《例目》,第433页下栏—434页上栏。但不知何故,在今
　《民国定海县志》中,未见有8幅"舆地图"。
⑧ 另有1张民国元年定海县员警署组织机构图和拟立而未立的《各区村落列表》《各村
　落居民氏族表》《各岛土质成分表》三表。与此形成强烈反差的是,《定海厅志》虽多
　达31卷、60余万字,却仅有5表。

借山对《宝山县续志》等 70 余种新修方志的研读、拣择和吸收,同时也通过自身的修志实践,陈训正相当自负地提出了"会通、趋新、质实、简略"的方志编纂理念:

> 方志之作,意在彰往开来。已往之利病,即未来之兴革也。昔人有言:"善言古者,合之于今。"故方志以表箸地方文物嬗进之迹为先务。道古虽尚,合今尤亟,理则然已。自来作者,牵于前志成例,往往墨守局界,详其所不必详,而于地理、赋税、财产、民生、教化、风俗诸端,反无以会其要。流寓清望,引为土著,穷山恶水,标为名胜,傅会穿凿,难可穷究,科条舛杂,识者讥焉。①

然而,根据这一理念而组织的《定海县志》的内部结构,并未得到发起者的认可;陈训正也因此不得不在 1924 年春致信镇海澥浦人余岩(1879—1954),恳求章太炎先生的这位高足,帮他从章先生那里求得一篇序文,以便平息"彼中人士"的质疑:

> 云岫道兄足下:……去岁承纂《定海县志》,初稿已具。仆为此志,自信能籀《禹贡》《职方》之微,而洗《朝邑》《武功》之陋。彼中人士实鲜识解,见仆所规体裁、节目及去取详夺之间有乖旧例,颇致骇怪,窃亦无以自明。闻足下数数从余杭章先生游,丹穴久湛,自发威羽,敢以《例目》奉教;余一分,并求代呈章先生。……窃念章先生海内弘硕,一言之重,足以坚人信而袪众惑。倘因足下之请,惠赐一叙,俾仆之撰述得伸于已,悠悠之口有所沮折,万幸万幸! ……训正再拜。②

平心而论,"彼中人士"的质疑并非没有道理。这首先是因为《定海县志》在谋篇布局上,不但"有乖旧例",甚而时有失误。例如为强调渔盐这一定海地方特色产业而设置《渔盐志》,其用意固然无可厚非,其内容却与《物产志》颇相抵牾。此外,视"电灯"为交通业的有机构成而列入《交通志》③,将《关于各项公产之碑记》附录于《财赋志》末④,在《物产志》中表列"兽害"⑤,诸如此类的措置(详参附表 3),表明陈训正虽勉力趋新,却显然尚未彻底完

---

① 《民国定海县志》卷首陈训正《例目》,第 433 页下栏。
② 陈训正:《与余岩书》,载氏著《天婴室丛稿》之八《庸海二集》,第 349—351 页。
③ 《民国定海县志》册二中《交通志第三》,第 494 页上栏。
④ 《民国定海县志》册二下《财赋志第四》,第 504 页下栏—506 页下栏。
⑤ 《民国定海县志》册三丙《物产志第七》,第 523 页下栏。

成新旧学术转型。其次,是因为《定海县志》无论文本、地图抑或表格,皆未能超越《定海厅志》:(1)《定海县志》固然遵从宁波方志自宋元以来就偏好做原始察终式考述的编纂传统,该书的叙事年限也因此上溯至唐玄宗开元二十六年(738)定海设县之始,下逮民国十三年(1924)①,但因过分追求简略,故其叙述完整性明显不如《定海厅志》;(2)陈训正在《定海县志例目》中,曾对《定海厅志》卷一至三所列诸图大加鞭挞:"案旧志县图,轮廓才具,山高水深,礁滩航线,皆未尝着列。分图较详,山川、营建,尚具型范,而标识陈腐,未适时宜。署宇、祠庙各图,率皆意绘,方位距离,绝少准则。"但此类指责却与实情相去其远,例如《定海厅志》卷二的28张舆地图,就莫不采用开方计里的"网格绘图法"②,加以精心绘制而成:

> 案《康熙志》,县境全图虽具,洋面在内而山海错杂,稽查倍难。今详加考核,除陆路外皆用开方,每方十里,明礁作圈,暗礁作十,而碍于行舟之处则加点,俾阅者了如指掌云。下分图二里开方。③

返观《定海县志》册首所列23图,不是平面建筑图,就是拍摄的照片,较诸《定海厅志》各图,显然不可同日而语;(3)在《定海县志》的147张表格中,诚然不乏诸如《全境船埠一览表》《全县盐产地列表》《十年以来主要食用品价格比较表》之类的佳构,但仍有不少表格,或如《历代建置沿革表》,因过于简略而不足以全面反映定海行政建制的历史变迁;或如《展茅区祠庙一览表》,理当与其他区域的20个《祠庙一览表》合而为一;至如《人物志》设10表以分类甄录历代人物的这一措施,更是大可商榷,因为在这10张表格中,人物的籍贯、生卒年、生前行迹等信息,都已被省略到难以再省,令人印象深刻的只是诸

---

① 按,定海旅沪同乡会在民国十三年(1924)予以出资刊行,今《中国地方志集成》本《民国定海县志》,即由此一铅印本影印而来。但令人费解的是,《定海县志》册三戊《选举志第九》"襄奖"目所录内容,又与此相冲突,其辞云:"沈椿年母夏氏,民国十四年十二月,大总统奖给'璇闺令范'匾额。"此外,陈训慈《浙江之县志与省志问题》(刊《浙江省立图书馆馆刊》第二卷第二期/1933 年 4 月),则又明言《定海县志》纂成于民国十五年(1926)。

② 对于"网格绘图法"的内涵及其来龙去脉,可详参《明代的社会与国家》第二章《叶春及的方志图》之考述,[加]卜正民著,陈时龙译,商务印书馆2014 年版,第 73 页。

③ 《定海厅志》卷二,[清]史致训、黄以周等编纂,柳和勇、詹亚园校点,上海古籍出版社2011 年版,第 14 页。此外《定海厅志凡例》亦云:"开方计里,推表山川,绘图之法也。……旧《志》县境有图,县治有图,学宫有图,村庄亦各有图,图实较他《志》为备。惟绘之之法,尚有未谙。今纂新《志》,专属一人遍历地界,得其纵横广袤里数,缩诸篇幅,而以开方行之,庶不失古人绘图之意。"

如"有功德于乡者""列女""游寓"之类的标签。或许也正有鉴于此,余岩(包括章太炎先生)对于陈训正的来信,未尝予以任何答复。

(二)陈训正方志编纂思想的渐趋完善及其成因

大概就在致信余岩的同时或稍后,陈训正又将《定海县志·例目》邮示其堂弟陈训慈的业师柳诒征(1880—1956),随即得到柳先生令人讶异的推崇(详见前文"学术史回顾"引柳《跋》)。

柳先生对《定海县志》的推崇,是否有助于平息"彼中人士"的质疑,因史载阙如而不得其详,但可以肯定的是,它基本上框定了此后对《定海县志》的评判基调,例如黄侃在作于民国二十年(1931)九月的《陈玄婴先生六十寿序》中,不但断言《定海县志》是一部足以傲视群志且又贻范将来的杰作,更认定陈训正是重修清代国史的合适人选,《天婴诗辑》录其辞曰:

> 数年前,侃始得读先生所撰《定海县志》,观其编制条例,迥异于向来郡书、地里之为。……盖昔之方志,畸于考古,而此则重于合今;昔之方志,质者则类似簿书,文者又模袭史传,此志详胪表谱,位置有方,综叙事实,不华不俚;昔之方志,无过乡间之旧闻,此志则推明民生之利害,使域中千余县皆放此而为之,不特一革乡志、国史之体制,实即吾华国民史之长编。……《清史稿》初出时,偶获浏览,颇病其局守旧规而不知变,于清室非信史,于新国为谤书,诚欲考知此二百余里年之事迹,将茫乎无所依准,国家果思垂不刊之文于后,自非征集备三长者以从事,则必无以易前之失。如先生者,能为乡史示准绳,即能为国史成型范,此则在位者所未宜忽忘者也!

即便是那位《浙江省立图书馆馆刊》责编,虽对《定海县志》的内部结构有所异议,却也仍以正面评价为主:

> 全志于列表一道,可谓畅乎其用,惟偏重太过,于《人物》不免阙略,于《列女》亦列表不立传,以为"贞孝之德,大都从同",实则世俗贞烈节孝传略,固多千篇一律,且率出俗手,鄙俚无当,然节烈事迹,倘能择尤纪载,要足以存信史而昭激劝,似未可以概从简省也。至

于谊例之精要,载笔之简洁,要足为后来方志学家之楷模。①

与此同时,柳诒征对《定海县志》的推崇,不但激发了陈训正进一步探求方志编辑理论的热情,而且使得他在短期内成为远近闻名的方志专家。也正是在这种背景下,陈氏始则于民国十五年(1926)六月接受掖县长应季审的邀请,负责续编掖县地方志②,尔后又在民国二十二年(1933)一月被聘为《鄞县通志》的总纂③。

民国十七年(1928)元月,陈训正纂成《掖县新志》20卷。这部方志虽然早在1932年就已毁于韩复榘与刘珍年这两大地方军阀的武装冲突④,但从残存的《掖县志例目草创》来看,仍不难发现它所运用的编纂原则,与陈氏当年纂述《定海县志》时的主张已有差异。这类差异,首先表现为陈训正在编纂《掖县新志》时,虽仍大力倡导"会通、趋新、质实",却已不其讲求"简略":

> 方志之作,以表著地方文物嬗进之迹为先务。改国以还,运殊风变,纪载之道,古不如今,虽章实斋、恽子居复生,不至墨守其义例,势有然矣。民国十余年来,新修县志不下八十余种,然皆例目乖舛,不合于时,无足依据。惟宝山县钱《志》,稍参新例,拙著《定海县志》,更引其绪而广之,穷古往今来之蕃变以会其通,推天行人事之奥衍以治其究,体裁节目,断然创始,要能自成其义例。⑤

---

① 按,1934年8月,陈训正以《定海县志序目》为题,将《定海县志·例目》发表在由陈训慈主管的《浙江省立图书馆馆刊》第三卷第四期。刊发时,责编以按语方式在篇首加了这段评论。而在1933年4月,陈训慈刚在该刊第二卷第二期发表《浙江之县志与省志问题》,内称:"陈氏《定海志》借鉴《宝山》,自定体例,简以驭博,表以芟繁,既为全志之特色;而如《渔盐》则特辟为志,借彰民生,《方俗》于备述风俗外,详考一邑之方言,进足以通之于浙东诸邑,尤皆为他志所未见。"

② 《天婴室丛稿第二辑》之二《北迈集序》,1934年铅印本。

③ 《鄞县通志》首册《编印始末记》小字注引陈训正《编印鄞县通志缘起》,第2—3页。

④ 按,《烟台晚报》2008年3月23日第18版《稿本〈掖县城区详图〉》云:"自民国十五年六月设局,至民国十七年一月,始成底稿二十卷,内附总、分详图二十五张,名曰《掖县新志》。乃于二十一年地方假扰(即1932年韩刘之战),《新志》稿本全被炮燃,毁于兵。"

⑤ 《鄞县通志》首册《编印始末记》小字注引陈训正《掖县志例目草创》,第4页。其后约1934年夏,陈训正又在所作《国民革命军战史初稿叙》中断言:"同一书告而详约各殊,等是□牍而冗简大异。且所谓详者,未必尽备,所谓冗者,未必无漏,所谓约者、简者,未必少芜而悉当。"对史志繁简问题的这一认识,虽然并不新颖,却无疑是陈氏史观日益成熟的标志。详参其所纂《国民革命军战史初稿》,《近代中国史料丛刊正编》第79辑,沈云龙主编,文海出版社1972年版,第3页。

二则表现为在谋篇布局上,陈训正虽仍乐意选用当地新修方志体例,但已更倾向于独立构思,最终在兼取新旧方志"义例"的基础上,将《掖县新志》的内部结构分为《方舆》《政教》《食货》《人物》《艺文》五门,并殿以《文献汇述》:

> 近见《泰安新志·编辑则例》,定为《舆地》《政教》《人物》《艺文》四门,四门中分类别目,要而不烦,洵足示民国县志之范,宜援用之,以为本纂之根据。更参用《定海志》例,增《食货》一门,凡关于人民资生事项之统计,皆入之。要之,编纂大意,务求质实有用、取征后来,叛古之诮,所不辞也。又案《人物》《艺文》两志,指在阐扬,似以博取为当,然为义例所拘,往往不能尽辞。兹别辟《文献汇述》一门,附于志余,亦实斋义例所许也。全志都为五门,其节目条附于后,俾采访有所持循云。①

三则表现为陈训正开始真正重视实地调查、采访,并为此在1926年六月和九月先后两度北上,辗转奔波于青岛、掖县等地以收集史料,并因此留下了《旅次青岛》《掖城怀古》等23首纪游诗、词②。

假如说《掖县新志》的纂成,标志着陈训正方志编纂思想的成形,那么,《鄞县通志草创例目》的问世,则就意味着陈氏方志编纂思想的基本定型:(1)继《掖县新志》五志并列之后,陈训正又将《鄞县通志》的内部结构,扩展为"分之则通古今,合之则通人物"③的六志,这一谋篇布局及其单独成编、随编随印的处置方式,应当他是精深评估时局后所采取的未雨绸缪之策:

> 陈训正知此巨著殆非(中日)战事爆发以前所能结束,于是商同(编纂主任)马瀛,将《鄞志》区为《舆地》《政教》《博物》《文献》《食货》《工程》六志,各自为书,各有起讫,各载序目,使一志编成,急付剞劂,庶不致全功尽废。故《鄞志》体裁,又属新创,不特非寻常县志所可比拟,亦与《定海》《掖县》两志有出入也。④

(2)基于对"方志之作,与时俱进,无义例可守,且各县地方性未必尽同,人民特殊风趋,今昔迁嬗,往往而异,故志之体裁节目,当随时地为增损,不能划

---

① 《鄞县通志》首册《编印始末记》小字注引陈训正《掖县志例目草创》,第4页。
② 《天婴室丛稿第二辑》之二《北迈集》,1934年铅印本。
③ 柳诒征:《鄞县通志序》,载《柳诒征劬堂题跋》,第119页。
④ 《鄞县通志》首册《编印始末记》,第4—5页。

一"①的这种认知,陈氏既规划创设了《舆地志》"氏族目"、《工程志》等新颖类目②,又将旧式的《食货志》改造成为名称不变但内容全新的门类。诸如此类的构思,尽管后来并未为参纂者悉数承用,却也大体上确立了《鄞县通志》的叙事框架(详参附表4);(3)《鄞县通志》所采用的民间集资、集体编纂、分工合作的运作模式和采访调查、测绘考验、整理统计、编目纂辑、排印校勘的工作流程③,较诸《定海县志》《披县新志》,不但规划更细密,而且运转更高效。

陈训正方志编纂思想的定型,就其成因而论,不能不主要归功于他在1927—1931年的从政经历。在此期间,陈氏始则于1927年4月被任命为浙江省省务委员会委员④,继而在1927年11月—1928年10月和1930年12月—1931年4月间,两度就任杭州市市长⑤,终乃于1931年6月任职国民政府文官处参事⑥。然而,陈氏不但每次任职历时短暂,且其行政作风据说比较保守,也因此备受疵议,如赵晨《国民党统治时期的杭州市长》云:

> 杭州市政府于1927年国民革命军光复杭州后建立……首任市长邵元冲……同年十一月,邵元冲另有重用去职,继任陈屺怀也以省府常务委员的名义,兼任杭州市市长。……陈屺怀接任后力持撙节,不但量入为出,而且还要弥补邵元冲追随"特别市"的亏空。陈是个保守派的人,他接事后常对人说:"不求有功,但求无过。"陈是慈溪人,起用了许多同乡人(宁波府属各县,如秘书主任方聘三、社会

---

① 《鄞县通志》首册《编印始末记》小字注引陈训正《鄞县通志草创例目》,第5页。
② 在陈训慈《浙江之县志与省志问题》看来,余绍宋《龙游县志》"氏族一考,广世族之例,撷众谱之英,尤足为志乘之特创"。故疑《鄞县通志·舆地志》中的"氏族目",大抵受启发于《龙游县志》"氏族考"。
③ 天一阁博物馆所藏《鄞县通志馆收支报告表附单据粘存簿》,对此颇有记载,详参周慧惠《〈鄞县通志〉编纂详探——以天一阁藏鄞县通志馆收支报告档案为中心》,《浙江档案》2016年第5期,第42—46页。
④ 《时事公报》1927年4月22日《省务委员会正式成立》。需要指出的是,这一任命看似突兀,实则必然,因为当时,其堂弟陈布雷开始受到蒋介石的重用:"回首民国十六年四月间,偕其大哥屺怀谒蒋介石于此,当张静江面蒋公称其文婉曲显豁,善于达意。以此因缘,浮沉政海于兹凡二十一年矣。"详参《陈布雷回忆录》民国三十七年条,东方出版社2009年版,第220页。
⑤ 赵晨:《国民党统治时期的杭州市长》,《杭州文史资料》第5辑,第58—65页。
⑥ 陈训慈:《陈君屺怀事略》,《晚山人集》,陈训慈整理印行,1985年抄本。

科长吴□等）。一些杭州人讥讽说："杭州市政府变成宁波市政府了。"①

尽管如此，这五年的宦海生涯，仍不无积极意义；它既丰富了陈训正的人生阅历，又锻炼了陈氏的组织能力，更使之日益清醒地认识到其才情并不适合为官从政，"自是遂息影湖上，以读书著述自娱"②，进而合乎逻辑地将他从官场习得的组织管理经验，运用于对《鄞县通志》的规划和编纂，遂有六志的单独成编与随编随印，以及诸如此类的创新之举。

（三）陈氏方志编纂思想的显著特征

陈训正在编纂《定海县志》《掖县新志》和《鄞县通志》的过程中，逐渐形成了比较系统的方志编纂思想。对此，柳诒徵先生早在作于1947年的《陈君屺怀传》中，就将之概括为"讲求会通""聚焦民生""突显地方特色""重视图表功能"和"强调明道资治"：

> 修县志三，曰《定海》，曰《掖》，曰《鄞》。起例征故，必其义之大而是邑之特异于他郡县者；彰往察今，断断于生计消息直言之，不尽，则扩以图表，纵午回贯，胥前志未具。一邑也，可方驾异域一国国史，干嘉以来，名志乘所未有也。……浙东史学炳海宇，史者本于道而达于政，为艺尤阔，承自姬、孔，非浙之私。自章学诚以史才生清中叶，不敢言国史，乃寓其意于方志。君之方志，截然出章氏上。第读其所为方志，犹不足尽。君其"本于道而达于政"，都所著一也。③

柳先生的这一概括虽已相当精准④，但至少仍存在两点缺陷。一是概括不够全面，除上列五条外，"崇尚团队分工合作"与"注重实地测绘调查"，其

---

① 《时事公报》附刊《五味架》1928年12月9日所录芷芬《陈屺怀先生离杭之去思》，却与此大相径庭："慈溪陈屺怀先生，以一儒生，出任杭州首市市长。平日乡人只知先生之文学优长，而不知先生于政治之循绩，亦有令人钦佩者也。任市长之初，适值清党之后，先生本理爱人之宗旨以为治，一年以来，令行政举，市民大悦。……按先生少时从游于清季名政治家薛叔耘先生之门，研究文课之暇，即从事讨论经济之学。领乡荐后，主持沪报舆论，于各报政治学，亦能遍窥其究竟。今之治杭一载，讴歌四起，得致此龚黄之绩、邵杜之思者，岂偶然哉！"但相比较而言，这类报导可信度不高。

② 《晚山人集》附录陈训慈《陈君屺怀事略》，1985年抄本。

③ 《晚山人集》附录柳诒徵《陈君屺怀传》，1985年抄本。

④ 附志于《天婴诗辑》的赵志勤《陈屺怀先生生平事略》，将之归纳为："志例因而有创，贵在适时，亦复因地而异。"然则较诸《陈君屺怀传》之概括，多有不及。

实也是陈氏方志编纂思想的重要组成部分;二是考察不够深入,因而未能觉察到陈氏方志编纂思想既渊源有自,其定型更非一蹴而就。

陈氏方志编纂思想的形成,大体上经历了三个阶段。第一阶段,从 1923 年春到 1924 年末,亦即负责编纂《定海县志》之时。在此期间,陈训正由于缺乏相关经验,一方面不得不重点效仿《宝山县续志》,用以组织《定海县志》的内部结构;另一方面,也得以避免像当时大多数方志编纂者(例如撰写《龙游县志》的余绍宋)那样深受章学诚方志思想的影响,转而直接采用新式编纂体例,并在此基础上提出了"会通、趋新、质实、简略"的方志编纂理念。只是陈氏的这一理念,不但仅仅着眼于方志的功用,而且在编纂《定海县志》的过程中并未被严格遵循。譬如《舆地志》中的《各区村落列表》与《各村落居民氏族表》,之所以有目无辞,固然与修纂经费不足有关,却更该是陈氏未能贯彻"质实"原则而不曾进行实地调查的结果①。正是这类认识上的局限和行为上的失误,使得《定海县志》有志"趋新"却又新旧杂陈,意欲"简略"但终究繁简失中。

第二阶段,从 1926 年 6 月到 1928 年 1 月,亦即负责主纂《掖县新志》之时。这部由陈训正独立构思且独力撰就的方志,虽早已被毁于兵燹之灾而难以具体考见其内部构造,却是陈氏方志编纂思想形成过程中承前启后的重要环节。从残存至今的《掖县志例目草创》来看,可知彼时陈氏不仅已然确立了"注重实地测绘调查""讲求会通""聚焦民生""突显地方特色""重视图表功能"等编纂原则,且对《掖县新志》大类目的名称做了较大幅度的调整,其数量也从《定海县志》的 16 个缩减到 5 个(大类目的内涵与小类目的名称、数量和内容,也理当做有相应改变);至如《文献汇述》的设置,则又表明陈训正在坚持"趋新"的同时,开始兼收并蓄章学诚有关方志宜"仿纪传正史之体而作志,仿律令典例之体而作掌故,仿《文选》《文苑》之体而作文征"且"三书相辅而行"②的理念和作法。

第三阶段,从 1933 年 1 月到 1937 年春,亦即负责总纂《鄞县通志》之时。在此期间,陈氏一方面沿着前一阶段的总体思路,从中西、新旧两相结合的角度努力改进《鄞县通志》的篇章结构,另一方面又根据其沉浮宦海的经验,预估时局必将趋于动荡,遂致力于优化编纂、排印等流程,这既使得《鄞县通

---

① 事实上,陈氏本人亦尝有"异县羁旅之士,足迹未亲三乡,耳食不饱腹中"之抱憾。详参《民国定海县志》卷首陈训正《例目》,第 433 页下栏。

② 《文史通义校注》卷六《外篇一·方志立三书议》,[清]章学诚著,叶瑛校注,中华书局 1985 年版,第 571 页。

志》在类目设置上更接近于近代学科分类,也为尽快纂成《鄞县通志》指明了方向。就在《鄞县通志》行将脱稿的 1936 年,陈训正又被委以主持编纂《慈溪县志》的重任,并随即"综为舆地、政教、文献、工程四志四十五编",惟因次年"抗日战起,事竟中辍"①,然考《慈溪县志草创例目》有云:

> 兹依据新修《鄞县通志》立目……《鄞志》分舆地、政教、文献、博物、食货、工程六门,吾邑可省博物、食货二门,以博物附入舆地门之物产类,食货可附入政教门之财务类,拟定舆地、政教、文献、工程四大目。各大目之子目,亦照鄞例增削。②

由此可见,《慈溪县志》即便有幸问世,其编纂体例也因全据《鄞县通志》为蓝本而缺乏新意。这就从反向证明,陈训正的方志编纂思想已然定型于总纂《鄞县通志》之时。

据说民国学者之所以普遍关注方志创新,与梁启超对传统史学的猛烈抨击息息相关,尤其深受梁氏"新史学"的核心观念——"进化论"和"地理环境决定论"——之影响③。陈训正对方志编纂理论的探索,是否也与梁氏的"新史学"有关,因史载阙如而不得其详,但可以肯定的是,陈氏确实深受"进化论"这一外来学说的影响,并据以探讨方志的功用及其走向,如其《与余岩书》云:

> 仆窃以为方志之作,所以表著地方文物嬗进之迹,彰往开来乃其先务。而前人最录,博而寡当,非综核之实,虽以章实斋、恽子居之贤,其所持论,不能无偏,此亦时之风趋使然,不足怪,不足怪!使二贤者居今之世,成今之书,仆有以知其必不尔也。故睅然敢于反古,尽吾所知而务之,虽未敢自谓创作,要其用心之所至,立一时之条例,矫从前之习尚,自不同于应声逐响者流。④

此外,见诸《鄞县通志》,亦有"脱使土地之上,终古而无人物,则此块然而静者,亦将终古不离狉獉之域,进化云乎哉"⑤之论断。然而,尽管陈氏乐

① 《晚山人集》附录陈训慈《陈君屺怀事略》,1985 年抄本。
② 陈训正:《慈溪县志草创例目》,《文澜学报》第 2 卷第 1 期(1936 年 3 月 31 日),杭州古籍书店 1987 年影印本,第 5 页。
③ 黄燕生:《傅振伦与民国方志学》,《中国历史博物馆馆刊》1994 年第 2 期,第 8—17、63 页。
④ 陈训正:《与余岩书》,载氏著《天婴室丛稿》之八《庸海二集》,第 350—351 页。
⑤ 《鄞县通志》第四《文献志》第一册甲编上《人物一》,第 15 页。

于汲取包括"进化论"在内的异域文明,用以填补自身知识的不足乃至空白,却终究由于语言不通、文字不识等各种缘故,使得他在涉足方志领域之初对新型方志的了解,并非源自对近代西方科学新知的直接接触,而是主要通过研读《宝山县续志》这类深受"西学"影响的新型方志。

事实上,陈训正非但未尝直接接触近代西方科学新知,而且大致从编纂《掖县新志》开始,一方面坚持辗转了解"西学"并据以探寻志例创新之道,另一方面又日益明显地倾向于从传统学术中汲取养分,对"文献"内涵的诠释及其对《鄞县通志·文献志》的构建,就是其中的典型例证:

> 郑玄释"文献"为"文章、贤才",较朱熹之训"典籍、贤人",厥谊为长。盖三代所谓"文",非仅指简策而言;而"献",即识大之贤者与识小之不贤者,非独性行善也。故"文"之著于文字者,曰典籍,曰金石;"文"之著于语言者,曰俗谚,曰谣歌;"文"之著于周旋动作者,曰典礼,曰风俗。"献"之产于本土者,曰选举,曰列女;"献"之来自异地者,曰寓贤,曰职官,曰名宦;"献"之游方以内者曰人物,"献"之游方以外者曰释道,而以大事纪汇著其遗迹焉。此方志所以详列各门,以供后来者之稽征也。今综核人物、选举、职官、故实、艺文、礼俗、方言七类,而编为《文献》一志。①

陈氏方志编纂实践的这一动向,与其说暴露了新旧杂陈如陈训正者的保守心态和卫道本相,毋宁谓为民国方志编纂者在熟悉"西学"利弊得失之后,客观理性地探寻方志编纂体例与叙事结构两相平衡的有益尝试(惜乎仅止于中西兼有、新旧杂陈)。事实上,至晚自20世纪20年代后期起,力求中西集成、新旧结合的认知和作法,非但不止方志一端,抑且不绝如缕。

---

① 《鄞县通志》第四《文献志叙目》,第1页。《文献志叙目》虽非成于陈训正之手,但既然《文献志》无论名称抑或框架,均系陈氏所拟定,则《文献志叙目》对"文献"内涵的诠释,大体上也就是陈氏的本意。

附表 1　清末宁波境内的典型毁学事件

编号	时地	简况	相关报道
1	1905 年 7 月 镇海柴桥	曹赞宸等人在创设芦渎公学时,将停课已十余年的芦江书院资产充公,改作办学经费。郑俗云、曹毓纯、胡炳奎等劣绅为把持院产,煽诱乡愚闹事,被知府喻兆蕃制止。	《申报》1905 年 7 月 29 日《批饬阻挠学务》
2	1906 年 3 月 镇海霞浦	张兆泰等人在兴立学堂时,借用张氏宗祠什物,遭族人张修槐阻挠,并将什物捣毁。	《申报》1906 年 3 月 15 日《族人阻学》
3	1906 年 4 月 鄞县姜山	周家堞南津学堂因为阻止仙岩寺按惯例向参加礼拜会者发放济米,被姜山行会众人捣毁门窗什物。	《申报》1906 年 4 月 2 日《捣毁学堂》
4	1906 年 10 月 奉化	某绅议将按亩抽捐若干,拨充学堂经费,引发乡民闹事。	《申报》1906 年 10 月 13 日《勒捐学费兆事》
5	1907 年 1 月 奉化	应善庆等拟立紫薇蒙小学堂,有意将族中义田拨作经费。应廷虎以为不利于己,唆使族众加以阻挠。	《申报》1907 年 1 月 23 日《禀请查办阻挠兴学》
6	1907 年 2 月 镇海	妙胜寺因住持闻馥等僧不守清规,在刘崇照等人的禀请下被改作两等小学堂校舍,但闻馥率众僧恃蛮抵抗,拒绝搬离。	《申报》1907 年 2 月 28 日《寺僧抵抗学堂》
7	1907 年 3 月 鄞县	鄞县乡民因举行朱桑都神会,拟将暂借朱桑都神殿为校舍的江东米业公立明新小学堂的器具搬运他处,遭拒后,群情激奋,捣毁小学堂器具。	《申报》1907 年 3 月 18 日《乡民捣毁学堂》
8	1907 年 7 月 定海	岑港七大庄乡民四五千人,反抗官绅勾结、加征粮税,入城捣毁衙署、学堂。	《东方杂志》第 4 年第 6 期;《申报》1907 年 7 月 6 日《专电·宁波》、7 月 8 日《定海乡民聚众闹事详情》、8 月 6 日《舟山乡民事变记》及后续报导(1—13)、10 月 1 日《定海乡民暴动纪闻》

编号	时地	简况	相关报道
9	1908年6月鄞县密岩	应桂馨父子在密岩创办崇义学堂后,以校舍不足,强占强购族人房屋及坟前空地,并筹资扩建,遂大起冲突。	《申报》1908年6月10日《乡民聚众闹学》、8月11日《鄞县学界之恶现象》、8月19日《崇义学堂翻案》、9月17日《宁波府教育会呈道府禀(为崇义学堂事)》、9月23日《委查崇义学堂控案》、9月25日《崇义学堂预备欢迎之怪像》、9月30日《绅界联名上控籍学横行》、10月12日《崇义学堂案仍未讯结》、11月5日《开会提议崇义学堂案》
10	1909年3月鄞县	乐显廷等人急欲兴办湖亭学堂,初借桃花渡孙公馆为校舍,五日后又擅自搬入财神殿后房,并雇泥水匠,拟开天窗,从而招致附近商家谷葵生、张香泉等人阻拦,冲突中有近二十张课桌被烧毁。	《申报》1909年3月12日《赌棍聚众烧毁学校》、3月22日《商学两界冲突始末情形》
11	1909年6月奉化跸驻	禁烟令的颁行,在乡民看来,是办学绅士禀请奉化县政府的产物,因而纷纷与学堂为难。6月初,跸驻顽民多人,拥至成志学堂喧闹,并殴打学董陈君。	《申报》1909年6月3日《顽民误会闹学》
12	1910年4月慈溪	对正始学堂借永明寺藏经阁为校舍并毁弃神像之举,乡民非常不满,遂借迎神赛会之机,数日内接连捣毁正始、鸡山、无择等8所学堂。	《申报》1910年4月27日《慈溪毁学之原因》、4月29日《慈溪毁学之原因》、4月30日《浙省乱耗汇纪》、5月1日《慈溪》、5月6日《浙江乡民闹事近纪》、5月17日《慈溪毁学案之不堪收拾》
13	1910年6月慈溪南乡	6月8日,甘溪章某到进化初等小学校持械逞蛮,三位受伤者均系该校发起人的子弟。	《申报》1910年6月13日《慈邑毁学之余波》
14	1910年6月奉化唐村	6月28日,乡民不但捣毁了袁恒元、袁菱舫、袁南绍合办的学堂,而且捣毁了这三位学董的住宅。	《东方杂志》第7年第7期

附表 2 《定海县志》内部结构与《宝山县续志》的异同

《定海县志》的内部结构		《宝山县续志》的相应构造	
册首《列图》	舆地图、建筑图、景片	卷首《图说》	未分目,内设 18 幅舆地图
册一《舆地志》	建置沿革	卷一《舆地志》	沿革(改正插花附)
	形势	卷一《舆地志》	形胜
	疆界	卷一《舆地志》	界至(经纬度附)
	列岛		
	洋港及潮流		
	分区	卷一《舆地志》	市镇
	户口	卷一《舆地志》	户口
	水利		
	土质(未及调查,仅存其目)	卷一《舆地志》	土质
	气候(灾异、占候附)	卷一《舆地志》	气候(雨量、潮汐附)
		卷十七《杂志》	祥异、占候
	名胜及古迹	卷十六《名胜志》	古迹、第宅、祠墓
册二上《营缮志》	城垣	卷三《营缮志》	城垣
	学校		
	公署(监狱附)	卷三《营缮志》	公署(监狱附)
	炮台	卷九《兵防志》	炮台
	河渠 (未及调查,仅存其目)	卷二《水利志》	河渠
	塘堤 (未及调查,仅存其目)	卷二《水利志》	堤防(石梗、护塘森林附)
	街衢 (未及调查,仅存其目)	卷三《营缮志》	路街
	桥梁 (未及调查,仅存其目)	卷三《营缮志》	津梁
	会所	卷三《营缮志》	局所
	场厂		
	仓库	卷十一《救恤志》	仓储
	善堂	卷十一《救恤志》	救助
	公园	卷十六《名胜志》	园林
	森林		
	祠庙	卷三《营缮志》	坛庙(祠宇附)

38

《定海县志》的内部结构		《宝山县续志》的相应构造	
册二中《交通志》	水道	卷八《交通志》	航路
	陆道	卷八《交通志》	陆道（铁路、电车路附）
	邮信	卷八《交通志》	邮递
	电报	卷八《交通志》	电信
	电话		
	电灯		
册二下《财赋志》	田赋	卷四《财赋志》	
	关税		
	杂税	卷四《财赋志》	征榷（杂税附）
	地方税及杂捐	卷四《财赋志》	地方税（杂捐附）
	公款及公产	卷四《财赋志》	公款公产
册三甲《鱼盐志》	渔业、盐产		
册三乙《食货志》	未分目，其内仅设事关民生的11个统计表		
册三丙《物产志》	植物、动物、壮物、杂产	卷六《实业志》	物产（赛会附）
册三丁《教育志》	学校教育	卷七《教育志》	学校
	社会教育	卷七《教育志》	社会教育
	教育机关	卷七《教育志》	劝学所、教育会
册三戊《选举志》	科贡	卷十三《选举志》	科贡
	学位		
	仕进	卷十三《选举志》	仕进
	公职	卷十三《选举志》	公职
	褒奖	卷十三《选举志》	勋奖
册三己《人物志》	未分目，其内仅设10个表格分别列举游寓、方外、列女等十类人物	卷十四《人物志》	内分贤达、孝友、文学、武功、德义、艺术、游寓、方外、列女九目
册四甲《职官志》	未分目，内设《历代职官沿革表》等3表	卷十二《职官志》	内分文职、武职、政绩三目

续表

《定海县志》的内部结构		《宝山县续志》的相应构造	
册四乙《军警志》	军防	卷九《兵防志》	防军
	警察	卷十《警务志》	县警察
	保卫团	卷九《兵防志》	团防
册四丙《礼教志》	祀典	卷五《礼俗志》	祀典
	宗教	卷五《礼俗志》	寺观、教会
册四丁《艺文志》	书目(旧志附)	卷十五《艺文志》	书目
	金石目	卷十五《艺文志》	金石
册四戊《故实志》	未分目,内置"宋高宗避兵航海"等14个用纪事本末体撰写的故事		
册五《方俗志》	方言		
	风俗	卷五、礼俗志	风俗(节序附)

附表3　《定海县志》对《定海厅志》的扬弃

《定海厅志》的内部结构			《定海县志》的取舍	
卷首	《皇言纪》		删	
卷一	图一《北极出地图》			删
卷二	图二	《舆地全境图》	册首《列图》	拟代之以《县境总图》(未见)
		《舆地庄图》		拟代之以6幅《列岛分图》(未见)
卷三	图三《营建图》		代之以5幅平面建筑图	
卷四	表一《天文》		删	
卷五	表二《建置》		简化为《历代建置沿革表》,置于《舆地志》"建置沿革"目	
卷六	表三《职官》		简化为《历代职官沿革表》《历代职官人名表》,置于《职官志》	
卷七	表四《选举》		改编为《历代科贡人名表》《明清以来文武两途仕进表》(备注:此表名系笔者所加),置于《选举志》之中	
卷八	传一《名宦》			
卷九	传二上《人物》		置《人物志》,设10张表格,分录有功德于乡者、负学术道义之望者、有至性独行者、有文学之称者及列女、游寓、方外等10类人物	
卷十	传二下《人物》			
卷十一	传三《列女》			
卷十二	传四《寓贤》			
卷十三	传五《仙释》			
卷十四	志一《疆域》		在《舆地志》内设"疆界""水利"两目,分载疆界、山川	
卷十五	志二《风俗》		所置《方俗志》"风俗"目,较诸《定海厅志》,不但体例新,而且内容更为翔实	
卷十六	志三上《田赋》		简化为《财赋志》"田赋"目	
卷十七	志三下《田赋盐课》		改"盐课"为《渔盐志》"盐产"目;改"关市"为《财赋志》"关税"目	
卷十八	志四《学校》(书院附)		删,另作《教育志》,着重载述民国时期的学校教育、社会教育和当时的基层教育行政机构	
卷十九	志五上《军政》		设《军警志》,改"军政"为"军防",同时增设"警察""保卫团"两目	

续表

《定海厅志》的内部结构		《定海县志》的取舍
卷二十	志五下《军政》(海防附)	
卷二十一	志六《祀典》	虽在《礼教志》中设有"祀典",但仅名称相同而已
卷二十二	志七《营建》	改称《营缮志》;删"御书楼";改"城池"为"城垣";简化"公署"的内容;增补"善堂"的内容;保留"常平仓""炮台"
卷二十三	志八《艺文》	缩写为《艺文志》"书目"目
卷二十四	志九《物产》	保留《物产志》,但内部分类迥异,且其多删略
卷二十五	志十《祇祥》	删其荒诞难凭之说,改作"灾异",并附骥于《舆地志》"气候"目之下
卷二十六	志十一上《杂志古迹》	降格为《舆地志》下的"名胜及古迹"目
卷二十七	志十一下《祠庙》	降格为《营缮志》下的"祠庙"目,且形式上以列表为主
卷二十八	志十二《大事志》	改编为纪事本末体的《故实志》
卷二十九	略一《旧志》	虽仍称"旧志",但附骥于《艺文志》"书目"之下
卷三十	略二《遗文》	删

附表 4　陈氏规划与《鄞县通志》最终样貌之异同①

陈氏规划	最终样貌		陈氏规划	最终样貌
首册:地图、索引	序、例言等	博物志	3.矿物	/
/	舆地志叙目		4.杂物	/
1.沿革	甲编、建置沿革		/	乙编、工艺制造品
2.疆界	乙编、疆界		/	文献志叙目
3.形势	丙编、形势	文献志	1.艺文	戊编、艺文
4.山林	丁编、山林		2.人物	甲编、人物
5.海洋	戊编、海洋		3.选举	乙编、选举
6.河渠	己编、河渠		4.名宦	丙编、职官
7.乡区	庚编、乡区		5.政论	/
8.村落	辛编、村落		6.史事	丁编、故实
9.户口	壬编、户口		7.礼俗	己编、礼俗
10.氏族	癸编、氏族		8.方言	庚编、方言
11.土宜	/		9.风俗	/
12.气候	子编、气候		/	食货志序目
13.物产	/		1.历年食粮统计及食粮价格之升降	甲编、农林
14.营建	丑编、营建		2.历年主要用品价格之升降及其数量	乙编、渔盐
15.交通	寅编、交通	食货志	3.历年甬市正辅各币兑价升降及现金贴水涨落之概略指数	丙编、工业
16.庙社	卯编、庙社		4.历年各业工资及其他劳力之代价	戊编、产销
17.市集	辰编、市集		5.历年县产物之供求状况	己编、金融
18.名胜	巳编、古迹		6.舶来品输入种类、数量、价格之概计	庚编、生计

（舆地志 — 左侧竖排分类名）

---

① 本表取材于《鄞县通志目录》与陈训正的《鄞县通志草创例目》。

43

续表

陈氏规划	最终样貌	陈氏规划	最终样貌
/	政教志叙目	7.社会金融历年通滞状况	/
1.制度沿革	甲编、历代行政制度沿革	8.县产历年消长状况	/
2.行政	乙编、现制行政	9.县民现时在籍实在人数及其生殖率、死亡率之比较	/
3.财政	丙编、财政	10.客民现时旅食人数及以后增减之趋势	/
4.司法	丁编、司法	11.县民各项执业人数比较及其生活状况	/
5.自治	戊编、自治	12.县民贫富阶级概况	/
	己编、公共卫生	13.劳资纠纷之由来及结果	/
6.教育	庚编、教育	14.近年失业人数概计	/
7.实业	/	15.社会经济衰落状况	/
8.交通	辛编、交通	16.一般之救济论	/
9.宗教	壬编、宗教	17.今昔各种度量衡制之比较	/
10.祀典	癸编、祀典	/	工程志序目
11.救济事业	子编、救济事业	/	甲编、建设计划
12.党部及人民集合团体	丑编、党部团体	/	乙编、水利工程
/	寅编、社会现象	1.市道工程	丙编、道路工程
/	博物志叙目	2.公路工程	丁编、公用工程
1.动物	甲编、动植矿物类	3.三塘河浚修工程	戊编、卫生工程
2.植物	/	4.中山公园商会会所等工程	己编、营造工程

末册:地图26张

44

下篇　陈训正年谱

清穆宗同治十一年（1872）　壬申　一岁

◎农历十月三十日（11 月 30 日），生于慈溪金川乡官桥。

　　按，陈训慈《陈君屺怀事略》云："君讳训正，字屺怀，晚以字行，浙江慈溪人。先世于明季自奉化迁慈溪金川乡之官桥。……君生于清同治十一年（公元一八七二年）壬申十月三十日。"①

　　又，沙孟海《陈屺怀先生行状》："先生讳训正，字无邪，一字屺怀，浙江慈溪人。陈氏之先，于明季自奉化徙慈溪，代有义行。"②

　　又，柳诒征《陈君屺怀传》云："君氏陈，讳训正，字无邪，一字屺怀，浙江慈溪人。……君生于清同治十一年十月三十日。"③

　　又，赵志勤《陈屺怀事迹述略》云："陈先生名训正，早字无邪，又字屺怀，晚年以字行。号玄婴，因名其书室曰天婴室，故亦号天婴。浙江慈溪人。1872 年 11 月 30 日（清同治十一年农历十月三十日）诞生于二六市官桥里（今属余姚县）。"④

清德宗光绪六年（1880）　庚辰　九岁

◎父儒珍公（1843—1881）卒，居丧有礼。

　　按，陈建风等《陈训正行述》云："府君讳训正，字屺怀，别署玄婴，晚号晚山人，……考儒珍公，姚氏顾。三世潜德，代植忠厚，至于府君，益光于前。……先祖考仅生府君一人。府君生而岐嶷，聪明天授。九岁，先祖考即世，居丧有礼，无殊成人。"⑤

---

①　陈训慈：《陈君屺怀事略》，《晚山人集》附录。
②　沙孟海：《陈屺怀先生行状》，《晚山人集》附录。
③　柳诒征：《陈君屺怀传》，《晚山人集》附录。
④　赵志勤：《陈屺怀事迹述略》，载《宁波文史资料》第 8 辑（1990 年），第 58—59 页。
⑤　陈建风、陈建斗、陈建尾：《陈训正行述》，载《民国人物碑传集》卷一，第 22 页。

陈训慈《陈君屺怀事略》、沙文若《陈屺怀先生行状》皆谓陈训正十龄丧父,此说实误。其有力的反证,便是陈训正本人在《朱母七十寿诗叙》中自称:"盖朱生亦孤子也,少余四岁,八岁丧父,余九岁,又皆无昆弟,家贫惇惇,依母以活。"①而其《先妣讣状》亦云:"先公殁,不肖正,方九岁,二女弟尤幼。"②此外,陈训正在所作《答李审言先生书》中亦尝明言:"正九载失怙,育于寡母。"③

光绪十二年(1886)　丙戌　十五岁

◎祖克介公(讳士芳)卒。

　　按,陈训慈《陈君屺怀事略》云:"祖克介公,始以行商往来江西,渐以所获置产,遂捐己田之半计百亩为义田,以赡族之鳏寡、孤独、贫困无告者。……(君)十龄丧父,十五岁,祖父亦弃养。"

　　又,陈建风等《陈训正行述》云:"曾祖考以贸茶起家,欲府君世其业,议令入宁波某钱肆为徒,已成约矣,而曾祖考又弃养,某肆遽爽前约。时先三叔祖考依仁公甫弱冠,府君才十(三)[五]龄耳。地多无赖,戚族失援,叔侄茕茕,相依为命。依仁公卒以家事琐屑自任,而命府君专心读书。自此以往,迄乎依仁公之卒,三十余年,府君得壹意治学,献身党国,无内顾之忧者,胥依仁公之赐也。"④沙文若《陈屺怀先生行状》则云:"大父讳士芳,……父讳懿宝,早卒,先生甫十岁。更五年,大父亦卒。"

光绪十四年(1888)　戊子　十七岁

◎始从竹江袁寿彝先生(?－1889)学《诗》,并因此结识陈镜堂(1867－1908)、郑念若(?－1908)等人。

　　按,陈训正《天婴诗辑·自序》云:"余少耽荒嬉,不知学问……年十七,始从竹江袁先生受《诗》。先生说《诗》主宋儒,诸凡稍涉绮

①　陈训正:《天婴室丛稿》之三《无邪杂箸》,第168页。
②　陈训正:《天婴室丛稿第二辑》之一《塔楼集》,1934年铅印本,第29页。
③　《天婴室丛稿》之七《庸海集》,第282页。
④　《陈布雷回忆录》民国三年条云:"祖父好义行,能任事,晚岁居家,创义田,饬族规,扩义塾,辟水利,皆斥产为之,而躬自经纪其事,临终勖余父,以继承先志管理族事为先,功名非所望,但入学明义理可已。"

靡之辞，辄曰：'此男女相说之辞也，此淫奔者所谓也。'余意孔子放郑声，而于《诗》独不删淫乱之作，是何也？怀疑于心，不敢反问。时剡山陈君晋卿，在竹江门称都讲，余私焉，剡山亦谓朱说非诗人之本谊。既获交郑光祖念若①，与同馆席。念若治汉学有声，邑之经学大师也，见余方治《诗》，谓之曰：'读书当自得师，勿为宋人诞妄者所毒！'余知其意在朱氏，因以向疑者质之，念若大喜曰：'子真吾友也，可与论《诗》矣！'自是益坚。余信其持论，往往欲遂无古人，即卜氏之序，亦疑为汉人所假托而不之信。其时，余虽好《诗》而不喜自为诗，间有所感，即目成咏，十八九无题也。及与冯回风、应悔复交，二君以余所作不失风人之旨，每于朋燕中夸张之。人以其信应、冯者信余，余遂以能诗名于时，然余心实恧焉。嗣后饥驱四方，接耳属目者，愤慨益多，又时丁忌眇荒忽之辞，好逞怪诞，不尚声律，誉之者谓为秦汉杂谣歌辞，毁之者则曰索隐行怪，非大方之作，而余于毁誉无所动，称情而出，犹是里讴野唱之流者响。"②
又，《袁先生传》云："袁先生讳寿彝，字劼甫，原讳濂，字絜夫，号粹庵，慈溪诸生，宋大儒燮之后。……治文章有声，弟子着籍者尽一乡之隽。训正事先生最晚。"③

◎姑母叶陈氏卒。

按，陈训正《清故两淮盐运使司候补巡检叶君权厝志》云："君讳泾，字筱林。……以四年九月二十九日卒……春秋七十有九。君娶陈氏，训正之姑也，前卒。"又，其《叶君主阴记》云："卒民国四年九月二十九日……享年七十有九。娶陈氏，先君二十八年卒。"④据此推算，可知其姑母卒于本年。

光绪十五年(1889)　己丑　十八岁

◎农历八月，业师竹江袁寿彝先生客死杭州，转而师事芳江柳镜斋先生（？－1920）。

---

① 见录于《无邪诗存》的《哭郑念若》，内称"自我始识君，荏苒二十禩"，由郑氏卒年（1908）逆推，是知两者始识于本年。
② 陈训正：《天婴诗辑·自序》，陈训慈整理，1988年抄本。
③ 《天婴室丛稿》之四《哀冰集》，第206—207页。
④ 《天婴室丛稿》之三《无邪杂箸》，第179—180、182页。

按，陈训正《袁先生传》云："袁先生讳寿彝……宋大儒燮之后。……生若干年，以某年八月旅卒于杭州。"[1]又，其《朱母七十寿诗叙》云："始余从竹江袁先生游……明年，袁先生殁，余事柳先生于芳江。"[2]据《天婴诗辑·序》，可知陈氏"年十七，始从竹江袁先生受《诗》"，故系之。

光绪十六年(1890)　庚寅　十九岁

◎农历十一月十五日，二弟训恩(字彦及，即陈布雷，1890—1948)出生。

按，《陈布雷回忆录》光绪十六年条云："十一月十五日亥时生。"

光绪十七年(1891)　辛卯　二十岁

◎正月，叔母应孺人(叔父依仁发妻)卒。

按，《陈布雷回忆录》光绪十七年条云："正月，嗣母应孺人逝世。"

光绪十八年(1892)　壬辰　二十一岁

◎农历六月，三弟训懋(1892—1908)出生。

按，《陈布雷回忆录》光绪十八年条云："六月，三弟训懋生。是年夏大水。"

光绪十九年(1893)　癸巳　二十二岁

◎先生入县学，娶妻魏氏。

按，沙文若《陈屺怀先生行状》云："清光绪十九年，入县学。"又，陈训慈《陈君屺怀事略》云："光绪十九年，入邑庠。"而陈建风等《陈训正行述》载曰："岁癸巳，入邑庠，先妣魏太夫人来归。"据《陈布雷回忆录》光绪二十六年条记载，可知魏氏名"思德"。

◎农历九月，五妹静娟(1893—1982)出生。

按，《陈布雷回忆录》光绪十九年条云："九月，五妹生。"

---

① 《天婴室丛稿》之四《哀冰集》，第206—207页。
② 《天婴室丛稿》之三《无邪杂箸》，第168页。

光绪二十年(1894)　甲午　二十三岁

◎长子建风(孟扶,1894—1958)出生。

　　按,陈建风等《陈训正行述》云:"甲午,生不肖建风。"又,《陈布雷回忆录》光绪二十年条云:"是年大侄孟扶生,余据短几,吃糖面,乐甚。"

光绪二十一年(1895)　乙未　二十四岁

◎先生教布雷诸弟读书;农历六月,六妹晓娟(若华,1895—1921)出生。

　　按,《陈布雷回忆录》光绪二十一年条云:"从大哥[1]读书,诵《毛诗》。大哥是年家居读书,以老屋西之仓屋为书室,即所谓新屋者是也。先父命余从之读,同学者袁耕先表兄,伯母之姨甥也,每晨挟书包入学,午后四五时退,书室之前楹悬治家格言,以是为先师孔子之位,出入必行礼焉。大哥抚爱备至,从学一年,未尝责扑,即呵斥亦不加。六月,六妹生。"

光绪二十三年(1897)　丁酉　二十六岁

◎先生与同县诸挚友合创"剡社",后又改称"石关算社"[2]。

　　按,陈训慈《陈君屺怀事略》云:"君自少年即目击国势凌夷,早有志讲新学。初,克介公凤治梅氏天算,君幼承指授,光绪廿三年,

---

[1]　先生长曾孙陈元撰文指出:"依宝公是长房,族中称陈孟房,依仁公为三房称陈季房。因家族聚居,习惯称陈屺怀先生为大哥,布雷先生虽在陈季房中是长子,但族人称呼还是称为二叔、二公公,我辈则称他为二太公。"详参陈元《陈屺怀与陈布雷兄弟》,刊《档案春秋》2008年第9期,第20—23页。

[2]　考陈训正《钱君事略》云:"君讳保杭,字仲济,一字吟韦,姓钱氏。……君自少有用世之志,为学务通核,年十九,成诸生,与其兄鲲群、同县叶念经、董承钦、孝钦、陈训正,读书于金川乡繁露祠,治名器之学数年。"兹据钱保杭生卒年(1878—1922)推算,是知"读书于金川乡繁露祠,治名器之学"者,即是指剡社、石关算社。彼时读书于繁露祠者,尚有杨辑父,其依据便是陈训正《再赠辑父》诗云:"当年繁露结经巢,每见扬雄辄解嘲。酒入愁初好斟酌,诗成月下共推敲。(自注:少时结繁露社,君每过我,读诗竟夜。)"(详参《天婴室丛稿》之九《阏逢困敦集》,第374—375页)。又,《陈布雷回忆录》光绪二十五年条云:"九月订婚于杨氏(宏农),作伐者叔舅杨石蚕先生,大哥在毓露祠结社读书之诗友也。"此"杨石蚕"当是上文所述及的"杨辑父",而"毓露祠"显系"繁露祠"之误。

遂与邑中契友集为'石关算社',乡人多闻风来请执业者。旋又相约结'剡社',创'迨群学会',以气节、文章相砥砺。"

又,沙文若《陈屺怀先生行状》云:"是时朝政日非,外患孔亟,先生务致力有用之学,始集县中友人为'石关算社',约日督课,躬自校阅。继又结'剡社''迨群学会',以气节、学艺相砥励。"

考陈训正自述云:"少时与陈山密、郑念若、冯汲蒙、君木、应叔申、钱(中)[仲]济、胡君诲、魏(中)[仲]车结社讲艺,推山密为长;山密居剡隩,故名'剡社'。后改称'石关',亦山密所居地也。"①由此可知"剡社"创办于前,而"石关算社"改名于后;准此,则陈训慈《陈君屺怀事略》、沙文若《陈屺怀先生行状》所述显然有误。

◎先生因为专研科学并考得向日葵多种用途的关系,受到《农学报》的关注。

按,《农学报》1897年第5期《种葵用广》云:"慈溪陈君(启)[屺]怀,精究化学,近来考得向日葵为用极广,多种可以避疫,其子可以榨油,若作乳哺婴,胜于牛乳,其秸及叶,干后烧灰,则可为极好胰皂;又闻西人将葵秸用化学提炼,可以抽丝,光泽不损蚕丝,是其利用,又在胰皂之上矣。"②

◎农历八月,七妹淑娟(1897—1924)出生。

按,《陈布雷回忆录》光绪二十三年条云:"八月,七妹生。"

光绪二十四年(1898)　戊戌　二十七岁

◎先生预计八股取士之制必将被废弃,故而认为陈布雷无需研习四书。

按,《陈布雷回忆录》光绪二十四年条云:"其时维新变法之议甚盛,先考及大哥均以为八股必废,故不欲予先习四子书,而以五经立识字为文之根基。是年清廷果下诏废八股,改以策论课士,旋复诏复其旧,大哥以为八股之运命必不久,且本为高明者所不屑为,何必以是苦童子,先考深韪其言,徐(尔康)先生初不信,大哥力陈其理,亦释然。"

---

① 陈训正:《百字令·自题诗卷》小字注,载《天婴室丛稿》之五《秋岸集》,第225页。
② 见《近现代报刊上的宁波》,宁波市政协文史委员会编,第313页。

光绪二十五年(1899)　己亥　二十八岁

◎农历四月,先生为陈布雷传授议论文的作法。

　　按,《陈布雷回忆录》光绪二十五年条云:"四月,大哥阅余课文,乃以《增广古今人物论》一册授余,教以议论文作法,自是始稍有进步。"

◎秋,好友冯君木来访。

　　按,《陈布雷回忆录》光绪二十五年条云:"是年秋,冯君木先生来余家访大哥,先生年少有文名,丁酉以拔萃授教谕,余是时已知拔贡荣于乡荐,私念使余得为冯先生,岂非人生快事乎?"

◎秋,先生荣获宁波辨志文会秋季课案舆地"超等"第一名。

　　按,《申报》1900 年 1 月 22 日《宁郡辨志文会秋季课案》云:"○舆地超等:陈训正、杨毓恽、陈汉章、李口、谷达李、厉延年、寿椿禧、侯鸿锡、陈廷杨、施仁沈。"根据《申报》所刊三篇有关"宁郡辨志文会课案"的报道,可以认定"宁郡辨志文会秋季课案"实乃"宁郡辨志文会己亥秋季课案"。

◎冬,先生荣获宁波辨志文会己亥冬季课案舆地"超等"第七名。

　　按,《申报》1900 年 4 月 28 日《宁郡辨志文会己亥冬季课案》云:"○地舆超等:陈汉章、王绍翰、李志荣、王璘、陈得森、钱保杭、陈训正、杨毓辉、施仁纯、程起鹏。"

◎农历十二月,八妹婉娟(1899－1985)出生。

　　按,《陈布雷回忆录》光绪二十五年条云:"十二月八妹生。是日岁除,悬像祀祖,母氏料量祀事,薄暮始休息,未几八妹生,吾母之劬劳可想矣。"

光绪二十六年(1900)　庚子　二十九岁

◎夏,先生同时荣获宁波辨志文会庚子夏季课案舆地"超等"第一名和词章"特等"第一名。

按,《申报》1900年9月22日《宁波辨志文会庚子夏季课案》云:"○與地超等陈训正、周震隆、孙海环、程起鹏、陈汉章、江起鹏、钱保杭、王振声……○词章超等:应起埠、毛雍祥、黄启麟、马佪章、童梁;又特等:陈训正、董策三、盛炳坤、江起鲲、董灏。"

◎次子建雷(1900—1940)出生。

按,陈建风等《陈训正行述》云:"庚子,生亡弟建雷。"

◎冬,先生开始引导陈布雷学习英文字母。

按,《陈布雷回忆录》光绪二十六年条云:"是年有拳匪之乱,每闻大哥归家与先考谈时事,始知中国国势之大概,亦常自大哥处得阅《时务报》等刊物,虽在可解不可解之间,顾独喜阅之。冬月某日,大哥嘱大嫂(魏思德)治食,邀余往食汤团,食毕,课予以英文字母,盖大哥望余成学之切有如此者。"

光绪二十七年(1901)　辛丑　三十岁

◎为东渡日本,先生北至上海,其友钱保杭不但"送之上海",而且"谆谆以沟通文化相勖勉"①。先生在上海候船期间,得知镇海籍商人洪益三捐献巨资赈灾却又坚辞朝廷赏赐之义举,认定好人必有好报。

按,《无邪杂箸》所录《赠洪君序》云:"当光绪二十七年,关中大饥,淮徐又被水流,骸戠戠相藉。时余适以事过沪,沪之人曰:'子乡人有洪某者,诚侠士也。今釀金二十余万,振灾两省,无希微德色。例捐金十万以上,得以二子赐举人。当道为之请,洪君曰:余之务此,岂为子孙地耶?力辞不受。'余当时尚未识君,谓其人曰:'若然,洪氏其大乎!'"②

◎先生东渡日本,着力访购科学图书、仪器,并得蚕桑良种归国。

按,张原炜《陈无邪墓志铭》云:"辛丑和约以后,外力侵凌益甚。后二年,先生游日本,专意访求科学图书仪器,并得蚕桑良种,携以俱归;里人闻风景从,始有稍以余力从事近代科学者。"③

又,陈训慈《陈君屺怀事略》云:"廿七年,东渡至日本,访购科

① 陈训正:《钱君事略》,载《天婴室丛稿》之六《逃海集》,第295页。
② 《天婴室丛稿》之三《无邪箸》,第173—174页。
③ 张原炜:《陈无邪墓志铭》,附录于《天婴诗辑续编》,陈训慈整理,1988年抄本。

学图书、仪器，并采集各种标本与日本蚕桑良种归，从事研读与实验。"

◎农历五月，四弟训慈(1901—1991)出生。

　　按，《陈布雷回忆录》光绪二十七年条云："是年五月，四弟训慈生。先母连生四女，至是又得一男，合家欢喜。"

◎冬，先生为从弟陈布雷授课之余，勉力翻译、钻研购自日本的《养鸡全书》。

　　按，《陈布雷回忆录》光绪二十七年条云："是年五月，四弟训慈生。……冬日，徐先生以病请假，大哥来代课。时大哥已习日文，方游日考察农业归，每日挟《养鸡全书》一厚册，且课读且翻译焉。"

◎本年某日，先生曾去鸡西村造访冯毓孳，从此成为莫逆之交。

　　按，陈训正《哀冰叟五十八均并序》："忆昔君生日，与君坐唏戏。君言我三十，过汝鸡西庐。问年汝犹少，咳唾矜万夫。"①兹据陈训正年岁(时年三十)，而系其事于本年。

光绪二十八年(1902)　壬寅　三十一岁

◎先生将日本访书所得，交予钱保杭等旧友集资创设的"通社译书局"，加以翻译出版。

　　按，陈训正《钱君事略》云："训正东渡，访书日本，君送之上海，谆谆以沟通文化相勖勉。乃合(叶)念经、(董)孝钦、胡良箴、陈镜堂、洪允祥、冯保谦等走上海，创通社。训正获书归，分类迻译，成《通社丛书》数十种。"②

　　又，陈训慈《陈君屺怀事略》云："廿七年，东渡至日本……次年走上海，约两社旧友陈镜堂(晋卿)、钱保杭(吟苇)、胡良箴(君海)等，集资设通社译书局，择西洋科学名著，分别译印公世，流传甚广。"

　　又，沙文若《陈屺怀先生行状》云："尝赴日本访求科学图书、仪器及蚕桑良种。既归，与县人陈君镜堂，钱君保杭，董君承钦、孝

---

① 《天婴室丛稿》之四《哀冰集》，第188页。
② 《天婴室丛稿》之六《逃海集》，第295页。下文续云："已而通社火，资丧，不能继。"

钦，胡君良箴，立通社于上海，迻译东西科学名籍，梓行之。"

　　又，赵志勤《陈屺怀事迹述略》云："1901 年赴日本，访求科学图书仪器，并与所访得蚕桑良种携以俱归，从事研读与实验。次年与旧友陈镜堂等集资在上海成立通社译书局，翻译东西洋科学名籍数十种，一时风行。"

◎先生与慈溪县内诸多提倡新式教育者，常聚会于三七市的董家、叶家。

　　按，《陈布雷回忆录》光绪二十八年条云："是时吾乡董、叶二氏为提倡新学之中心地点，叶经伯先生及董子咸、子宜二先生均轻赀财、好宾客，吾邑有志改革之士，如陈山［密］、钱去矜、魏仲车、钱君飂、胡君诲诸先生与大哥等，常常会其家。"

◎先生独游大宝山朱贵祠，作《过大宝山》："是何感慨悲凉地，六十年前问劫灰。行路至今有余痛，谈兵从古失奇才。荒荒岁月天俱老，历历山川我独来。一角丛祠遗恨在，夕阳无语下蒿莱。"①

　　考朱绪曾《武显朱将军庙碑记》云："将军姓朱，讳贵……所在多战功，政绩不可胜载。二十二年正月……而将军独据大宝山……大宝山者，慈邑西门外，为一邑保障之要冲也。……二月初四日卯刻，夷数千人自大西坝蜂拥上岸，将军亲执大旗，麾所部迎击……是战也，将军以所领九百人，敌夷万众。将军以身殉国，夷亦大衄……相谓自入犯以来，未有大宝山之力挫其锋也……于是慈士民思将军完保城邑，威灵显赫，咸欲出赀建祠，以申报飨……祠庙乃成，自将军以下皆得祀。"②由道光二十二年（1842）下推 60 年，即本年，故系之。

---

①　该诗始则被收录于《天婴室丛稿》之一《无邪诗存》，后被陈训慈选入《天婴诗辑续编》，并更名为《过大宝山朱公祠》，且注曰"悼抗英死难之朱贵将军"。

②　［清］朱绪曾：《武显朱将军庙碑记》，载《光绪慈溪县志》卷十四《经政三·坛庙上》，《中国地方志集成·浙江府县志辑》(35)，第 326 页。

◎10 月，先生中辛壬并科举人①。

　　按，《申报》1902 年 10 月 14 日《电传补行庚子辛丑恩正两科浙江乡试题名全录》云："陈训正，慈溪增……本届乡闱，恩正并举，而又适逢科举变制之第一科，改八股文程序为论策经义，一时观光之士，莫不标新领异，展其英奇魁伟之材。浙于今日揭晓，本馆先期敦请杭郡友人飞电相告，天届迟明递到全榜，急即排录，登诸本日报端，藉副诸君子先睹为快之意。本馆附识。"

　　又，柳诒征《陈君屺怀传》："君氏陈，讳训正……秉世德，擅文誉，为诸生，中式壬寅科乡举。"张原炜《陈无邪墓志铭》："早入县学，又以母命应乡试，于光绪二十八年（壬寅，公元一九〇二年）中举人，文名渐著。"又，陈建风等《陈训正行述》云："中光绪辛丑壬寅恩正并科举人。"而沙文若《陈屺怀先生行状》、陈训慈《陈君屺怀事略》皆误称先生中举于光绪二十九年。

◎先生作《入秋大疫，至冬未杀，偶过市，见货材者巷辄五六肩背，不禁骇污。回忆十年前，几死流疾，至今心怛无已。死生有故，时为之耶？命为之耶？苍苍可问，率赋是篇》及《又赋》两诗②。

　　按，陈炳翰《洁庵吟稿·壬寅纪事》云："自夏及秋疠疫作，瘰螺喉痧症更恶。犯者九死仅一生，妖说纷纷皆蔓延。……及至冬令天已寒，比户始得庆平安。"③

◎农历十一月，二妹陈又香与表弟叶德之喜结连理；是时，先生宴请友朋，手书一幅文字比较通俗的对联。

　　按，《陈布雷回忆录》光绪二十八年条云："八月，大哥举于乡。

---

① 据叶千里《陈氏私塾沿革记略》记载，在陈训正中举后，乃叔陈依仁特将私塾改建为鸡山初等小学堂加以庆祝："1907 年 2 月，各地兴办新学，族人陈依人（布雷之父），为其侄陈屺怀（训正）应浙江省乡试而中举人，表示庆贺，经商量遂将'陈氏私塾'改为'鸡山初等小学堂'……经费由'义学会'田产收入作开支，不敷部分由陈氏义田会及陈氏慎思轩（陈依仁三兄弟之教育公款）拨出若干，借以补助。"或许果有此事，但叶氏的这一叙述漏洞百出，令人难以信从。详参《余姚文史资料》第 11 辑《教苑春秋》（1993 年 1 月），第 60—61 页。
② 《天婴室丛稿》之二《无邪诗旁篇》，第 105 页。
③ 《鄞县通志》第四《文献志》第四册丁编《故实》，第 1359 页。

十一月，二姊归叶表兄德之①。其时大哥提倡新学，以自然科学之研究相倡导，又同情于颠覆满清之革命思想，既中（学）[举]，友人群以相谑。大哥于二姊于归时张筵会宾客，揭一贴子于书室曰：'问新贵人以何为目的？处旧世界也算有面光。'盖已有文字通俗化之趋向矣。"

光绪二十九年（1903） 癸卯 三十二岁

◎先生与陈镜堂等旧友集资创办的"通社"②，因邻店失火而被迫迁址，随后停办。

> 按，陈训慈《陈君屺怀事略》云："廿七年，东渡至日本……次年走上海，约两社旧友……集资设通社译书局，择西洋科学名著，分别译印公世，流传甚广。惜次年毁于火，社遂停办。"沙文若《陈屺怀先生行状》亦称："逾年，社焚于火，乃罢。"③

> 近者，柳和城、刘承合写的《上海通社与〈通社丛书〉》，根据通社刊登在《中外日报》的两篇广告及其刊登时间，断定通社创建于1903年3月，停办于1904年8月④。该文结论之所以迥异于陈训慈《陈君屺怀事略》、沙文若《陈屺怀先生行状》，其因可能就是《中

---

① 陈训正在大约作于1938年夏的《寄寿表弟叶德之》一诗中（载《晚山人集》卷二），既称"德之名懋宣，时客汉口，年已六十矣"，又特别标注"君以姑子婿我妹"。据此，大体可以确定叶德之生于1879年。

② 《陈布雷回忆录》光绪二十九年条云："是时子咸、子宜、去矜、经伯诸先生及大哥等经营出版事业于沪上，输入新书及报纸杂志甚多，董氏斋中堆积盈架，暇辄往取读。"

③ 沙文若《陈屺怀先生行状》又称陈训正在"立通社于上海"与通社"焚于火"之间（亦即1902—1903年），曾短期到杭州"任浙江高等学堂国文教习"，而陈训慈《陈君屺怀事略》以为时在1905—1907年，周克任《陈屺怀轶事三则》则系其事于1908年（文载《宁波文史资料》第8辑/1990年，第65—69页）。

④ 柳和城、刘承：《上海通社与〈通社丛书〉》，《出版史料》2009年第1期，第110—120页。这其中，刊登于1903年3月6日的《通社图书发行所广告》云："欲新中国，必自中国士夫多读新书始。欲使中国士夫多读新书，必自多译新书始。……本社同人从事译业，求为新中国涓埃之补，译亦既年，兹设社于沪，售新书，谨表其意旨之所向，以为同志告焉。……本社所出书，洋装精美，务求一例。分之即为单行本，合之即为丛书，亦一书也。设三马路西胡家宅新宝和里对面第一百七十九号洋房内。"1904年7月16日刊登的《通社广告》则云："本社因邻店失慎，致遭殃及，现迁于大英马路后贵州路新巡捕房对面六号门牌，照常交易。俟棋盘街房屋工竣，仍迁回原处开张。凡各埠宝号往来信札，均请径寄贵州路可也。通社谨启。"

外日报》只收广告费,不问广告内容是否属实。

◎农历十月初一(11月19日),先生与钟宪鬯等人合作创办了宁波人在上海的第一份报纸《宁波白话报》,并任主编。

> 按,《中国近代期刊篇目汇录》云:"《宁波白话报》,1903年11月(光绪二十九年十月)创刊,在上海出版。旬刊。由宁波白话报馆发行。共出九期。至1904年6月(光绪三十年五月)出改良版,期次重起,改为半月刊,由上海宁波同乡会发行。停刊时间不详。本书收录第2、5—6册,改良第1—5期。"
>
> 蔡乐苏《近代宁波早期的自办报刊与宁波的近代化》云:"《宁波白话报》由慈溪人陈屺怀任主编,以'开通宁波民智,联络同乡之感情'为主旨,自1903年11月起创刊至1904年6月,一共不定期地出过9册。……这九册既不能按时出版,议论又不大出色,所以从1904年6月起,将其大加改良,增广门类(如历史、地理、教育、实业、格致等),改订洋装,每期40页左右,每月出两期。改良后由第一期出至第五期后停刊。"①
>
> 五长《从〈宁波白话报〉谈到本报》则曰:"宁波人在上海出版之刊物,最早的就我所知,要算一九〇三年出版的《宁波白话报》。……那时在清末,同乡先辈钟宪鬯、陈屺怀、虞含章、洪樵苓诸先生,都是热心'新学'的人,他们办《宁波白话报》的目标,不外输进簇新的文化到宁波,替家乡开开风气。主编就是那位陈屺怀先生(布雷先生的哥哥),内容虽然近乎改良主义,可是文字运用明白浅显的白话(要知那时胡适、陈独秀等还不曾提倡白话文学),对于旧礼教、旧习惯,却肯用力抨击,仔细想来,不仅在宁波文化中是报界先进,就是在中国文化史上,也是难能可贵的一页。"②

光绪三十年(1904) 甲辰 三十三岁

◎农历十月二十二日,卢洪昶等鄞县士绅联名恳请"捐建农工小学,收

---

① 蔡乐苏:《宁波白话报》,载《辛亥革命时期期刊介绍(第一集)》,丁守和主编,人民出版社1982年版,第431—440页。蔡罕《近代宁波早期的自办报刊与宁波的近代化》同(《浙江传媒学院学报》2012年第4期,第19—20页)。

② 五长:《从〈宁波白话报〉谈到本报》,原刊《宁波人周刊》1946年第18页,今收录于《近现代报刊上的宁波》,第496—497页。一九〇三年,原误作"一九〇五年",兹据蔡乐苏《宁波白话报》改正。

教堕民"的这一上奏,在呈请农商部代奏而获批。此后,先生协助卢洪昶创办育德农工小学堂。

按,《堕民(丐户)脱籍始末纪》云:"堕民之目,不知起自何代,相传为宋罪俘之遗。元称怯怜户,明太祖定户籍,扁其门曰'丐',故亦称丐户,不与齐民齿,男女自相配偶,为人执猥下役以活。……清光绪间,鄞人卢洪昶者,见而怜之曰:'……吾誓拯之出,以全人道!'时洪昶适提举舶政,达官显宦往来江海间者,多与之识,洪昶遂以情告,皆诺其请。初拟由浙绅联名呈浙抚,请代奏为堕民出籍,并议建立农工学校,收教出籍子弟。既而农商部左丞王清穆与洪昶遇,洪昶告以故,王曰:'何不以捐建农工学校名义具呈本部,本部可专本具奏,请特旨开放,较呈抚转奏为捷。'洪昶大喜,即如所言呈请……于是两郡堕民,自元明相沿六百余年之特殊苦遇,至是始革,时光绪三十年十月事也。按既定,洪昶在宁波西城设立育德初等农工学校,又于江东设立育德小学校(同时绍郡亦有同仁小学校之建设)。洪昶又商请慈溪陈训正总持校务,首施以人格教育,矫拂其品性,使传统的积习以渐泯化。至宣统三年,该校已三届毕业,其间不少成材;因之,社会歧视之见,亦遂消蠲矣。"①

又,陈训正《鄞隐居卢君传略》云:"俗有所谓堕民者,不详其由来。或曰宋降将后,或曰其先陈友谅将之不降明者,明初编户口,太祖恶此属,署其籍曰'丐'。故堕民又称丐户,散处宁波、绍兴各属,为人供猥下之役,令不得齿齐民。君怜之曰:'林肯何人也?彼堕民者,且与吾同种同族而忍奴视之耶!'誓必挟之出。于是列状遍视交游中之有力者,拟联名呈浙抚,请代奏为脱籍,并议捐建学校,收教其子弟。崇明王清穆以农商部右丞,奉旨巡察国内各大商埠,过君,君告以故。王曰:'由省转奏,例交部议,准驳未可知也。既议建学,何不径办农工初级学校,则可呈本部专本具奏,必能特邀恩旨也。'君大喜,如其所教呈请。越月,旨下,准如所奏开校。于是五百年来,社会畸形之恶俗一旦豁除,而君之义声,亦振振寰

---

① 民国《鄞县通志》第四《文献志》第四册丁编《故实》,第1334—1336页。

宇间矣。"①

　　陈训慈《陈君屺怀事略》云："光绪三十年（一九〇四年）君与卢洪昶（鸿沧）创设育德小学以教鄞之'堕民'。宁绍二属有所谓'堕民'者，相传为元焦光赞所部之后裔，社会贬之为贱族，自为婚嫁，以舆隶为业者也。君与卢君力排众议，为联鄞人士上报清廷为堕民脱籍。卢君出资为专建学校，即延君为校长，乃手订课程教材，着重课以农工常识，成学者甚众。"

　　又，沙文若《陈屺怀先生行状》云："宁波俗有所谓'堕民'者，为宋焦光瓒部卒之后，自元代以来，世执舆隶之役，目为贱族。先生与鄞卢君鸿沧力排众议，思有以拯起之，为设育德小学，卢出资，先生主其事。其子弟后颇有成材者。"

　　又，赵志勤《宁波辛亥光复纪实》云："这个学校是陈训正和卢洪昶（鸿沧）专为收教'堕民'子弟而创设于一九〇四年十一月。……旧宁、绍府属各县城乡中有所谓"堕民"者，其由来众说不一，有说是宋降将焦光瓒部卒的后代，元初贬为贱民；也有说是不投降朱元璋的元末陈友谅将卒的后代，明统治后列入贱籍。"堕民"男女世世辈辈以侍候婚丧大事中的杂役为生，不能享受普通人的平等待遇。当时富商卢洪昶与陈训正认为不应歧视奴使，竭力为拯救他们脱离贱籍而多方设法，终于得到清王朝准许；并由卢出资创办私立育德农工学堂，使"堕民"子弟入学接受教育后有从事其它各种职业的机会，而取得人的平等地位。此举受到当时舆论称颂。该校校址设在原"堕民"聚居的西门城边盘诘坊，因地处偏僻，所以宁波反清革命开始活动后，即以该校为秘密集议与通讯的联络点。"②

◎第三子建斗（1904－1978）出生。

　　按，陈建风等《陈训正行述》云："甲辰，生三弟建斗。"

---

①　陈训正：《鄞隐居卢君传略》，可见《近代鄞县史料辑录》下编《近代鄞县人物与家族史料》，宁波市鄞州区档案馆编，天津古籍出版社 2013 年版，第 515 页（标点乃笔者所加）。

②　赵志勤：《宁波辛亥光复纪实》，《宁波文史资料》第 1 辑。又，赵志勤《陈屺怀事迹述略》云："盖自明朝以来，堕民世执社会之贱役，不得经营常业，亦不得入学。先生以为若辈原我同族，不应歧视，遂在西门创设私立育德农工小学堂，于 1904 年 11 月（光绪三十年十月十日）开学。于是数百年来被压迫之'堕民'获得解放，其毕业生乃至升入大学，成名者不乏其人。"

光绪三十一年(1905)　乙巳　三十四岁

◎农历四月初,五弟训恕(1905—1931)出生。

　　按,《陈布雷回忆录》光绪三十一年条云:"四月,五弟训恕生。"

◎据说先生从本年开始秘密从事反清革命工作。

　　按,陈训慈《陈君屺怀事略》云:"辛亥武昌起义,全国相继响应。先是,君于光绪三十一年间,早与郡人赵家艺(林士)等组成宁波反清革命组织,进行秘密活动,君经常居甬,多主持其事。"

　　又,赵志勤《赵林士系年要录》1905年条云:"归国后,在宁波与陈训正(字屺怀)等交纳有志之士,议论反清革命之道,谋组织革命力量;并以宁波西门盘结坊育德农工学堂为秘密集议通讯联络之所。育德农工学堂乃收教当时'堕民'子弟,以拯其出贱籍取得平等人权而设,系邑人卢洪昶(字鸿沧)捐资并任岁费,经呈准官府创办于光绪三十年十月,陈训正为校长。"

◎9月12日,宁波府教育会成立,先生任副会长,致力于推进教育事业。

　　按,《宁波教育会历史之第一时期》云:"乙巳秋七月……发起宁波府教育会。先是,郡中学界经府宪萍乡喻公(庶三,名兆蕃,江西萍乡人,翰林出身,嗣由知府升任宁绍台道,浙江布政使)竭力提倡,渐有起色,而陈君屺怀、赵君林士、张君苞龄等,方谋设师范传习所,谒喻公商其事。公以让三等正拟集会趣合之,于是同志三数十人,共议于月湖之竹洲,越日遍发传单,订月之二十四日,在府署侧孝廉堂开第一次大会,是日签名入会者九十余人。……府宪喻批:教育为文明基础,宁属学堂林立,丞应提纲挈领,以总其成,绅等批就郡城师范学堂设立会所,分研究调查编译三部,用意极佳,查阅呈送章程,条理井然,诸臻妥洽,应准先行,详情立案。惟宁属人稠地广,风气初开,筹办各端恐一时未悉其详,难期融洽,仍候本府会商所属绅耆同力维持,广加劝导,俾公私各学堂管理教授之法归一律,以免参差,并希将所办事宜,按照会期开折汇招,以便查考可也,此复。"①

　　又,沙文若《陈屺怀先生行状》云:"宁波府教育会始立,先生被

────────────────
①　宁波《教育杂志》第一期(1906年11月15日),陈钟祺主编,上海启文社发行。

推为副会长。时萍乡喻君兆蕃方知府事,深相引重。喻君为政,素以育才为急。教育会会长鄞张君美翊与先生又皆负一时物望,三年间,凡兴建中小学校百余所,其与张君创立师范学堂,与镇海钟君观光创立女学堂,造就尤众。"

又,陈训慈《陈君屺怀事略》云:"时萍乡喻兆蕃(庶三)知宁波府事,提倡教育甚力。君与鄞张美翊(让三)实左右之。宁波府教育会成立,推君为副会长,张君为之长。喻君于君尤器重,凡所条陈,靡不采纳施行。府教育会成立仅一年间,宁属六邑之中小学次第创设者,不下四百余所,鄞邑约占其半,而君于郡城所创立之宁波初级师范学堂及宁波府女学堂,为以后之第四师范、女子师范二校之初基,所造就尤众。"

又,赵志勤《陈屺怀事迹述略》云:"先生早在1904年间,首与卢洪昶创办育德农工小学堂,又与赵家艺于原月湖书院旧址改建为宁波府师范学堂,又与钟观光筹办女学,是为后来省立第四师范与县立女子师范二校之嚆矢。1905年(光绪三十一年),宁波府教育会成立,先生任副会长,乃先后改城乡书院蒙塾为新式中小学。甬属六邑闻风而起,三年间兴办中小学校共三四百所。"

又,赵志勤《赵林士系年要录》1905年条云:"七月,与陈训正共拟筹设宁波师范传习所,时邑人张美翊(字让三)等正谋设教育会,宁波知府喻兆蕃乃召集会议,组成宁波府教育会,君为评议员,陈训正任副会长,张美翊任会长。同时成立宁波府师范学堂,以原月湖书院旧址于九月改建校舍,君主其事。"

◎在先生与张美翊(1857—1924)的建议下,宁波知府喻兆蕃同意在原月湖书院旧址建造宁波府师范学堂。

按,《鄞县通志·政教志》云:"清光绪三十一年,郡绅张美翊、陈训正等,鉴于义务教育刻不容缓,造就师资,尤为先务,爰谋于宁波府知府喻兆蕃,以湖西月湖书院改为宁波府师范学堂,即以书院基金万元为改建校舍之用,并拨渔团经费五千余元、蟟蛳捐三百余元及月湖书院基金之利息为常年经费。翌年四月,校舍落成,乃开学。"[1]

又,胡审严《清末民初宁波的职业学校》云:"宁波府师范学堂

---

[1] 《鄞县通志》第二《政教志》第五册,第1074页。

创办于清光绪三十一年(1905)，由士绅张美翊、陈训正向知府喻兆藩建议创办，地址在湖西月湖书院(现宁波月湖饭店址)，是浙江省最早的一所师范学堂(比杭州女子师范学堂和浙江两级师范学堂分别早一年和三年)。学堂完全科设修身、教育学、中国文学、算学、博物、理化、习字、图画和体操等，修业年限五年；简易科减少读经、讲经、习字等课，修业年限一年。"①

◎11月，堕民农工小学堂开校。

　　按，《申报》1905年11月10日《堕民农工小学堂开校》："甬郡创建堕民农工小学堂现已告成，定于初十日开堂。浙提宁道率同宁府鄞县各官到堂举行开校礼。"

光绪三十二年(1906)　丙午　三十五岁

◎6月5日，先生任职宁波育德学堂监督，与宁波师范学堂、育德学堂师生七十余人，到太白山采集植物标本。其友天童寺住持八指头陀(1851—1912)，既率诸僧恭迎，又作《宁波师范育德学堂教员偕诸生入太白山采集植物祝词并序》。

　　按，《宁波师范育德学堂教员偕诸生入太白山采集植物祝词》之序云："光绪丙午闰四月望前一日，宁波师范学堂教务长兼理科教员钟君宪鬯、庶务长冯君友笙、监学员张君申之、东文兼图画教员顾君麟如、体操教员应君惠吉、算学教员叶德之、育德学堂监督陈君屺怀、体操教员林君莲村，偕学生七十余人，入太白山采集植物。敬安率监院僧拱候山门，则见龙骑飘扬于青松翠竹之间，龙骧虎步，整队而来，若临大敌，因之欢喜赞叹，得未曾有。虽禅悦法喜，无此乐也。盖我国以二十二省版图之大，四万万人民之众，徒以熊罴不武，屡见挫于岛邻；唇齿俱寒，遂自撤其藩属。路矿之利，几为尽夺。金币之偿，无有已时。彼碧眼黄髭者流，益将以奴隶待我中华。于是有志之士，俱奋袂而起，相与力革旧习，激发新机。凡可以富国强兵、兴利除弊者，靡不加意讲求。驯至妇人孺子，亦知向学，热心教育，共矢忠诚。今君等劳筋饿肤之日，即古人卧薪尝胆之时。磨砖尚可作镜，磨铁尚可成针，学佛且然，强国亦当如

---

① 胡审严：《清末民初宁波的职业教育》，《宁波文史资料》第8辑，第55—58页。由于编辑不够谨严，该文文名在目录、正文之中不尽相同。

是。噫！睡狮将醒，猛虎可驯。大局转机，山僧拭目。敢为芜词，以伸颂祷。"①

◎6月，先生与诸同志力倡树立乡约，以期维持地方秩序。

　　按，《申报》1906年6月20日《树立乡约》云："慈溪县举人陈训正等拟筹集款项树立乡约，借以卫御地方。日前具禀宁府，已经谕太守准词立案，谓乡约即警察先声，业已札饬慈溪县妥为保护。"

◎8月，先生禀请将尼庵拨充教育会经费。

　　按，《申报》1906年8月21日《禀请将尼庵拨充教育会经费》云："甬郡所创教育会经费甚形支绌，日前有职员陈训正具禀宁府，请以甬江东发封广福、慧香二庵拨充该会以作经费。府尊喻庶三太守批其牍尾云：教育会因经费不充，以致调查编译各项虚有其名，亟应筹集常款照章举办。所请拟以发封尼庵拨给补助，以一郡公产济一郡之用，事可准行。惟两庵未便并拨，应以广福禅院先行充教育会经费，并由诸绅会同变卖，得值若干，即报备查。"②

◎9月，在先生的呈请下，西门长庚庵被改作宁波府女学堂。

　　按，《申报》1906年9月6日《尼庵改作女学》云："宁波西门长庚庵向有女尼住持，现经教育会长陈训正具禀宁府，请将该庵充作女学堂之用，已经谕守批准。业将该庵发封，庵内住持女尼，谕令绅等给发徒资，限日迁让。"

◎11月15日，《教育杂志》第一期发行（定价每册大洋一角五分），上有先生所作之《教育杂志发刊辞》，署名"无邪"。

　　《教育杂志》第一期载其辞曰："有伎匠人为铜马者，马成，曰：'为吾易为龙。'匠人百易之，而百不如焉，不惟龙之不如，且失其马之形；今之言教育者，何异是。有献议者曰：'子毋视此为马耶，此铜耳。子当求龙于铜，不当求龙于马。'匠人从其言，烁而更其模，果得龙。虽然，龙之真，吾未之见也，吾见其为非马而已，今之改革

①　《八指头陀诗文集》，释敬安著，梅季校点，岳麓书社2007年版，第402—403页。同治七年(1868)，头陀在湘阴法华寺出家为僧，赐名敬安，字寄禅。至光绪三年(1877)秋，在阿育王寺佛舍利塔前烧二指并剁臂肉燃灯供佛，自此号"八指头陀"。

②　两庵被发封前，曾有意将名下祀田捐给天童寺，释敬安《致康侯先生信》言之甚详，详参《八指头陀诗文集》，第397—398页。

教育者,何异是。以学校为大冶,投无数青年于其中,其龙也,吾铸之,其非龙也,吾铸之,此尤事乎铸之者也。若夫非龙也,而吾龙之,则更改革教育者之所蕲也。然而,今之执教鞭者果何如?聚无数青年而龙之,吾忧虑其椠划之不工,况其就马之骨骼而施鳞爪者乎?聚无数青年而马之,吾尤悲其摹拟之非真,况其无龙之观念而致企划者乎?呜呼,吾乃知改革教育之难矣!乡者,吾中国亦尝言教育矣,而其旧不可讳,不得不杂采各国教育之制以革新之,吾谓此犹匠人改马为龙之日也,于是乎失为马,继而知旧蹊之不可化,乃变化而为龙。龙,想象之物也,其真不可见,于是乎失为龙,此吾中国近今教育之概况也,固不第一隅如是也。丙午之岁,为吾宁波府教育会成立之第二年。其时,吾郡人之学为龙者日益众,而皆不得其龙之真,同人以为忧,谋所以模范真龙,而为吾郡人之学为龙者式,并为吾国人之学为龙者式,于是有编辑《教育杂志》之议。近世之辑教育杂志者多矣,而以《教育世界》为最早,故其时期亦最久。彼之教育记者非尽叶公也,然终不免于画龙之诮,抑亦时为之乎?今则异其时矣,吾同人固将龙其说以为吾杂志光。虽然,吾惧甚龙之形可得而见也,龙之变化则不可得而见,吾惧吾杂志之不以化龙名,吾尤惧吾郡人、吾国人之谈吾杂志者之不以化龙视。呜呼!吾所以不能无言于吾杂志也以此。"

光绪三十三年(1907)　丁未　三十六岁

◎3月,先生提议在师范学堂内设立休假讲习所,以便各小学、私塾教员研究教育,该申请后得到批准。

　　按,《申报》1907年3月24日《添设休假讲习所》云:"教育会员陈训正现拟在师范学堂内设一休假讲习所,俾各小学私塾教员得以于每星期研究教育,业已奉道署批准矣。"

◎先生因不同意罢免师范学堂监院孙圣儒,而遭学生申诉。后在宁绍台道喻庶三的亲自调停下,学生于5月2日(农历三月廿日)复课。

　　按,《申报》1907年4月29日《纪师范学堂冲突详情》云:"甬郡师范学堂监院孙圣儒,平素与各学生感情极淡,日前又在友人处谈及简易科学生国文程度低浅,事为某学生所闻,颇滋不悦,遂转告同学于本月十二日全体(完全、简易两科共一百二十人)罢课,往诉校长陈训正,请另举监院。校长不允,遂一齐散堂,于十三日各将箱篋等件搬至郑氏宗祠暂寓,一面即电达提学司暨驻日宁波同乡会请为解决。"原电录后:"提学宪鉴:宁波师范学堂监院孙圣儒虐待校长训正偏袒全堂退请查师范生公叩。""宁波府会鉴:师范学堂监院孙圣儒虐待校长训正偏袒全堂退请议师范生公叩。"

《申报》1907年5月3日《师范生照常上课》云:"甬郡师范学堂学生日前与监院冲突,全班散学一节,已纪前报。兹经宁绍台道喻庶三观察亲自莅堂调停后,各学生除请假回家外,均于昨日一律上课矣。"

◎7月,先生呈请会稽道署拨款接济师范学堂。

按,《申报》1907年7月9日《拨款接济师范学堂》云:"甬郡师范学堂亏欠各款急应筹付,日前由教育会会员陈训正具禀道署,拟以崇实学堂乘款拨垫。奉喻庶三观察批示云:师范学堂现尚有欠款,自应筹还。据请将崇实学堂乘洋二千余元通融拨给,更有所余,尾数充作日余补习所经费,以公济公,应准照办,着即具状,认领可也。"

◎农历六月十八日,六弟训念(1907-1972)出生。

按,《陈布雷回忆录》光绪三十三年条云:"是年六月,六弟训念生。"

◎8月初,先生卸任教育会长一职。

按,《申报》1907年8月7日《公举教育会长》云:"甬郡教育会长陈君训正,现因有事往汉告退,日前由学界中人在高等学堂开会投票公举,闻得占多数票者系盛绅炳纬,遂即举为会长云。"

◎农历八月,先生一度病危;十月间,其友陈镜堂前来探望,并一再敦请先生保重身体。

按,先生所作《哭剡山》诗(五之二)有云:"去年当八月,鬼伯入我居。我本幽忧人,生亦何所娱。此时君哭我,咄嗟我道孤。我生莘未厌,七日复来苏。苏来报君书,字劣言模胡。模胡不能读,执简长叹吁。相见十月中,惊我两足枯。形骸虽则具,神色何不腴?再三相告诫,善宝千金躯。"[①]而从诗末先生自述来看,所谓"去年当

---

① 《天婴室丛稿》之一《无邪诗存》,第12页。《哭剡山》(五首)及诗末陈训正自述,后皆被陈训慈选入《天婴诗辑续编》。

八月",即是指本年八月。

光绪三十四年(1908) 戊申 三十七岁

◎春,先生作《黑窑蟆》。

    按,《黑窑蟆》序云:"戊申春,北京某门外有巨虾蟆数百万头,负子戴孙,自黑窑出,徐徐横度京汉车道,入三里河,衔贯不断,凡三日夜始尽。尝读秘谶云:'虾蟆西方金气,徙居,主其地有杀戮。'因作歌志异,且以验将来。"①

    该诗见录于《天婴室丛稿》之一《无邪诗存》,后又选入《天婴诗辑》。戊申春,《无邪诗存》原作"二年春",兹据《天婴诗辑》改正。

◎正月(2月),友人郑念若(? —1908)卒,先生作《哭郑念若》②。

    按,陈训正在所作《哭剡山》(其三)中明言"正月哭郑生,八月君又死",而诗末所附 1912 年 4 月 20 日自述,又云"剡山之死,在戊申八月"③。据此推算,其时必当作于该年正月。

◎据载,3月间,先生偕宁波府教育会全体会员致电邮传部和日本东京宁波留学者,吁请支持宁波民众争路权。

    按,《申报》1908 年 3 月 11 日《宁波学界仍争路权》云:"府教育会致邮部电:邮传部列堂钧鉴:浙抚奉旨商办,人民只知自款自造,借款二字无论直接、间接均不承认。乞大部坚拒,勿弃东南。宁波府教育会会长陈训正、冯丙然全体会员八百七十五人同叩。又致日本留学界电:东京宁波府会诸公鉴:路事大变,代表撤销,乞设法合力坚拒,府教育会缴。"

◎农历四月,先生应冯君木之请,作《冯君木诗序》。

    按,《冯君木诗序》云:"伏四明有病夫三,宿昔以诗相性命。戊申四月,三病夫不盟而会于冯。冯,三病夫之一也。其一应子悔复,其一余也。……去之日,冯子捉余肘曰:'子不可无言夫吾诗。'予曰:'诺。'因仿佛日者情事,文而荐之,至量其诗度,则冯子尝有言曰:'悔复才而隽,天婴才而奇,才而雅乎,吾其不古人弱也。'呜

---

① 《天婴室丛稿》之一《无邪诗存》,第 25—26 页。
② 陈训正:《天婴室丛稿》之一《无邪诗存》,第 11 页。
③ 《天婴室丛稿》之一《无邪诗存》,第 14—15 页。

呼,冯子固自信之矣,余乃不口。"①

◎农历六月,先生依然卧病宁波,其友陈镜堂再次来访。

> 按,《哭刹山》诗末所附先生自述云:"刹山之死,在戊申八
> 月……刹山死前二月,自杭州假归,道过甬上,视余于寓斋。时余
> 病犹未瘳。"

◎7月13日(农历六月十五日),先生当选为宁波府教育会评议员,同时
被聘为女子学堂监督。

> 按,《申报》1908年7月15日《府教育会开会详纪》载其事曰:
> "宁波教育会,于十三日午后,开第四次大会。……(举)张传保、陈
> 训正、励延豫、孙绍康、叶懋宣、马鉴、范贤芳、郁桂方、冯毓孳、冯良
> 翰、章崇蕃、张琴等十二人为评议员……女学堂事,喻观察拟聘陈
> 君训正为监督,众赞成。"②

◎8月底,先生被推举为即将成立的宁波僧教育会的绅会长。

> 按,《申报》1908年8月31日《定期开办僧教育会》云:"甬郡僧
> 教育会遵奉宪批,邀请就地僧学两界并各寺僧人悉心妥议,公推天
> 童寺住持敬安为僧会长,陈君训正为绅会长,租定城内白衣寺为会
> 所,经育王寺住持济生等厘正章程,呈请各宪核明立案,准予九月
> 初三日开办。"③

◎农历八月,友人陈镜堂卒,享年四十二(1867－1908)。先生先作《吊
刹山先生》④,在陈氏入土后,又作《哭刹山》诗五首以悼之。

> 按,《哭刹山》(其三)云:"正月哭郑生,八月君又死。"而该诗末
> 所附先生自述则又明言:"呜呼!刹山死五年矣。刹山之死,在戊
> 申八月,距其生之年四十有二。……刹山名镜堂,字晋卿,一字山
> 密,姓陈氏。壬子(1912年)四月二十日,玄婴自写诗稿至《哭刹山》

---

① 《天婴室丛稿》之三《无邪杂箸》,第143—145页。
② 《浙江日报》1908年7月17日亦曾以《宁波府教育会开会详志》为题,加以报道。
③ 《现代佛教学术丛刊》第86册尘空《民国佛教年纪》民国元年条云:"民国前四年,各
   省遂纷纷成立僧教育会,每会设会长二人,僧绅各一,并办小学一所或数所,颇具权
   威。宁波之寄禅、江苏之月霞等最负时望。"
④ 《天婴室丛稿》之三《无邪杂箸》载曰:"呜呼晋卿,自古闻人,辄无良死,吾勿谓信,乃
   见吾子。……怳兮惚兮,望空泣涕。……哀哉!"

篇,泫然书此。"而从《哭剡山》(其五)的下列诗句来看,不难推知该诗当作于陈镜堂入土之后:"剡山何高高,石关何屹屹。……月色多苦辛,照见穷士骨。青草三尺坟,灵魂倘未没。"①

◎秋,先生作《书应叔申诗集后》。

  按,《书应叔申诗集后》云:"戊申之夏,余冒暑陟城,存应子。应子劳矣,出其诗,字呼余曰:'无邪亦知吾之所以劳乎?此蠹蠹者是已。……吾劳,脱不起,将以赴,于后人不可无辞焉。必子先之。'嗟夫应子,何言之喟也。余既百其口以导其埤、解其娆,复欲无负乎所属,而为之文。……别二月,又闻应子咯血将死矣。……今应子幸逃于祟,不自毖,反益纵之,为后人祟后人,而应也,被其祟者不訾矣。"②

◎秋,八指头陀作《和陈屺怀秋夜一首,即次其韵》以赠先生。

  按,《八指头陀诗文集》光绪三十四年条载其诗云:"卧看沧海欲扬尘,忍泪悲天更悯人。黄土青山骨未冷③,白云苍狗复何频!兴亡气运谁能识?文字之交老渐亲。古火光中吾与子,且留来去自由身。"④

◎农历九月初三(9月27日)宁波僧教育会召开成立大会,先生作为绅会长,介绍僧教育会成立之缘由。

  按,《申报》1908年10月1日《僧界大会详情》云:"甬郡僧教育会于初三日假观堂寺特开大会,是日到者为李观察、夏太守、盛太史暨学界全体。至十二点钟摇铃开会,始由夏太守演说开会情形,次由盛太史宣布教育宗旨,次由绅、僧两会长各演说开办成立之由,既而庶务员等讲解会章,及应守应办职务权限。至午后二时半散会。"

---

① 《天婴室丛稿》之一《无邪诗存》,第13—15页。又,陈训正在所作《追悼叔申(六首)》之二中,亦尝提到"悠悠一岁中,人事益变迁。春立哭老郑(念若),分秋伤剡山(陈晋卿)"。详参《天婴诗辑续编》,第5页。

② 《天婴室丛稿》之三《无邪杂箸》,第145—146页。

③ 头陀自注:"此句实有所指,非泛语词也。"而在方祖猷先生看来,其所指正是1907年8月的秋瑾遇害一事。详参方祖猷《辛亥革命前后甬上两高僧》,《中共宁波市委党校学报》2003年第1期,第78—80页。

④ 《八指头陀诗文集》,释敬安著,梅季校点,第314页。

◎农历十月,先生向张美翊(让三)呈示冯君木所作的《应悔复诗序》。

按,张美翊《溪上诗人三病夫一狂夫歌》云:"戊申十月,由赣回甬,溪上陈子天婴示余以冯君木《应悔复诗序》。"①

◎农历十一月初五(11月28日),从弟陈训懋病卒,年仅十七岁(1892—1908)。约廿余日后,先生作《怀从弟彦及》②,寄与陈布雷。

按,《陈布雷回忆录》光绪三十四年条痛述其事云:"冬十一月,三弟勉甫殁于家……(余知其事)盖距弟之丧已二旬余矣。大哥寄余诗曰:'朔风生道路,吾弟近何如?为寄数行泪,相怜一尺书。意将依汝老,迹渐与人疏。无限穷居况,萧条逼岁除。'"

◎12月3日,先生当选为慈溪县教育会会长。

按,《申报》1908年12月5日《慈邑教育会劝学所成立》云:"慈邑教育会劝学所尚未成立,该邑学界爰于前日在学署明伦堂开会组织,到者一百余人。先由发起诸君宣布开会宗旨,并通告教育会及劝学所章程,当即投票公举陈屺怀为正会长,钱吟华为副会长,并选定洪北麟、孙莘墅、冯君木、宓莲君、柳镜斋、凌受益、葛望云、胡良箴、钱吟瑾、周家甫为评议员;次提议设立劝学所,亦用投票推定俞绅季圭为总董,俞和美、葛望云、童梧邻、袁汉卿、陈渠清为劝学员,又演说员一人、调查员一人尚未选定,一切办法另行会议。"③

清逊帝宣统元年(1909)　己酉　三十八岁

◎先生返归故里,作《过从弟勔夫葬处》:"眼中宿草苔苔绿,根触无端忍泪来。腐骨亦知吾手足,老怀空惜此蒿莱。人间白日当春闷,天上昙花一昔开。犹有寒鸦衔暮色,苍茫云路乍飞回。"④

按,该诗自序云:"勔夫名训懋,为人静穆寡言,务学不懈。年

---

① 张美翊:《溪上诗人三病夫一狂夫歌》,载《天婴诗辑续编》,陈训慈整理,1988年。
② 陈训正:《怀从弟彦及》,原载《天婴室丛稿》之一《无邪诗存》(第16页),后又被陈训慈选入《天婴诗辑续编》。
③ 《陈布雷回忆录》光绪三十年条云:"是年夏,吾邑成立县教育会,钱君飑、王容子、林黎叔、俞叔桂等均热心与其役。"
④ 《天婴室丛稿》之一《无邪诗存》,第18页。此诗后又被陈训慈选入《天婴诗辑续编》,且选入时,"勔夫"被改作"勉甫"。

十七,以劳得疾,殁葬鹿山,余实未过也。明年往视,墓草已宿矣。不胜悲怆,遂赋此篇。"

◎八指头陀作《论道一首,次陈屺怀孝廉韵》以赠先生。

按,《八指头陀诗文集》宣统元年条载该诗云:"石烂松枯懒问年,龙眼虎卧各安然。固知静者心多妙,莫怪山僧语太颠。大地平沉犹是妄,虚空粉碎未为禅。欲参最上真乘法,百尺竿头进步前。"①

◎农历二月,八指头陀来访。

按,《八指头陀诗文集》宣统元年条录有头陀所作《己酉又二月,由甬江乘舟至官桥浦,过陈屺怀孝廉居二首》,其辞云:"坐惜春将去,幽怀郁不申。远浮江上棹,言访意中人。碧海虽难塞,白鸥犹可驯。所思在林麓,应可接清尘。(其一)   万峰青不断,中有异人居。水石能清度,云霞自卷舒。老僧来问讯,童子罢摊书。坐觉江村晚,归舟十里余。(其二)"②

◎农历三月,张美翊寄来《溪上诗人三病夫一狂夫歌》。

按,张美翊《溪上诗人三病夫一狂夫歌》云:"戊申十月,由赣回甬,溪上陈子天婴示余以冯君木《应悔复诗序》,文甚奇。三君皆善病,故号病夫,读其诗尤奇。余谓慈溪尚有一狂夫,则洪君矢是。其文奇、诗奇、人奇,与三病夫同也。久不见四君,歌以讯之。宣统己酉三月寋叟。"③

◎农历四月,先生作《挨刀歌》。

按,《挨刀歌》序云:"己酉四月,余在海上,客有述都下市儿《挨刀歌》者,惝恍有古意,因申其辞。"

该诗原本见录于《天婴室丛稿》之一《无邪诗存》,后又被选入《天婴诗辑》。己酉,《无邪诗存》作"二年",此从《天婴诗辑》。

◎6月,先生在浙江省咨议局议员宁波初选中入围。

---

① 《八指头陀诗文集》,释敬安著,梅季校点,第318页。
② 《八指头陀诗文集》,释敬安著,梅季校点,第320页。
③ 张美翊:《溪上诗人三病夫一狂夫歌》,可见《天婴诗辑续编》,陈训慈整理,1988年抄本。

按，《申报》1909年6月21日《各省筹办咨议局·初选举重开票(各属)》云："慈溪第二次选举实到投票人五百二十七名，以二十六票为当选。兹将姓名录下：陈钟瑞、陈鼎年、李钟鼎、洪日湄、钱保杭、葛崇黼、任企尹、陈鸿逵、陈训正、阮丙炎、叶愈经。候补当选五名：孙文柱、郑起凤、胡美腴、童祥春、俞斯珺。"

◎6月，先生被指定为省咨议局宁波复选监察员。

按，《申报》1909年6月24日《各省筹办咨议局·复选举开票(宁波)》云："宁波府属各厅县初选举业已告竣，即须预备复选举事，所有管理等员早经登录。兹将派定监察员姓名录下：(定海)丁中立，(鄞县)盛炳纬、陆廷黻、范翊，(慈溪)陈训正，(镇海)刘崇照，(奉化)王序宾，(象山)王予袞。"

◎7月，先生在省咨议局议员宁波复选中当选候补议员。

按，《申报》1909年7月22日《各省筹办咨议局·复选举再开票》云："宁府复选举当选议员姓氏已录初三日专电，兹将详情录下：复选监督刘守先于初一日上午八时邀同管理各员至法政学堂内监视投票。本届有选举权者一百十人，内有盛绅炳纬因守母制，不克到场。初二日上午八时开票，以五票为当选。初三日再投票，选举候补议员，当选六名：张美翊二十票、唐凤翔十二票、盛炳纬十一票、冯丙然十一票、陈鼎年八票、陈训正五票。"

◎先生当选为浙江省咨议局议员。同时当选的友朋，尚有慈溪柳镜斋①、慈溪钱保杭②、定海丁紫垣③、鄞县张传保④。

按，陈训慈《陈君屺怀事略》云："宣统元年，浙省咨议局成立，君被举为议员。"而沙文若《陈屺怀先生行状》误系其事于宣统二年。

◎8月，先生为育德农工小学堂设法集资以置金工、木工、图稿绘画

① 陈训正：《柳先生述》，《天婴室丛稿》之四《哀冰集》，第214页。
② 陈训正：《钱君事略》，《天婴室丛稿》之七《庸海集》，第296页。
③ 按，陈训正《舟山丁艧仙先生七十寿叙》云："余与紫垣，尝同被举为浙江咨议局议员，每期会，至杭州，居比(含)[舍]，昕夕数过从。"详参《天婴室丛稿第二辑》之九《缆石幸草》，第13—15页。
④ 陈训正：《张君生圹志》，载《天婴室丛稿第二辑》之九《缆石幸草》，第16—17页。

三科。

按,《申报》1909 年 8 月 4 日《育德小学遵添实业要科》云:"宁波府教育会函致郡署,略谓前月奉到照会,转奉学部札催各处实业学堂应于本年按照《奏定章程》,加入实习科目等因。当由敝会转知本郡育德农工小学堂,赶速遵办。兹据该校经董陈绅训正来称,刻拟遵章定设金工、木工、图稿绘画等三科,正在设法集资,商请校董卢绅洪昶置备机器工厂,实地练习,并拟由陈绅前往各处调查实业学堂办法,以求完备而符定章。"

宣统二年(1910)　庚戌　三十九岁

◎农历二月,七弟训惠(1910—1978)出生。

按,《陈布雷回忆录》宣统二年条云:"是年二月七弟生。"

◎先生作诗二首寄八指头陀,头陀次韵答之。稍后,八指头陀又作《寄天婴子》[①]。

按,《八指头陀诗文集》宣统二年条录有八指头陀所作《陈天婴以题龚定庵词二首见寄,次韵答之》诗二首,其诗云:"定庵定慧几生修,误把名花铸绮愁。欲向老禅来问法,一拳打碎骷髅头(其一)。百万阿僧只一朝,情生智隔便迢迢。人天无限伤心事,乞取牟尼照自销(其二)。"[②]

◎4 月,先生作为宁波教育会会长,与地方自治公会会长刘崇照,联名电请抚学两宪采取相应措施,制止毁学之举。

按,据《申报》1910 年 4 月 27 日《慈溪毁学之原因》、4 月 29 日《慈溪毁学之原因》、4 月 30 日《浙省乱耗汇纪》报导,本年农历三月间,慈溪乡民因不满正始学堂将城内永明寺神像毁弃改设,借迎神赛会入城焚毁之。后连日接续捣毁鸡山、无择、讴浦、龙西、进修等七校。
《申报》1910 年 4 月 27 日《慈溪毁学之原因》:"该府地方自治公会会长刘君崇照、教育会会长陈君训正等电请抚学两宪,饬提道

① 《八指头陀诗文集》宣统二年条录曰:"天婴亦是可怜人,大海风涛集一身。正眼观来成一笑,微云那掩太虚真?"
② 《八指头陀诗文集》,释敬安著,梅季校点,第 333 页。

设法保护，以安地方，略谓慈溪赛会，正始、鸡山、无择、讴浦、龙西、进修城乡六校，连日接续焚毁，吴令纵匪仇学，致酿此变，现人众未散，公团教堂均岌岌可危，乞分电提道，设法保护并派员赶办，以安人心。宁波地方自治公会会长刘崇照、教育会会长陈训正叩铣。"

◎6月11日，先生请求辞去府教育会会长一职。

按，《四明日报》6月9日《明哲见机》云："慈邑陈绅训正，学行素优，热心公益，为阖郡学界所推重，历任府教育会会长、府女学堂经董。莅事以来，群情翕然。四月间，慈邑毁学事起，陈君身为集矢之的，诽谤之者，无所不至。爰于初五日在府教育会开会，宣告以后学务诸职，概不担任，冀图息肩以杜疑谤。该绅素持清议，不避劳怨，今日之辞，固为明哲见机；虽然，其如宁波社会何？"

又，《四明日报》6月11日《会长暨常驻员后先辞职》云："府教育会正会长陈屺怀君、常驻书记员张雨湘君、兼任庶务会计员冯友笙君，均于去年大会公举，颇称得人。前经举行各小学成绩展览会并合属高等小学毕业考试，今复于事务所开办模范单级小学一所，以期教育之普及。兹闻日前例会，陈、张、冯诸君，后先辞职，并请诸职员于十一日夏季常会另行举人接充云。"

◎7月14日至16日，先生连续三天在《四明日报》发表启示，声明已辞去府教育会会长及府女学经董等名誉职务。

按，《四明日报》1910年7月14日《陈训正启示》云："训正憨直性成，不能委屈恭顺，迎合社会心理，徒以诸公谬举，忝长府教育会四年于兹，于吾郡学务，未见增进，而媚嫉之徒，所在皆是，至被迭控彻查在案。训正自被控后，即谢绝沪上诸执事，驰回故乡，静候诸父老处置。至所有府教育会会长及府女学经董各名誉职，已于本月初五日在府教育会例会时，发表意见，概行辞绝矣。此启。"

◎夏，先生至上海，在汤寿潜创办的《天铎报》任主管。

按，陈训慈《陈君屺怀事略》云："宣统元年，浙省咨议局成立，君被举为议员。议长汤寿潜（蛰仙）与君契，于次年筹资创立《天铎报》于上海，俾君董其事，所延执笔政者多知名士，宣导革命，为一时推重。"

又，沙文若《陈屺怀先生行状》云："宣统二年……夏，之上海，与山阴汤君寿潜等创办《天铎报》，宣导革命，延县人洪君允祥、吴兴戴君传贤主笔政,声光烨烨,与《神州日报》相仲伯。"

◎先生加入同盟会。

　　按,陈训慈《陈君屺怀事略》云:"宣统二年,正式加入同盟会。"沙文若《陈屺怀先生行状》则系其事于1908年。此从前说。

◎8月间,慈溪县正始学堂开始搜集证据,用以反击若干"阻学"之人对先生的造谣诋毁。

　　按,《四明日报》8月22日《捏名可恶》云:"自三月间毁学后,一二阻学之人集会于明伦堂,反对府会会长陈绅屺怀,历禀层宪,诋毁陈绅,且污蔑被毁各校,选兹本报。兹据学界传说云,自此禀揭晓后,正始等校以禀内所列之郑绅豫、郑绅观法素称公正,又皆鹤阳学堂校董,断不反对学务,首先具函往询。兹得二郑覆函,极称八校被毁之冤,且以不能协力维持为歉。又云对于陈君素所推服,此禀实不知情云云。现正始代表冯绅毓孳等,拟将所列之九十七人中公正者次第函询,俟得有来函,汇呈府宪,以为查案之条件。"

◎8月25日(农历七月二十三日),先生以府教育会会长的身份,与宁波商会总办费绍冠,自治公会会长范贤方等人,联名电禀浙江巡抚,请求留任浙江铁路公司总理汤寿潜,使之续成其事。

　　按,《四明日报》8月25日《宁波绅商学界电禀浙抚文》云:"本月二十一日,旅沪学会电致宁波府教育会转让翁路事急盼速来一节,当经府会通告绅商、学界开会集议,决计电禀增抚宪,恳求速奏邮部顾全大局。兹录其原文如下:'杭州抚宪钧鉴:十九日电旨,蛰公革职,不准干预路事,商民聚议惶骇。浙路恭奉先朝谕旨,商款商办。总理系由公举,为商民所信用。今杭嘉早竣,宁绍开工,诸事吃紧,全路劳动界几以万计,农工两界投赀附股尤多,设易总理,恐滋纷扰。蛰公言论虽稍激直,办路实着勤劳,人望所归,必宜俯顺舆情以安秩序。诚知朝旨严切,未敢竟望收回成命,惟有恳请电奏,仍留总理,责成始终路事大局幸甚。宁波商会总办费绍冠,自治公会会长范贤方,府教育会会长陈训正、冯丙然,法政学堂监督王齐曾,中学堂监督王绍翰,师范学堂监督孙绍康,鄞县自治事务所坐办张存禄,教育会会长张原炜、陈绍源,劝学所总董梁锡瓒,劝业员郭景汾,高等小学堂长励延豫等叩。'"

◎10月19日下午，在府教育会第六次周年大会上，先生仍被选为会长；大会同时决定呈请宁波府查办慈溪毁学事件、重建被毁各校。

按，《四明日报》10月21日《宁郡教育会开第六次大会续志》云："十九日，府教育会开第六次周年大会，大略情形已志昨报。兹悉该会于午后续行提议各事件：（甲）开办中等实业学堂（当请盛省傅君合筹经费，并由陈屺怀、张苞龄、林莲村诸君详订办法）；（乙）单级小学收费（议定每名每学期收洋一元，赤贫者免）；（丙）慈溪毁学案善后办法（议由本会公呈府宪，仍请拿办毁学之人，并请筹费建复各校）；（丁）选举职员如下：正会长陈训正，副会长励建侯，常驻委员张世杓，特别评议员范贤方、郭景汾，评议员冯丙然、孙绍康、叶懋宣、张琴、韩禹梁、王绍翰、施国祺、林端辅、王齐会、章述浚、周骏彦、徐家光，名誉会计员袁丙熊。及摇铃散会时，已钟鸣五下矣。"

◎10月27日，先生自上海返回慈溪，倡议筹办冬防以御盗贼。

按，《四明日报》1910年10月30日《慈溪乡村之冬防》云："慈邑本年入秋以来，劫案迭出……官场玩忽，久悬未缉，以致乡民咸有戒心。现该邑陈绅屺怀，有鉴于此，前日自沪返慈，即倡议筹办冬防以御盗贼。已经商定大略，不日成立，庶几慈邑民人得安枕而获守望相助之益矣。"

◎12月12日（农历十一月十一日），先生作《告发》诗，次日剪去辫子，三日后又作《荐发》。

按，先生自称："庚戌十一月十一日，余将去发，揽镜与发别，发差差以雪矣。余半世悴瘁，发若识之，以嘲余焉者。今将弃，不可无辞，爰赋诗以告之……余既告发，明日同郡赵八、湖州戴季为余落之。越三日，复成《荐发》辞。"①

宣统三年（1911） 辛亥 四十岁

◎春，因《天铎报》改组，先生辞职回宁波。

按，陈训慈《陈君屺怀事略》云："宣统元年，浙省咨议局成立，君被举为议员。议长汤寿潜（蛰仙）与君契，于次年筹资创立《天铎

---

① 《天婴室丛稿》之二《无邪诗旁篇》，第61—62页。

报》于上海，俾君董其事。……明年春，报社改组，君辞归宁波。"

又，《陈布雷回忆录》宣统三年条云："《天铎报》开办时，汤蛰仙先生为董事长，大哥任社长。汤先生长厚疏脱，不甚问社中事，而其左右干部，有所谓旅沪学会派者，阴思攫报社为己有，甚至，大哥拮据支持，甚以为苦，至本年乃以经济枯竭，社中亏欠甚多，让渡于粤人陈芷兰。芷兰者，汉冶萍公司沪经理，其背景为一部分粤人，与盛宣怀家或亦有相当关系。大哥既卸职，社中更聘粤人李怀霜君为总编辑"。

◎生女汲青(1911—1988)。

按，陈建凤等《陈训正行述》云："辛亥，生妹汲青。"

◎农历六月，先生作《胡卢谣》16首。

按，《胡卢谣》序云："冉初子夜饮于市，醉，索壁书杂谣一十有六章，旨谲词隐，多不可解。或叩之，曰：'此余从胡卢中得来，遂名《胡卢谣》。'时辛亥六月。"①

◎农历七月，先生任宁波同盟会副会长，积极参与谋划革命。

按，陈训慈《陈君屺怀事略》云："辛亥七月，宁波同盟会支部成立，君为副会长(赵任会长)，于宁波之响应义举，与家艺及范贤方(仰乔)等同负重任(今按：君与辛亥革命关系，详见一九八三年《宁波文史资料》第一辑《宁波辛亥光复纪实》一文)。"

◎农历八月，八弟训愿出生。

按，《陈布雷回忆录》宣统三年条云："是年八月，八弟生。"

◎农历九月上旬，先生参与谋划宁波之光复。

按，《辛亥宁波光复记略》云："清宣统三年八月十九日，革命军起义武昌。警至，甬市骚然，若大难之将至也。县人魏炯谋应之，与同志会议于赵家荪许。时家荪弟家艺方从陈其美留沪从事革命计划……家艺因约陈训正与偕，比至甬，知贤方等已与新军协统刘洵、防军统领常荣清结，将起兵应武昌。……明日，贤方招训正于慈溪，卢成章亦至自沪，训正所约也。先是保安会成立，公推江甫

① 《天婴室丛稿》之二《无邪诗旁篇》，第63页。此诗后又被陈训正选入《天婴诗辑》。

— 76 —

经为会长,陈训正副会长,刘洵及标统马志勋、常荣清、赵家荪、魏炳、范贤方、励延豫、顾钊林、钟崃、费绍冠、余承谊、屠用锡十二人为干事,凡政军一切事务付会决之。十五日第一次会议,贤方主即日宣告独立,家艺主俟沪讯乃动,守其美教也,训正附和之。贤方大怒,出恶言不下,成章见势将破裂,洵、志勋辈又隔坐,嘿嘿不作一语,而目光潜出四射,似有所伺,乃捉训正肘,示意私退席,出至西城育德学校,召所教子弟百数十人,将之循城墙突趋东渡门,手'保商安民'帜,潮涌而进,大呼'党军来,党军来'。市民仓卒莫辨,人人扎白臂归诚。须臾,满街皆白旗矣!成章旋又以计据电报局,伪为杭电,告省已下,送保安会。于是家艺不复言,而贤方、炳即挥尚武会会员及商团、民团千余人,建白旗,直入道署,众干事毕至,乃以保安会名义,出示安民。"①

考赵志勤《陈屺怀事迹述略》云:"湖先生早年闻中山先生革命大义,即向往反清大业。及辛亥革命之役,事先则宣传策划,武昌起义后即积极响应,既频繁与上海同盟会联系,又尽力与当地各界筹划,实负宁波光复之重任。"②然揆诸《辛亥宁波光复记略》所述,似有夸大不实之嫌疑;张原炜所谓"辛亥九月宁波光复,君与有劳"③,则得其实也。

◎11月5日(农历九月十五日)宁波光复后,先生被任命为宁波军政分府财政部长。

按,《申报》1911年11月8日《宁波光复记》云:"九月十五日……晚八时保安会议决各条如左:一、议决保安会名义取消,准用军政分府名义,公推刘洵为都督,常荣清为副都督。军政分府之组织:一、举赵家艺为参谋部长;二、举江裔经为民政部长;三、举陈训正为财政部长;四、举卢成章为外交部长;五、举范贤方为执法部长。另举张世杓为都督府总务部长。一、议决军政分府地址在道署。一、新关张旗由外交部交涉,嘱其改易。"

---

①　《鄞县通志》第四《文献志》第四册丁编《故实》,第1336—1339页。
②　赵志勤:《陈屺怀事迹述略》,载《宁波文史资料》第8辑,第61—62页。
③　张原炜:《陈无邪墓志铭》,文载《天婴诗辑》。

又，沙文若《陈屺怀先生行状》云："三年秋，革命军兴，浙江应之。先生与县人赵君家艺、鄞范君贤方等规设宁波军政分府，先生被推主财政。"

又，陈训慈《陈君屺怀事略》云："既光复，组成宁波军政分府，君被推主财政，辞未受。"

◎在宁波军政府选举中，先生等十二人被选为参议员，未久，辞职。

按，《申报》1911 年 11 月 20 日《甬军政府选举职员》云："宁波军政分府于二十六午后二时在分府内投票选举职员，刘都督、常副都督及临时各部长、副部长、科员，一切办事人员到者一百四十余人，开正式选举职员会，秩序井然，其选出各部长、副部长及参议员等记录于下：财政部长张传保，副部长费绍冠；外交部长卢成章，副部长袁礼敦；民政部长江禽经，副部长章述洨；执法部长徐家光，副部长王序宾；参议员十二名：陈训正、励延豫、张世杓、余镜清、陈滋镐、叶懋宣、郭景纷、范贤方、林端辅、孙绍康、赵家艺、冯良翰。"

又，陈训慈《陈君屺怀事略》云："分府成立后，为参议，旋即谢去。"

◎冯君木发妻俞氏卒，君木为之写《心经》；先生因作《见君木为其亡妇俞因写心经》："百卷心经泪与持，写成贝叶寄相思。深哀刻骨难忘处，留付千秋脉望知。疾首书成痛不禁，泪痕元比墨痕深。营斋营奠都无力，报答平生是此心。"①

据《陈布雷回忆录》记载，民国元年（1912）秋，冯君木经陈训正牵线搭桥，续弦其四妹②；又，陈训正在所作《冰蚕引》之"叙"中，谓俞因病故已有三年③。两相比对，大抵可以确定俞因卒于本年。

◎先生作《见寄禅佛矢题君木逃空图有感》，其《题木居士逃空图》理当亦作于此时。

---

① 《天婴室丛稿》之一《无邪诗存》，第 38 页。
② 《陈布雷回忆录》民国元年条，第 60 页。
③ 《天婴室丛稿》之一《无邪诗存》，第 33 页。

按，《八指头陀诗文集》录有《题冯君木开〈逃空图〉》诗一首①，并明言作于宣统三年。

◎本年前后，先生作《百字令·自题诗卷》。

按，其下阕有云："回忆剡社当年，风流裙屐，标榜相腾起。邺下才人谁健在，不分凋零如此。我亦穷愁，荒荒岁月，四十无闻矣。豹皮留在，未知留与谁氏？"②

民国元年(1912)　壬子　四十一岁

◎3月7日，先生与钱保杭、陈谦夫等人合作创办的私立效实中学正式开学。

按，《陈布雷回忆录》民国元年条云："效实中学者，盖吾郡教育界鉴于六邑小学毕业生日多，公立之第四中学办理不甚完善，而郡城其他私立中学，皆外国教会所主办，意在传教，学科均不充实，故认为有自办一完美的中学之必要。此议创于钱吟苇、赵林士、芝室、李霞城、陈谦夫、蔡琴孙诸君，而大哥亦力赞之。会鼎革后北都俶扰，北京大学陷于停顿状态，陈季屏(祥翰)、何旋卿两师及叶叔眉(秉良)、何吟莒两君闲居无俚，(逐)[遂]约集同人为效实学会，假育德小学为校舍，而李云书先生慨然移赠益智中学之全部校具及仪器，由学位聘季屏先生为校长，招收学生三班，以正月二十日开学"。

又，《鄞县通志·政教志》云："辛亥冬，郡人李镜第、陈训正、钱保杭、陈夏常筹创效实学会。民国元年二月，就西门盘诘坊清光绪间鄞人卢鸿沧所办育德工业小学旧址，开办效实中学。……四月，呈准浙江教育司备案。"③

----

① 《八指头陀诗文集》录曰："我昔在家未学佛，爱惜一毛不肯拔。自从割断烦恼缘，四大轻如蜕后蝉。天台南岳不辞远，长把苍藤作吾伴。怜君底事秃其头，俨然持律老比丘。百八牟尼手自握，一条布衲心无术。趺坐空山忘甲子，细草幽花尽禅理。安能与我入名山，结屋千岩万壑间。笑问图中人倘许，君跨肥龙我廋虎。"《见寄禅佛矢题君木逃空图有感》、《题木居士逃空图》两诗，皆见录于《天婴室丛稿》之一《无邪诗存》，第20—21页。
② 此词虽被收录于《秋岸集》(该集所收诗文大都作于民国九年八至十二月间)，但陈训正在予以收录时，明言"录旧作"，详参《天婴室丛稿》，第224—225页。
③ 《鄞县通志》第二《政教志》第五册，第1102—1103页。

又，方子长《陈谦夫和宁波的教育卫生事业》云："辛亥光复初，宁波的名士学者多投身革命，稍后，又多趋向兴办新学，陈谦夫也不例外。……就在辛亥冬，他与何吟苾、何璇卿、叶叔眉、陈季屏、钱吟苇、陈屺怀、冯度、柳镜斋等人讨论组织学会，酝酿开设学校，提出'合一郡之力，集一郡之才'为办学方针。次年（1912）2月，成立效实学会（'效实'二字出自严复译的《天演论》'物就天择，效实储能'）。所设学校，即以会名名之。公推李霞城为会长，陈季屏为教育部长兼校长，陈谦夫为干事，筹备开学事宜。3月7日，正式开学，效实中学就此诞生。"①

又，李庆坤《宁波效实中学简史》云："1911年冬，辛亥革命推翻帝制，新学勃兴。鄞县和慈溪等地具有爱国革新思想的知名人士和学者钱保杭（吟苇）、陈训正（屺怀）、陈谦夫（夏常）等邀集旧宁波府属各县人士建立学会，筹备创设中学。于1912年2月7日决定上述办学宗旨。因严复的《天演论》译著中有'物竞天择，效实储能'的名句，取名效实中学。"②

又，陈训慈《陈君屺怀事略》云："光复之后，甬上各公立中学多未能即恢复课业，君忧青年失学，与钱保杭及陈夏常（谦夫）等，筹创私立效实中学，慎选师资，厘定规制，于民国元年初建成开学。"

又，赵志勤《陈屺怀事迹述略》云："及宁波光复后，与陈谦夫、赵家荪等合议，创办私立效实中学，于1912年（民国元年）3月开学，至今为全国重点中学之一。"

考陈训正《钱君事略》云："时，初经变革，少年习于嚣竞，鲜务实为学。君乃建议就鄞西城立效实中学，以收教郡子弟。"③是知提议创办效实中学者，乃钱保杭，而非他人。

◎3月19日，先生与钱吟苇等30人被慈溪城乡联合会选为代表，到宁波谈判撤销统捐局之事宜。

按，《申报》1912年3月23日《宁波罢市续纪》云："宁波因统捐激成罢市已纪昨报，兹又悉慈溪各铺户商众每家各举一人于十九日（旧历二月初一日）晚潮特雇乌篷船十五只星夜上甬，到北门局

---

① 方子长：《陈谦夫和宁波的教育卫生事业》，载《宁波文史资料》第8辑，第16—22页。
② 李庆坤：《宁波效实中学简史》，载《宁波文史资料》第2辑，第102—103页。
③ 《天婴室丛稿》之七《庸海集》，第296页。

请求撤销统捐局,而城乡联合会又公举代表陈屺怀、钱吟苇等三十人,诚恐肇事,特各乘舆赶赴捐局劝解。不料局长郑衡避匿不见,约半小时忽有兵队数十人到局前开枪示威,于是商民船户大动公愤,誓必拆毁局所,形势汹汹,幸各代表分头劝谕,一再开导。局员当将捐局名牌及旗张撤下。商民以为捐验既停,静候诸代表与局长商办。待至下午四时,讵巡丁等依然仍向来往船只索捐,于是众商又哄,其势较上午尤急,郑局长始牌示局门(局长晋省邀请免捐先行停办云云)。现已由商民、船夫等向各代表乞查开枪兵士,并闻各代表当拟晋省呈请撤销云。"

◎大约在去上海前,先生作《感遇三十二韵呈萍喻艮麓先生》,用以宣泄壮志难酬的苦闷。

　　按,《感遇三十二韵呈萍喻艮麓先生》云:"忆自丱角游,不识忧与喜。颇颇媚古学,谓兹道可市。畴知道所华,乃为愚之始。三十不成名,遂饱饥寒耻。……悠悠十年来,昨非今岂是。……平生感知遇,如公亦仅矣。……鸡鸣发宵寐,遥忆艮山趾。思托烟与雾,氤氲逐千里。千里不可见,徒云其室迩(余主愒园,所居室曰喻斋,以公名也),诵公私我言,偏颇非伦比。……愿极焦桐心,为公宣郁志。"①据"三十不成名……悠悠十年来",大抵可以推定该诗作于先生不惑之年;又据"思托烟与雾,氤氲逐千里。千里不可见,徒云其室迩",及其自注"余主愒园,所居室曰喻斋,以公名也"云云,可知其时先生与喻兆藩分处两地、相隔千里。

◎夏,先生与赵家艺等人在上海创设"平民共济会",刊发《生活杂志》,提倡经济建设②。

　　按,陈训正《赵君林士述》云:"时国体初更,民气方张,乡豪里

① 《天婴室丛稿》之一《无邪诗存》,第52—54页。此诗又后被陈训慈选入《天婴诗辑续编》。
② 在所作《与廖澹老书》一文中,陈训正自称:"仆之所持,每以劝奖生人幸射心为主旨,尝于昔年编辑《生活杂志》中发其概。"详参《天婴室丛稿》之六《逃海集》,第250页。又据沈松平考察,《生活杂志》共计刊出14期,第八期之前为半月刊,此后改为月刊。其内容皆围绕"平民共济会"的主张展开宣传,注重对民生问题的探讨,重视对民食匮乏、平民医疗、工业富民等问题的调查。详参前揭《陈训正评传》第四章第二节《"平民共济会"和〈生活杂志〉》,第92页。

猬涂附万计，人人发愤快志，欲以强力盗名势；其尤者，且皮傅'人权''自繇'之说，用抵冒国法、侮略良细。君乃叹曰：'民生雕矣，彼含甘吮滋者，既保自润，宁知天下尚有茹戚之人哉！'因与余及其兄菊椒、三原徐亚伏，创平民共济会，设总部上海，刊发《生活杂志》，抒溪其所负民生主义，蕲行之各省县。"①

又，陈训慈《陈君屺怀事略》云："民国元年夏②，去沪，与赵家艺及徐朗西（亚夫）等创设平民共济会，并刊行《生活杂志》。君自为文，灌输农工新知，以建设辅进革命。时中山先生谢政，常往来日本，倡导经济建设，论者谓共济会之所导扬，不啻为中山之民生主义早岁之桴鼓。时袁世凯当政，国事日非，《生活》言论亦为当道所忌，所倡'贫民自救'之理想规划亦未易实施，同志渐散，会遂中辍。"

又，赵志勤《陈屺怀事迹述略》云："于1912年7月（民国元年七月）出版《生活杂志》半月刊，自任主编，倡导改良农工业，研求救国富民之方，实本当时孙中山先生经济建设之主旨，为实践民生主义之宣传。"

◎冯君木发妻俞因卒后三年，先生作《冰蚕引》以泄君木之郁结。

按，《冰蚕引》"叙"云："《冰蚕》伤俞因女士也。因字季则，为吾友冯开君木元妃。淑慎温雅，荣于文辞，著《妇学斋词》，婉竺有宋人风。殁三年矣，君木婘思贤耦，过时而哀。陈子叹之，用述是篇。宁直俞之悼，庶以曼音促节，少泄君木之郁伊云尔。"③

本年，应启墀有《为君木题其亡妇俞因女士〈妇学斋遗稿〉》之作。此疑《冰蚕引》与《为君木题其亡妇俞因女士〈妇学斋遗稿〉》大抵作于同期。

◎秋，经先生牵线搭桥，四妹若娟成为老友冯君木的继室。

按，《陈布雷回忆录》民国元年条云："是年四姊归冯君木先生为继室，作伐者大哥也。"

---

① 《天婴室丛稿第二辑》之一《塔楼集》。
② 查沙文若《陈屺怀先生行状》云："民国二年，复之上海，与赵君等创立平民共济会，主办《生活杂志》，阐扬国父之民生主义，时人竞相传诵。"此"二年"，显系"元年"之误。
③ 《天婴室丛稿》之一《无邪诗存》，第33—34页。

◎张申之被选为国会议员①,于秋日赴京,为之饯行时,先生作《送张申之赴京议院》。

考《送张申之赴京议院》云:"白日匆匆下大荒,清尊相属莫相忘。乱离道路多新鬼,莽苍山川非故乡。两字平安看朔雁,一言珍重学寒螀。萧萧易水西头渡,愁绝当年结客场。"②

按,此所谓"寒螀",即寒蝉,每年入秋后出来活动,故该诗必当作于本年秋。

民国二年(1913) 癸丑 四十二岁

◎元旦,先生以笔名"玄父",在《生活杂志》第九期发表《组合论·母财》。

其辞云:"平民生活力之薄弱,而不可不有财团以长养之。信用组合者,平民组织之财团也。此财团组织之目的,所以杀富者之金钱势力而自将护其生业之基本也。无论何种营业,苟无相应之母财,即不能离富者而独立,而生业之基本乃为人所左右,此富者所以能控制金融,而使平民不得吝惜其汗血以自营养其机械的躯壳也。夫平民之血汗自有价值,平民之躯壳自占地位,彼富者恶能以机械使用之?呜呼!无亦平民之自忽其汗血之价值与夫躯壳之地位,而奉富者吸收剥削之权乎?信用组合立,则富者无金权,而平民汗血之真价值乃出矣,平民躯壳亦不失其固有之地位矣,故谓平民欲自伸其权力以跻于独立营生之林,必自信用组合始。"③

◎同日,四妹若娟(1888－1913)病故。

按,《陈布雷回忆录》民国元年条云:"正月,四姊近于家。四姊自归冯氏,抱病之日为多,春初念家特甚,自城中归宁,竟不起。姊敏感多愁,体本孱弱,丧母后益终年戚戚,顾惠爱弟妹特甚,又讳言疾,常强起助庶母理家事,卒坐此耗损,盛年遽殒,可痛已!"

① 按,《天婴室丛稿第二辑》之九《缆石幸草》所录《张君生圹志》云:"君名传保,字申之,姓张氏,鄞县某乡人。……宣统元年,被举为浙江省咨议局议员,遂参与辛亥革命之役。民国元年,以选为国会议员,在京若干年。曹锟窃政,欲以财贿收党徒附己,君不为动,自绝其籍,出国门南下,世所称护法议员者是也。"

② 《天婴室丛稿》之一《无邪诗存》,第30页。

③ 玄父:《组合论·母财》,《生活杂志》第九期(1931年1月1日),第3页。

又,陈布雷《致沈剑侬函》云:"剑侬足下:去腊辱手毕,未报为歉。弟以农历年假暂返里居,息景敝庐,略无佳况。岁暮风雪,弥怀旧雨,方俟新岁稍修书问,而天降丧难,寒遭骨肉。弱弟之墓草方滋,女婴之凶问又至。姊氏希则女士,长弟二载,幼习诗书,稍解讽咏,君所知也,自先母见背以来,家政巨细,匪所不操,荏弱之身,积以劳瘁,坠心丧志,戚戚靡欢,遂尔痰疾婴身,幽忧为抱。方于去秋言归冯君木先生为继配,私谓得丽才人,没齿无恨,而结悦未久,旧患转剧,床蓐淹棉,困顿滋甚,今正八日,力疾归宁,病陷膏肓,医穷扁鹊,竟于元夕溘逝母家。"①

◎4月1日,先生以笔名"玄父",在《生活杂志》第十二期发表《组合论·宜农》。

其辞云:"农之经营全资于土地及人力,土地之产出力自有一定之限度,而其所施人工程序既极单纯,为术又大都相类似,非若工商业家得有优越之资本、丰富之智识,即能扩张其所经营之范围,而与他人为无限度之竞争。农惟不能为无限度之竞争,故其组合之进行,常自然的发展,苟无背乎相互扶冀之道,未有不收完全存在之效果而为他组合所排驱哉! ……组合之制度,行之于农为尤宜②。

◎先生客居上海,作《与叔申同客海上,每见必以诗。叔申病肺久,辄谓余曰:"得及吾生,不当多作诗耶?"余悲其语,赋诗以慰》:"吾生与尔诗为命,每见凄凉出袖看。安用幽幽心上语,都来作作眼前寒。思深歌哭成孤往,病间琴尊得暂欢。年事销沉两人在,犹能作健破艰难。"③未久,先生离沪返甬。

按,此诗可与先生另作《追悼叔申(六首)》诗相发明④,其第四首云:"乡国不能容,流落海之涘。……各赁庑下居,相去惟一水。朝往复莫来,见必以诗示。决肠互为纳,百废随之起。所遭虽不时,亦足慰蕉萃。蛩蛩一年余,吾复为人弃。橐笔亡所用,归来课

① 《陈布雷回忆录》附录二《书信》,第325页。
② 玄父:《组合论·宜农》,《生活杂志》第十二期,1913年4月1日,第1—6页。
③ 《天婴室丛稿》之一《无邪诗存》,第32页。后又被陈训慈选入《天婴诗辑续编》,且在选入时,其"吾生"被改作"吾身"。
④ 陈训正:《追悼叔申(六首)》,《天婴室丛稿》之一《无邪诗存》,第46—50页。后又被陈训慈选入《天婴诗辑续编》。

儿子。"

◎夏,先生长子孟扶被北京大学录取。

> 按,《陈布雷回忆录》民国二年条云:"是年夏为效实甲班生六七人补习心理、论理、英、法文等各学科,志尚亦来校担任补习物理,(钱)吟苇先生及大哥等均来同寓,课暇谈燕无虚日,凡一月余而罢。盖是年北大招考,效实诸生提早毕业,往应入学考试,故为指导预备也。试验结果,汪焕章、冯中及大侄孟扶均录取,吾郡之学界,始渐渐知效实中学之程度。"

◎去年1月,宁波临时军政分府创办宁波公立中等工业学校①。本年,先生就任该校校长。

> 按,陈训正《工校十年度豫算表书后》云:"余役工校,于兹九年……自二年承职"②。

> 又,陈训慈《陈君屺怀事略》云:"又与同志创设公立宁波中等工业学校,被推为校长,聘林端辅(黎叔)掌校政,先后十余年,逐年发展,附设工厂,作育专才,开导风气,甚有益于地方工业之发展。"
> 此说显然有悖于事实。

◎9月以后,先生作《杂讽》诗十首,该诗在简述民初(1911年10月—1914年9月)白朗作乱背景的基础上,既描写了这场动乱对百姓生活的侵扰,更辛辣地讽刺了袁世凯北洋政府的腐朽及其军纪败坏。

> 按,《无邪诗存》载曰:"三月不雨愁翻河,天枯日老将无那。西

---

① 按,《鄞县通志·政教志》第五册云:"民国元年一月,宁波临时军政分府筹拨六邑公款,创设工业学校,以清光绪间镇海李氏所设益智中学旧址为校舍,定名为宁波公立中等工业学校。设机械科(后改称金工科)一科。三年八月,改为旧宁属县立甲种工业学校。五(月)[年]八(日)[月],添设土木科(后改称建筑科)。十六年八月,宁波市政府成立,学校收归市办,添设汽车道路科。二十年二月,市政府取消,乃改为鄞县县立。同年八月,由校友会筹办附设初级中学(另见正始中学)。自二十三年度高级部奉令改归省办,附设初中改为私立正始初级中学。"

② 《天婴室丛稿》之六《逃海集》,第263页。刊《宁州文史》第13辑的俞光透《鄞县私立正始初级中学》则云:"……1911年,甬上绅士赵芝室、陈训正、李镜第、林端辅等在'科学救国''教育救国'口号的影响和推动下,创建了宁波公立高级工业学校(简称宁波高工),以宁波江北岸泗洲塘清朝海军学堂旧址为校舍,于同年12月14日补行开学典礼,首任校长林端辅。"两相比对,可知俞氏所述有误。

来行客夸异数,为言亲见金嘉禾。……金章累累刻文虎,谁知西山虎更痴。白颠赤额争人食,尔不能仁独文为。大部发书急军储,末吏捧书喜不如。……相公龙钟坐筹边,猛将如云屯边去。妖妾艳妻那得抛,金珠拥上西征路。昨日寇围老河口,今日捷报荆子关。寇来不得完家室,寇去妻子犹愁颜。征西之军万熊黑,西人壶浆来迎师。岂知穷寇出门日,又见官兵喋血时。三年流转无休息,行贾坐贩相愁叹,去时大水今时旱,来时茫茫更大难。"①因而该诗理当作于这场动乱被镇压之后,亦即本年9月以后。

民国三年(1914)　甲寅　四十三岁

◎年初,先生送次子建雷(时年十五)去上海,求学于老友应叔申门下。归途中,作《携仲子雷游学沪上》。

> 按,诗云:"我意都摇落,心心肯苦辛。相持无可语,所喜竟能贫。忽忽方来日,依依乍别人。飙轮自兹远,海色有昏晨。"②由"依依乍别人",可知此诗作于归途。

> 又考《追悼叔申(六首)》之四云:"乡国不能容,流落海之涘。……各赁庑下居,相去惟一水。朝往复莫来,见必以诗示。决肠互为纳,百废随之起。所遭虽不时,亦足慰蕉萃。蛩蛩一年余,吾复为人弃。橐笔亡所用,归来课儿子。阿儿能知奋,言择君师事。明年遣归君,君亦颇颇喜。谓当勤灌溉,培养成兰芷。三月儿书来,为报君病始。四月得儿书,知君病难已。"由此既知陈建雷所师正是应叔申,又可推知该诗作于本年初。

◎春,长子陈建风自北京来信,先生作《子风自北京书至》《寄子建风京师》。

> 按,前诗云:"知儿无慰藉,迢递寄书来。我亦念行役,谁能遣酒杯。春花寒约住,朔雁梦将回。两地今宵意,都从望眼催。"③后诗内谓:"萱苏但祝春无恙,骍角还期岁可耕。"④其中皆有"春"字。

---

① 《天婴室丛稿》之一《无邪诗存》,第36—37页。该诗后又被选入《天婴诗辑》。
② 《天婴室丛稿》之一《无邪诗存》,第31页。该诗后又被陈训慈选入《天婴诗辑续编》。
③ 《天婴室丛稿》之一《无邪诗存》,第30页。该诗后又被陈训慈选入《天婴诗辑续编》。陈训正于诗尾自注:"春花朔雁句,(建)风书中语。"
④ 《天婴室丛稿》之一《无邪诗存》,第45页。该诗后又被陈训慈选入《天婴诗辑续编》。

◎农历六月十九(8月10日),三叔依仁(1866—1914)病故。

按,《陈布雷回忆录》民国三年条云:"六月十九日,先考弃养,享年四十有九。"

◎先生在与次子建雷的往返书信中,得知老友应叔申病重,遂赶至上海,将之接回慈溪。

按,先生在所作《追悼叔申(六首)》诗之四云:"三月儿书来,为报君病始。四月得儿书,知君病难已。苍黄出蹈海,相见心为悸。君体夙不丰,被骨岂无訾。一别百余日,其瘳乃至此。他乡不可居,道路能为祟。作计宁首丘,我言无避忌。此时君面我,嘿嘿独垂泪。顿头一再肯,归亦如其意。日没下飞轮,日出到江市。就市买安车,送君龙山址。势菌方怒炽,针药抗肌理。莫谓卢鹊良,救弱无长技。奄奄及萧晨,君目瞑不视。我亦幽忧人,与君同一体。不忍见君生,何忍见君死。"①

◎夏秋间,宁波连月大旱,先生既作《龙无权》诗,又曾去沪避暑十日,返甬后,见旱情依旧,遂作诗《甬旱苦无水,如沪十日,亦无甘饮者,怅以归。舟人云数日前,甬似大雨,比至,涸如旧,因继作是篇》②。

按,陈炳翰《洁庵吟稿》之《甲寅记事》小字自注:"自四月下旬至七月既望,加以闰五月不雨,禾稻枯槁而咸潮又入为害。"③而《龙无权》诗序亦云:"明州自六月至八月无雨,焦陇满野,农咨妇叹,然犹幸万一之生,迎龙祈雨而天日益烈,苍苍之意可知矣! 因赋是篇。"④

◎孟秋,连续十七日大雨倾盆⑤。鄞县人林润藻大概就在期间的某个夜晚,为保护河道而不幸遇难。先生因此作《哭林凫公》一诗加以悼念:"暂离能几日,岂道尽今生。夜雨凄魂断,秋河抶泪倾。穷途哭吾子,没世忆人情。

---

① 陈训正:《追悼叔申(六首)》,可见《天婴诗辑续编》,第6页。
② 《天婴室丛稿》之二《无邪诗旁篇》,第101—102页。
③ 《鄞县通志》第四《文献志》第四册丁编《故实》,第1366页。
④ 《天婴室丛稿》之二《无邪诗旁篇》,第101页。此诗后又被陈训正选入《天婴诗辑》。
⑤ 按,陈炳翰《洁庵吟稿》之《甲寅记事》云:"甲寅余年五十六……人心不正天心怒,大旱四月农夫惧。……祷雨迎龙各村忙,聚众入城挤道路。及至孟秋十七日,大雨倾盆苏涸鲋。"详参《鄞县通志》第四《文献志》第四册丁编《故实》,第1365—1366页。

寂寂黄塾路,徒嗟失老成。"①

按,《鄞县通志·文献志·人物类表第九·方闻》云:"林润藻字兔香,生有至性,好读书,不求闻达……尝王邑之城区自治,砥道路,浚河隍,讲教育,谋救济,靡不毕力以赴,费约事繁,号称其职云。"②

◎11月4日,应叔申(1872—1914)病逝。不久,其弟请先生撰写墓碑,而先生又请沙孟海捉刀代笔。

按,陈训正《致沙孟海札》云:"孟海老弟鉴:前承走访,屺实未睡,只在林上息养。佣人不察,竟被回复,事后得悉,殊为懊恨。叔申未葬,乃弟季老本拟稍事烜华,现因季老中风卧床,恐再迟,并棺木亦无处找寻,遂草草埋葬。惟墓碑略题数字,嘱屺亲写。屺思老弟惯为我捉刀,仍以此件奉,恳务望于本星期日写就掷下,迟则蟹镙碑竖起矣。因主其事系一土商人,主张出四五元买一碑,可恨亦可笑也。暇盼过谈,不宣。屺怀白即。"③

◎岁末,先生作《雷儿留学日本,书来索钱,无以应,赋此答之》:"昨夜愁中梦阿雷,今朝书到索钱来。相须太切难为应,觅寄无由勿遽催。且了残寒收岁事,拚携新债上春台。长安已觉居非易,况汝飘蓬隔海限。"④

民国四年(1915)　乙卯　四十四岁

◎农历六月,先生作《嗟嗟有生行,为裴少尉作》⑤。

按,《嗟嗟有生行,为裴少尉作》之"叙"云:"倭人易我以兵,要我二十一事。我弱无可战,竟许之。平陆军少尉裴奋耻之,谓所部曰:'是我军人之辱也。'于是遂自杀。陈子闻而悲之,为赋是篇。时四年六月。"

◎先生因积极参与创办社会教育团体,而被视为"地方志士"。

① 《天婴室丛稿》之二《无邪诗旁篇》,第82页。
② 《鄞县通志》第四《文献志》第二册甲编中《人物二》,第627页。
③ 《若榴花屋师友札存》,沙韦之主编,西泠印社2002年版,第6页。
④ 《天婴室丛稿》之二《无邪诗旁篇》,第85页。此诗后被陈训慈选入《天婴诗辑续编》,且诗名中的"赋此答之"被改为"赋以答之"。
⑤ 《天婴室丛稿》之一《无邪诗存》,第72—73页。

按，《申报》1915年7月20日所刊《之江纪行（宁波）》云："社会教育团体之发起：宁郡新发起之事，以此为最可喜悦。地方志士感于国耻，乃创为此举，团长为费冕卿，商会总理也，理事为陈谦夫、范均之、林端甫、施竹晨、林世钦诸人，讲演为林莲村、王东园、余润泉诸人，编辑为冯阶青、钱吟苇、陈屺怀、陈训恩诸人，皆一时之选。并闻有热心董事李霞城、赵芝室、赵林士、蔡芹孙诸人创捐私赀，以备添置图画、幻灯种种引起兴味之物。宁波社会之沉迷或因此而觉迷乎，跂予望之。"

◎镇海人郑廷琛（1859－1915，号荇泩）卒，先生受老友洪允祥（郑氏外甥）之托，为撰《郑荇泩先生诗序》。

按，《天婴室丛稿》之三《无邪杂箸》录其辞曰："学问之事，自非上哲，无不由勉强而得，而为诗则不然，盖有其性情，乃有其诗耳。余于朋僚之诗，恒合之于其人之性情以为高下。吾党诗人，其高者如应叔申、冯君木、洪佛矢数人而已。……佛矢则纯主乎天者也，而人功废焉。人功益废，天事益近。读其诗，如游翳林，奇葩异卉，时流芳息，然其幽蒨郁茂之概，不自呈露，必披薙乃见，倘所谓天之事欤！余尝询其所自受，则曰：'吾舅氏镇海郑先生之教也。'今年舅氏殁矣，伤哉①，遂以其舅氏遗稿相示，余受而卒读。诗不多，要皆性情中语，非强而后工者比也。余因语佛矢曰：'余虽未接郑先生，而郑先生之性情，余能道之，盖纯洁笃挚之古君子也。'佛矢喜曰：'是能知吾舅氏者！盍书之，为吾舅氏诗叙？'遂录以付之。"由此可见，此文乃先生受老友洪允祥之托而作于1915年郑氏卒后不久，并以全书之序的形式，被收录在郑廷琛《荇泩遗稿》之中②。

◎9月29日后，先生应表弟叶懋宣之请，为撰《清故两淮盐运使司候补巡检叶君权厝志》。

按，《无邪杂箸》载其辞云："君讳泾，字筱林。……历办河防、水利诸工程，几三十年无缺失，颇颇著劳绩，例得升转，然性孤介，

---

① 洪允祥《哭舅氏郑子刚先生》四首及其《再挽舅氏》二首，理当作于此际。洪氏此六诗，部分见录于洪崇基、唐武声选注，《慈溪文史（第五辑）悲华经舍诗选注》。1991年，第40—41页。

② 郑廷琛：《荇泩遗稿》，1915年，线装本，宁波市图书馆藏。

不能媚上官进取，以故终身不迁一阶，老益坐废。民国三年，始归慈溪。君既归，饮食起居非所习，邻里乡族非所亲稔，坐是益郁郁不快，遂得疾，以四年九月二十九日卒，……春秋七十有九。君娶陈氏，训正之姑也，前卒。……子男五人①：懋宣，陈出；……懋宣既厝君柩于慈湖之原，告训正曰：'吾家两世先椿，皆浮葬扬州，父命必尽返乃葬，已今不及举返葬，故权厝焉，以待先志也。将为异日铭，请志之。'遂为之系。"②

◎10月20日前，先生为其姑父叶泾(1837—1915)撰《叶君主阴记》。

按，《无邪杂箸》载其辞云："君生前清道光十七年十一月二十五日，卒民国四年九月二十九日，为夏正乙卯八月二十一日，享年七十有九。娶陈氏，先君二十八年卒。侧室谭，摄正。子男六人。……君官两淮盐巡检，其懋绩硕行，具详训正所为《志》。十月二十日，懋宣等奉君柩，殡于慈湖之原。先是，君之考妣及妻殁，均浮葬扬州仙女镇季家庄，君遗命必尽返乃葬，已不及时，故权厝以竢。内侄陈训正谨志。"③

民国五年(1916)　丙辰　四十五岁

◎春，先生应俞鸿樨之请，为其母七十寿辰撰作祝文。

按，《〈忘忧草赋〉奉寿俞母七十》云："俞子仲鲁，昆季四人，植躬秉德，恪慎克孝，门内雍睦，著教州里。余早与往还，备闻本末，心窃慕之，常自流叹，以谓难能。……丙辰之春，俞子过余，言间忽戚戚亡欢，作而言曰：'嗟乎！鸿樨兄弟不肖，不能自兴于众，居贱食贫，无以显其母。寻常肉帛之奉，又不时致怨矣。而吾母顾坦然相忘，不以为意。今年已七十，目未一接华离之色，耳未一闻靡乐之音，因处穷约之中且数十年，而未一释于其怀。纵吾母安之，有以自解，而为人子者，独无癒然乎哉！'时余主甬之愒园，园多萱草，俞子因指谓余曰：'是名忘忧，昔人言，欲忘人之忧，赠丹棘。丹棘，萱草也。故《诗》云：焉得萱草，言树之背。顾吾亦安得此忘忧之物，而树之背哉？子如辱既于吾，愿有所述，俾吾晨昏定省之余，得

---

① 子男五人，当从下文《叶君主阴记》改作"子男六人"。
② 《天婴室丛稿》之三《无邪杂箸》，第179—180页。
③ 《天婴室丛稿》之三《无邪杂箸》，第182—183页。

讽诵于老人之侧，以为笑乐，亦忘忧之道乎！'余曰：'善哉！俞子之事亲也，可以养志，可以长年矣。'遂为之赋忘忧草。"①

◎第四子建尾(1916—1992)出生。

　　按，陈建风等《陈训正行述》云："丙辰，生四弟建尾。"

◎先生与诸高僧合创僧教育会，并被推为会长。

　　按，陈训慈《陈君屺怀事略》云："甬上故多名刹，君与僧徒之有识者合创为僧教育会，被推为会长。其后年，更与释氏友人创设佛教孤儿院，推君主院事。"据显宗《回忆宁波佛教孤儿院》，可知佛教孤儿院创设于民国七年(1918，详后)，由此逆推，是知僧教育会创建于本年。

◎先生应秦润卿(1877—1966)之请，为其母七十寿诞作寿词，因作《秦润卿索赠，为赋〈绵历篇〉三十四韵》，其重心在于交代秦氏举办普迪学校的缘起。

　　按，《无邪诗存》载其诗曰："忆昔初失怙，寒饿逃非易。……比来稍自振，母已七十矣。何以奉母寿，毕诚致潼潾。母言汝勿华，淡泊吾安耳。……愿节日之余，衣食我闾里。……聆我母诰诫，颇颇思推暨。尝慨瘠土生，物窭力尤蔽。浮食亦太众，流靡竟何似。我欲矫厥风，端须开其智。为教在蒙养，立人必立始。非敢要美誉，我亦窭人子。自念幼失学，绵恨今无已。骍骍此头角，孰不可材器？于是筑横舍，普迪为其帜。溪上十万户，一时高君谊。君曰母之教，我恶知为此。感君嗛嗛德，孝思能锡类。敢以北堂咏，殷勤为君致。君如作莱舞，歌之令母喜。"

　　考《申报》1922 年 5 月 13 日《慈溪普迪学校之成绩》云："慈溪县私立普迪国民学校，为秦君润卿、李君寿山、王君荣卿等所筹设。成立于民国五年，迄今已六载，举行毕业四次。"故系之。

◎慈溪虞洽卿(1867—1945)年亦半百，先生受鄞县张寿镛(1876—1945)之托，为撰寿辞。

　　按，《代张寿镛颂人五十寿》云："日月不居，汔五十年，智其有艾，在岁丙辰，朱明方中，乃为君诞吉。余朋余僚，登君之堂，念君

————————
①　《天婴室丛稿》之三《无邪杂箸》，第 125—128 页。

之勤劬，执敬筋止，将表君德……凡若兹，昭乎人耳目，不可数以枚，余乃勿宣懋哉！君之庸，乃可齐年而无穷。爰为作颂，颂曰：有猗其兰，可以为佩；有兼其流，可以为溉。俣俣令君，德闻无既；匪惟无既，日月不废。兰之猗猗，惟君之思；流之兼兼，惟君之无。忘于维君之贤，人以为天。人以为天，胡不万年！"①

◎先生作《张让三先生六十寿叙》。同年，虞辉祖亦撰《赠张蹇叟先生序》②。

　　按，《无邪杂箸》载其辞曰："吾郡自有宋以来，士皆淑于深宁之教，相尚以朴学，不较较于文辞之工拙，衍至清世，大儒先后辈出，所务尤精，若鄞万氏充宗、季野、全氏谢山，若吾邑姜氏西溟，类能博洽弘通，自奋于绝学，为式后士，彬彬焉，有文之实矣。然其于辞，盖无所称也。洎乎无锡薛公以兵备宁绍台三府驻节吾郡，于其署之傍构精舍，征三府士之秀者，日出其所受于湘乡曾氏所谓古文义法者，禮而教之。士之祈向既正，始稍稍辨其涂径，于是吾郡乃有高世文字之学，而鄞张先生让三者，其著也。……今老矣，然其为文章虽仓卒，犹能伸纸疾书，千万言振笔立就，读之，规规然不移于法，盖无锡之教然也。共和建国之四年，余在鄞主六邑藏书处，曰薛楼。薛楼者，以无锡而名也，楼之建，在今二年前，而无锡之去吾郡，盖至是二十年矣，而一楼之覆，犹以薛名，甚矣，文化之渐虽久而勿忘也！然使无锡开建于前，而不得高第弟子如先生者掞张于后，则其为泽亦仅矣。明年，先生年六十，郡人士习于先生，与先生弟子之著录者，咸思有所称述而属辞于余。余不文，然尝辱先生之知而不以其陋弃也，义无避焉。……故惟述先生之有系于吾郡文化者，为先生祝，愿先生之寿与吾郡文化相引而俱长也。若夫献媚逞谀之词，为湘乡义法所勿许，则不敢以入，亦先生志也。"③

　　考《申报》1924 年 8 月 13 日《名宿张让三逝世》云："鄞县张让三先生，现年六十八岁，前清时曾为薛福成随员，游历欧洲各国，回国后，曾充上海南洋公学提调，及宁波旅沪同乡会会长，热心公益，为时人所重，忽于本月十日下午四时逝世，甬人多闻而惜之。"是知

①　《天婴室丛稿》之三《无邪杂箸》，第 161—165 页。
②　《寒庄文编》卷一《赠张蹇叟先生序》。
③　《天婴室丛稿》之三《无邪杂箸》，第 170—173 页。

张让三生于咸丰七年(1857),而先生此文作于本年,张氏时年五十九。

民国六年(1917)　丁巳　四十六岁

◎老友张让三年届六十,先生作《赠蹇叟,时叟年六十》:"眼中日月非吾有,犹及苍茫见此人。万岁一枯齐旦暮,寸心千刬屑芳辛。先生自处知何许,天下相忘是幸民。且借诗篇消甲子,可堪五岳再成尘。"①

按,《申报》1924 年 8 月 13 日《名宿张让三逝世》明言张氏卒于民国十三年(1924),享年 68 岁;由此逆推,是知此文作于本年。

◎农历三月以后,先生奉命作《却金帖》。

按,《却金帖》序云:"汉川刘德馨宰耒阳,出梁氏冤狱。梁德之,进八百金,不受;益以进,又作书却之。时无知者。殁后,其子会稽尹邦骥检得书稿,表章先德,题曰《却金帖》。征余文,余为作《却金帖乐府》。"

考刘邦骥(1868—1930)于本年三月来官会稽②,年底离职③,故《却金帖》必当作于三月之后。

◎秋,先生应邀参与筹建佛教孤儿院。

按,陈训正《白衣院屠母功德碑》云:"民国六年秋,四明僧之高者,称其先德天童敬安上人之遗志,议于城北白衣广仁讲寺建院收恤孤儿,用推其教义,而又以余之淑,其人也,谨主其事。"④

《现代佛学术丛刊》第 86 册尘空《民国佛教年纪》民国六年条云:"七月,宁波改组中华佛教会分部,以原设僧小学改办佛教孤儿院,释歧昌及陈屺怀为院长,圆瑛、太虚、傅宜耘等为董事。"⑤

又,显宗《回忆宁波佛教孤儿院》云:"佛教孤儿院系在民国六

---

① 《天婴室丛稿》之一《无邪诗存》,第 46 页。
② 陈训正:《徐别汉川刘彦称少将解官会稽》,《天婴室丛稿》之三《无邪杂箸》,第 154 页。
③ 《鄞县通志》第四《文献志》丁编《故实·民国建立以来革命诸役始末记》之三《六年十一月之役》,第 1342—1343 页。
④ 《天婴室丛稿》之五《秋岸集》,第 229 页。
⑤ 《民国佛教年纪》民国八年条:九月,"歧昌在宁波逝世,佛教孤儿院改举圆瑛为院长。"

年(1917年)，沙门岐昌、谛闲、晓一峰、净心、宗亮、圆瑛、智圆、僧等秉承八指头陀敬安（即寄禅）和尚之遗志，邀请甬上居士陈屺怀、张让三、张申之、赵芝室、蔡良初诸君，共同发起，集议于白衣寺内。"①

◎9月23日，先生在呈请会稽道尹批准后，以工校校长的身份，出售部分校产以弥补办学经费之短缺。

> 按，张介纯《一张罕见的民国地契》云："浙江旧宁属县立甲种工业学校校长陈训正，今因本校经费支拙，于民国六年九月二十三日呈奉会稽道尹，转奉省长公署第一二八六号指令，准将民国元年六邑公会议决拨与本校管有旧月湖书院遗产沙地作为壹万五千元交价出卖，移充校费在案。……中人：李镜第、赵家荪、费绍冠、冯良翰、郁桂芳、张原炜。"②而陈训正《工校十年度豫算表书后》亦云："自二年承职至七年，计六匝年，积负万有七千。旧者未偿，新者无所贷，不得已尽贷校产慈北沙地以抵，然尚不足二千。"③

◎10月2日前，在为鄞县县长王子澄饯行宴会上，先生即席作《平阳王子澄谢职鄞县，县人饯于愒园，即席赋呈》，将之比作王安石："荆公迈绩非寻常，谁其嗣者平阳王。……攀衣牵肘留不住，王侯竟去秋无光。……把侯袂兮酌侯酒，侯不复兮我心伤。"④

> 按，《鄞县通志·文献志》云："王理孚字志澄，温州平阳人，廪贡，民国五年十二月二十三日任。……王家琦……民国六年十月二日任。"⑤据此，既知"王子澄"乃"王志澄"之误，又可断定先生此诗作于本年10月2日前。

◎10月7日，范贤方（1877－1917）病卒；先生作《挽范慕连》以悼之："分明吾属将为虏，抵死空拳握不张。惜汝关山有归骨，愁人风雨几回肠。深深黄土埋恩怨，忽忽灵旗起激昂。惨淡南天一回首，蜃潮犹挟海云翔。"⑥

---

① 显宗：《回忆宁波佛教孤儿院》，载《宁波文史资料》第22辑，第218—231页。

② 张介纯：《一张罕见的民国地契》，载《东南商报》2005年1月10日。

③ 《天婴室丛稿》之六《逃海集》，第252页。

④ 《天婴室丛稿》之二《无邪诗旁篇》，第89—90页。

⑤ 《鄞县通志》第四《文献志》丙编《职官·历代职官表一·县官》，第1231页。

⑥ 《天婴室丛稿》之二《无邪诗旁篇》，第87—88页。小字自注："慕连，贤方亡命时假名。"

按，《宁波文史资料》第 11 辑《宁波光复前后》云："范贤方（1877—1917）字仰乔，号仲壶，谱名贤梓。清光绪壬寅补科举人。……1917 年 9 月，孙中山在广州就大元帅职，范贤方出任国法院院长。因背部病疽，于是年 10 月 7 日（农历八月廿二日）逝世于任所。临终时身无分文，靠保险金运回棺木，于 1931 年冬，归葬于慈溪县秦可观吞南山之麓。"

◎农历九月，七妹淑娟与董维彦完婚；未久，三妹素娟（1887—1917）病逝。

按，《陈布雷回忆录》民国六年条云："九月七妹于归董氏，时适杭绍间有战事，一夕数惊，赖（陆思）圻兄及（翁祖）望弟同为照料，小舅母亦来余家相助料理。……是年，三姊逝世。"

◎11 月底，会稽道尹刘邦骥（1868—1930），因积极响应蒋尊篑（1882—1931）领导的"浙人治浙""宁波独立"运动，败后被迫离职[1]。事后，先生特作《叙别汉川刘彦称少将解官会稽》，既用以表彰刘氏保境安民之功，复又深相惋惜其去职。

按，《徐别汉川刘彦称少将解官会稽》云："汉川刘侯以六年三月来尹会稽，出治明州，用以观察三郡。维时国坊初回，群慝犹伏……悍将骄卒，骈起纷纭。……明州当海陆错会，驲传通达，风声所播，讹言益滋。惟侯涤烦解娆，臬臬于治……旧疆晏然，无失教训，完其生聚，侯之功也。……我明州凤著货殖，睍睍万目，方集厥矢，一隙未弥，百宝俱裂，燎原之势，此慜独免乎？……如侯仁贤，乃以谤废。……於戏！横流滔滔，孰则障之，孰谓侯清而锢于是。诵侯之功，念侯之穷，于今之世，又谁诉者？奉辞识别，三太息已！"[2]

◎先生作《追悼叔申》诗六首。

按，《追悼叔申》诗之六明言："君死已三载，吾今始一哭。"[3]而应叔申之卒，在 1914 年 12 月 20 日；据此推算，是知该诗作于本年。

---

① 《鄞县通志》第四《文献志》丁编《故实·民国建立以来革命诸役始末记》之三《六年十一月之役》，第 1341—1343 页。
② 《天婴室丛稿》之三《无邪杂箸》，第 154—156 页。
③ 《天婴室丛稿》之一《无邪诗存》，第 50 页。又可见《天婴诗辑续编》，第 7 页。

◎冬，镇海虞辉祖（1865—1921）应先生之请①，撰《冯君木诗序》。

　　按，虞辉祖在自定《寒庄文编》时，将《冯君木诗序》列入第一卷，且明言该文作于丁巳年，其辞云："余友陈无邪以书来告曰：'君木病甚矣，有诗数百篇，皆手录者，亟付予，惟君序之。君木念子深，毋忘也！'②"③

◎本年，久未联系的恩公喻兆蕃，忽然来信。

　　按，《哭萍乡》之序云："萍乡喻公讳兆蕃，字庶三。清光绪某年，以翰林院庶吉士改外，守吾郡。……公守郡四年，擢任宁绍台海防兵备道，仅一年，以母忧去官。国体既改，遂不复仕。与余不相见十余年，前三年，忽书至，云于义宁陈散原处见余诗稿，怜其况悴而教之以自胜，且曰：'如子才，当自谋五百年，勿馁也已！'又和余《感遇诗》，奖借大过。余生平所与游，无若公之知我也。方图道西江，冀一面公，诉余积感，忽得告公以民国九年十一月某日殁于里第。"④

◎本年，先生相继作《叙别王子澄》《论王子澄去鄞》两文。

　　按，前文纵论术治与法治之异同⑤，后文批评地方官任期太短之弊病，两文当作于同时，且《论王子澄去鄞》明确述及其写作时间："共和于今仅六年，他邑吾不尽知，其在鄞也，比六年中，已七易宰，暂者数月，久者不过一年。七人者，虽未必皆贤，要其材多可自

---

① 考冯开《虞君述》云："君讳辉祖，字含章……会镇海人士以纂修方志事见属，即便引归。归不一月，遽卒，春秋五十有七，民国十年辛酉四月一日也。号桐峰，镇海人氏。"《鄞县通志》第四《文献志》第一册甲编上《人物一》及《镇海县新志备稿》卷下《人物传》皆有传。

② 冯君木《虞君述》云："君讳辉祖，字含章……初与族人景璜齐名，景璜殁，君嘿嘿无所向，久之，始交陈训正、冯开。……寻北游燕代。"详参《寒庄文外编》，1923年铅印本。

③ 虞辉祖：《寒庄文编》卷一《冯君木诗序》，1921年铅印本。

④ 《天婴室丛稿》之五《秋岸集》，第237—238页。

⑤ 按，《无邪杂箸》载其辞曰："治有术，术非法之谓也。法，术之有形者。……彼徒以法为治之术者，无亦执于形而蔽于法乎？清之所以亡，亡于饰法；今之所以乱，乱于怙法。饰法则法之中无心，怙法则心之中并且无法矣。如是者，上以法诡，下以法遁，举不以心相赴，而天下之人之心死矣。人心死则懦者无所恃，强者无所畏，盗贼诈伪之事无所羞忌，而天下之乱，于是乎形。夫至乱已形，而犹汲汲思以法治之，是犹见水之决而谋束之之术也。"

见,而王君子澄,尤所称为治人者也,亦以不中法而夺职。夫有可夺之法,必其人之于其治不胜也,而王君胜治矣,其贤也欤! 贤者于法不当夺而夺之,是谓无治法。无治法,然后无治人。嗟乎,治天下而患无人乎,患在无治法。"①

民国七年(1918) 戊午 四十七岁

◎约2月初,得益于鄞县县长王家琦(字一韩)的大力支持,开办佛教孤儿院之事得以顺利推进。先生兴奋之余,作《劝诸山建白衣恤孤院,议数数不决,鄞知事王一韩力争之,遂定议。因奉二绝句,即题其纪念肖象》诗:"雄狮一吼佛低眉,多少孤寒诵大慈。安得平原千百影,偏将襁褓绣金丝。 未必人生皆泡影,能留慧相亦前缘。香花自是追功事,造像同尊万佛天。"②

按,据《鄞县通志·文献志》载,王家琦于上年10月2日任职鄞县县长,本年2月3日离任③。故系之。

◎2月11日(戊午元旦),先生写成并发布《宁波佛教孤儿院告募疏》。

按,《觉社丛书》1918年第1期载《宁波佛教孤儿院告募疏》云:"天下无告之民四,而孤为甚。……嗟乎,自国家失仁政,而此四告者,于是益穷。……明州之佛教徒有岐昌、谛闲、一峰、净心、宗亮、圆瑛、智圆、僧胲、太虚者,诸山之先觉,而根性于慈悲以为教者也,概然有见于棣群之道,而议设孤儿院于鄞之白衣寺……议既成,岐昌等以院事诿于余。余亦孤子也,回忆童昏无告之日,历历犹目前事,敢辞劳焉?遂承其事而述其由如此,并为呼之群。群之人孰不有慈爱之念乎?苟有应者,虽一丝一粟之微,亦被其仁而食其德矣。戊午元旦,慈溪陈训正。"④

◎5月12日,宁波佛教孤儿院召开成立大会。先生被选为居士院长,并在大会上报告该院组织情形。

按,《申报》1918年5月16日《孤儿院开成立会》云:"宁波佛教

---

① 《天婴室丛稿》之三《无邪杂箸》,第151—152页。
② 《天婴室丛稿》之二《无邪诗旁篇》,第96页。此诗后又被陈训慈选入《天婴诗辑续编》。
③ 《鄞县通志》第四《文献志》丙编《职官》,第1231页。
④ 见《近现代报刊上的宁波》,宁波市政协文史委员会编,第584—586页。

孤儿院于十二日午后一时开成立会……次由居士院长陈屺怀、沙门院长岐昌师先后报告组织情形。"

又,显宗《回忆宁波佛教孤儿院》云:"佛教孤儿院系在民国六年(1917年),沙门岐昌、谛闲、暖一峰、净心、宗亮、圆瑛、智圆、僧等秉承八指头陀敬安(即寄禅)和尚之遗志,邀请甬上居士陈屺怀、张让三、张申之、赵芝室、蔡良初诸君,共同发起,集议于白衣寺内。中华佛教总会鄞县分会,拨助广仁街67号僧立普益学校为院舍,次年,即1918年5月12日,佛教孤儿院正式成立。……孤儿院成立之初,推举岐昌和尚(江东永丰寺住持)为沙门院长,慈溪人陈屺怀为居士院长,智圆和尚(施祥寺住持)为总务主任,温岭人王吟雪为教务主任。"

◎据《申报》6月13日报导,中等工业学校校长陈训正,将在本年下半年继续引进名校毕业生以充实师资,同时改善学生的实习条件。

按,《申报》1918年6月13日《工业学校之进行》云:"宁波江北工业学校已历六年,校长陈屺怀,代理校长为林黎叔,专科教员为南洋大学土木科毕业生冯蕃五,北京大学土木科毕业生刘砚斋,北京大学土木科毕业生王思成(教务主任)、同济德文医工大学电机科毕业生黄伯樵等。现因注重实地练习,因改订学则,加多实习钟点。前此实习借用宁波工厂诸多不便,下学期决计添设金工科实习工厂一所,对于土木科则添聘浙江铁路学校毕业、前沪杭甬铁路沧石铁路工程员某君来任铁道测量实习等课云。"

◎7月16日上午,先生以中等工业学校校长身份,出席甲种商业学校第一班本科毕业典礼。

按,《申报》1918年7月17日《商校举行毕业》云:"县立甲种商业学校于十六日上午举行第一班本科毕业礼,来宾到者官界有会稽道尹代表吴仲莘,警察厅厅长严友潮,鄞县知事代表刘亭孙,烟酒公卖局长阮仲楣,学界有第四中学校长励建侯,甲种工业学校校长陈屺怀,第一高小学校校长范莱茞暨其他士绅三十余人。校长报告成绩并分给毕业证书及褒奖状,后官长施训辞(会稽道尹代表吴仲莘、警舰长严友潮、鄞州知事代表刘亭孙、烟酒公卖局阮仲楣),来宾励建侯、林□村演说,教员训词,毕业生演说等。毕业生甲等一名,乙等四名,丙等七名云。"

◎8 月,先生作《赠洪君序》。

按,《赠洪君序》云:"当光绪二十七年,关中大饥,淮徐又被水流,骸戢戢相藉。时余适以事过沪,沪之人曰:'子乡人有洪某者,诚侠士也。今釀金二十余万,振灾两省,无希微德色。例捐金十万以上,得以二子赐举人。当道为之请,洪君曰:余之务此,岂为子孙地耶?力辞不受。'余当时尚未识君,谓其人曰:'若然,洪氏其大乎!'居数年,复过沪,洪氏竟以败闻。人曰:'如洪某者而堕业,为义者惧矣!'余曰:'吾以天道信洪氏,洪氏必无败!'今果然。盖余为此言,又二十年矣,而君之兴未艾也。君有丈夫子三人:……仲承祁,少从余友镇海钟生学,有敏材,今被举为省议会议员,视昔所谓举人者,则何如?……今岁某月,君年六十,四方之士,会觞于君庭,有举君当日事语客者,皆竦然起敬曰:'信乎天道之可凭,而修德之必获报也。'余因述所知,以为赠,盖将以示永世、风后人,匪直君之德之颂巳尔。"①

考《申报》1918 年 8 月 4 日《新省议员揭晓》云:"浙江省议员覆选第四区昨日(一号)在宁郡老城隍庙举行覆选投票……今日(二号)即在郡庙当众开票,计当选人十五名:盛在珩、王廉各二十票,徐志鸿、周绍颐、郭景汾、洪承祁、宋蔚臣、钱玉麒、屠士恒、李镜第、张原炜、王栋、周钧棠、裘光炽各得十九票,励支石十八票,惟费锡龄十三票,为候补当选人。刻正在投候补当选人之票,闻柴常春最有希望。"是知洪承祁于 1918 年 8 月当选为省议员,而《赠洪君序》亦当作于此际。

◎农历十一月二十六日(12 月 28 日),叔母罗孺人(陈依仁继室)病逝。

按,《陈布雷回忆录》民国七年条云:"十一月,庶妣逝世。庶妣自归先父后,身体本不甚健康,自前年起,乃发觉有肺病,乡间无名医,庶妣又迷信神巫,服药不久即弃去,九月后,疾大剧,至十一月二十六日逝世"。

◎先生葬其父陈懿宝于大枫塘,并请老友冯开撰作《墓表》②。

---

① 《天婴室丛稿》之三《无邪杂箸》,第 173—174 页。
② 陈训正《先妣讣状》云:"先公讳儒珍,先王父讳某字克介之长子,其行谊详冯开所为《墓表》。"详参《天婴室丛稿第二辑》之一《塔楼集》,第 31 页。

按，冯开《陈府君墓表》云："乌乎，是为故清处士陈府君之墓。君讳懿宝，字儒珍。……配顾孺人，子一：训正。……君之卒三十八年，训正葬君于大枫塘之西原。训正荣辞懋行，着闻州闾。君身之不昌，庶大其后，辄发抒潜德，刊诸墓石，以声行路，而谂异世。民国二十三年同邑冯开谨表。"①

又考陈懿宝之卒，时在光绪七年（1881）②，由此下推38年，即是本年；《陈府君墓表》末题作"民国二十三年"，显误，更何况彼时冯开（1873—1931）已卒。

◎先生撰《永清福知县屠宗基墓石铭》。

按，《鄞县通志》第四《文献志》第七册戊编下《艺文三》载其事，但未书月日。

◎虞辉祖撰《陈无邪诗序》（后被用作《天婴室丛稿》之"叙"）。而在收到《陈无邪诗序》后，先生答以《谢寒庄叙诗》："我诗哀苦不堪读，每抱空山坐独弦。偶欲从君托千古，可能与俗语同年。"③

按，虞辉祖在自定《寒庄文编》时，将《陈无邪诗序》列入第二卷，且明言该文作于戊午年，其辞云："余曩序《回风堂集》，谓吾甬上诗家以君木、无邪为挽近之绝出者，非私言也。盖二君虽自晦于世，欲以诗明志者同；其诗之刚柔正变或稍异，而感时伤物，不能自己而有作者，又无不同也。自有清末造，学者尤尚宋诗，若隐有家法，号'同光体'，实江西诗派之支流余裔。无邪奚乐为此者，无邪曰：'吾年三十，犹不读唐以后诗，吾好古歌谣而已。……且自叹不如无知之草木，其徘徊凄惋，感人情之不可聊，何如吾人之于今日，殆动于天倪之有同然者矣。顾吾自为诗，每下笔辄悲从中来，往往篇末终而废去。或谓予怀清苦，故而所作乃类宋人。夫吾遑问唐之与宋，不过如候虫应秋而鸣，谓为吾人之歌谣，可尔？'盖无邪晚际兵兴，睹乱之靡有已，故常所讽道如此！生平好与君木唱和，余每访于郡中后乐园，近且避居西城白衣寺，有所作，尤不肯示人。

---

① 冯开：《陈府君墓表》，见《天婴诗辑》附录。
② 沙文若《陈屺怀先生行状》、陈训慈《陈君屺怀事略》，见《晚山人集》附录。
③ 《天婴室丛稿》之二《无邪诗旁篇》，第102页。

乌乎,世果可嫉其如斯耶！读君诗者,可以怨矣。"①

民国八年(1919)　己未　四十八岁

◎春,陈训正将《无邪诗存》未收诗凡150首辑为《无邪诗旁篇》。

按,《无邪诗旁篇》卷首云:"居白衣恤孤院二年,院主事若严为余衰诗得一百四十六首,题曰《无邪诗存》②。既又搜得箧衍蝉蜎螟尾,尚留百五十首,年时错出,不能次第,因为《诗旁篇》。火之不忍,将以灾木,此戋戋者,化鱼所弃吐,尚欲流视人间耶。己未春,玄婴识。"准此,见录于《无邪诗存》和《无邪诗旁篇》中的下列各诗,虽具体写作时间似难确考,然皆当作于本年之前:

(1)《无邪诗存》所录作年难考诸诗

《哈哈篇》《秋风》《西龙谣》《诒友(二首)》《观觳抵戏有感》《天末》《猖猖犬》《驱车行》《嗟嗟当世贤(四首)》《鹏膏》《观猴子戏》《绿霞(四首)》《读东野〈蜘蛛讽〉,有感于心,因代蜘蛛作反讽诗》《筮得困之未济》《曾闻(三首)》《竹闲》《促织(三首)》《海潮》《熏蚊》《答客诚》《感事杂句(五首)》《今见(八首)》《黄婆岭上云》③《宿悔复斋中》《次韵君木见怀》《师姐言》《自惜》《别虞寒庄》《旅中梦与于相湖上剧饮》④《飞龙引》《岁莫杂感,同叔申、君木作(四首)》《少年行》《夏夜示杨辑父》《过鹏山》《舟中同君木作》《宿君木斋中,余告君木,寄禅和尚将要我辈立诗社,月课数诗,君木首肯,因赋一诗示君木,并寄叔申君诲辑父佛矢》《沪杭汽车中赋》《赠洪佛矢》《江行书感》《嗜哉行(三首)》《花子来(五首)》《自伤》《雨中置酒后园,用少陵曲江对雨韵》《暑夕即景》《来日(三首)》《深哀》《读悔复近诗》《海上从赵六兄弟过乐宅即事,兼呈洪丈鞠蒙》《魏大招饮即席调夏同老》《苦雨》《夜坐》《雨夕登睡岘台》《近闻(四首)》《感旧篇简叔申病中五十

---

① 虞辉祖:《陈无邪诗序》,载氏著《寒庄文编》,1921年铅印本。又可见陈训正《天婴室丛稿·叙》,第1—2页。

② 沙孟海《晚山人集题辞》云:"先生著述初刊于甬上,曰《天婴室诗》,嗣刊于上海、杭州,曰《天婴室丛稿》,凡两辑。初辑七种:曰《无邪诗存》,即《天婴室诗》更名。"此说显然与《无邪诗旁篇》卷首自述相矛盾,未知孰是。

③ 自《哈哈篇》至《黄婆岭上云》诸诗,后又被陈训正本人选入《天婴诗辑》。

④ 自《宿悔复斋中》至《旅中梦与于相湖上剧饮》诸诗,后被陈训慈选入《天婴诗辑续编》。

韵》《寓斋见萤》《次韵佛矢论诗之作,兼简叔申、君木句羽(二首)》《甲寅(四首)》《穷雀》《次前韵又赠》《句羽归自汉阳,同饮伏跌室》《惬园酌酒迟句羽用前均》《寒庄过余寓斋,各以诗文视,兴念千古,复悲身世,遂成此咏》。

(2)《无邪诗旁篇》所录作年难考诸诗

《大鹏歌》《所思》《徂年叹》《利锥》《远火谣(二首)》《二蚕诗》《冥视》《闻促织(四首)》《结袜子》《诵直》《邯郸倡》《惬园多竹,园丁欲芟去其当路者,诗以喻之》《无题(四首,和陆珠浦)》《有感(四首)》《西出郭门行(二首)》《紫宙篇》《明月怨》《禾绢谣》《陈公子》《天口牙》①《赠戴季陶》《赠范均之》《次韵佛矢述怀之作(二首)》《独夜忆内》《喜雷儿至自日本》②《感逝》《日莫寄应叔子》《重九怀赵林士》《王东索赠》《春起调赴选诸君(三首)》《林居(二首)》《寓夜(二首)》《机中词答于相》《鹤皋叶尔老六十生日赋诗属和奉酬》《偶遣》《霜夕》《酬佛矢见忆之作》《有梦》《风夕》《无寐闻乌有感》《曾记(二首)》《题红叶骑诗图》《秋思》《与客谈海上繁华,因赋所见》《读史》《矗矗》《予役》《忽雨》《无眠》《喻斋二十韵寄艮麓先生》《百感》《涂望》《岁除》《守炉》《江上》《南海》《访法西大师七塔寺》《偶遣》《守寒》《修发》《寓夜》《夜不寐》《看菊》《楼望》《凄露行奉唁寒叟丧耦》《王龟山六十生日,诗来索酬。余与交三十年,岁时过从,清狂如昔,不觉其已为衰翁也。揽镜自伤,发亦种种,虽少龟山十余寒暑,而蒲柳秋零,已无生气,比至龟山之年,颓废可知矣。赋二律奉和》《归自惬园,意有所触,口占九章》《范生后母陈四十生日,来谒诗,为赋此篇归之》《间着老夫》《雨后坐月》《黄山寿画避秦图为丹阳束生赋》《晹人叹》《生奴口》《谢寒庄叙诗》《寒庄归自晋,约过甬寓庐,待竟日,不至,诗责之》《双十节陪燕惬园》《劳劳》《秋旅偶赋》《市居》《自遣(二首)》《白发》《醉后杂书(二首)》《伏处》《秋宵》《用均和太虚上人雨中望庐山》《苦雨》《湘水飞》。

◎农历三月间,励延豫父振骧八十大寿,先生作《励年丈八十生日赋此奉寿》:"东海有遗老……是我丈人行。……今年春三月,欢应灵耆候。……

---

① 自《大鹏歌》至《天口牙》诸诗,后又被陈训正本人选入《天婴诗辑》。
② 自《赠戴季陶》至《喜雷儿至自日本》诸诗,后被陈训慈选入《天婴诗辑续编》。这其中,《赠戴季陶》《喜雷儿至自日本》在被选入时,分别更名为《赠戴天仇》《喜雷儿自日本归》。

我有《祈遐篇》,敢为长者奏。……丈人当少日,闭户勤圭漏。厚植自丰获,声誉跃曹耦。那知厄多才,蹇困遭天掊。一衿不成紫,劳劳五十九。……百年未为奢,八十非言售。……愿荐千岁膏,为丈绥且佑。"①

　　按,《鄞县通志·文献志》云:"(励綍)子振骧,字听和,光绪二十三年举人,年已五十九矣,遂不复进取。居家以经义教授乡子弟,翰翰一德,最称老儒,性和易近人,衣冠伟古,见者慝然生敬。年八十余卒。"②据"光绪二十三年举人,年已五十九矣",既能推知励氏生于1839年,又可确定《励年丈八十生日赋此奉寿》作于本年。

◎应任职京城之故知的多次邀请,老友冯毓孳在先生的支持下,于农历七月去北京谋生。

　　按,陈训正《哀冰叟五十八均并序》云:"本无四方志,宁有饥能驱。故人肯怜惜,殷勤抵素书。一回招不去,再四来促呼。吾亦忘君老,劝君毋蹰躇。世人皆欲杀,畴复相提扶。饿死事虽小,厚意宁区区。七月秋风来,送君上征车。"③

◎10月26日,先生与赵芝室等人特在府学明仁堂为即将离任的宁波警厅厅长严友潮召开留别纪念会。

　　按,《申报》1919年11月9日《严警厅长留别纪念会》云:"宁波警察厅厅长严友潮莅任两载④,现奉调去职,僚属等公饯于竹洲摄影留别。地方士民及各学校多有制赠伞匾及文辞者。严君所办之教养所艺徒,亦制泽及孤寒幛赠之。赵芝室、陈屺怀、励建侯三绅,特于上月二十六号,在府学明伦堂为严君开留别纪念会。是日到会者,有学生联合会、鄞县教育会、劝学所、工业研究会、翔熊工厂、县自治办公处、城自治办公处、小学联合会等各团体,学校则有第四中学、第四师范、效实中学、甲种商校、女子师范、佛教孤儿院、县

① 《天婴室丛稿》之二《无邪诗旁篇》,第93—94页。
② 《鄞县通志》第四《文献志》第一册甲编上《历代人物类表第二上·仕绩甲》,第248—249页。
③ 《天婴室丛稿》之四《哀冰集》,第188—189页。
④ 考陈训正《赠崇明严师愈叙》云:"崇明严君,长警厅于甬三年,能举其职矣,犹卒不中考而去。今又一年,而甬之警已两易长。夫职不分而求之备,既难乎其为吏,而任之又不久,则其所谓绩而备者,尚有能举之之日乎?"(《天婴室丛稿》之四《哀冰集》,第205页)两相比较,此所谓"莅任两载"云云,似误。

立第一高小、区立第二十一校暨私立柳汀学校、崇敬学校、宗文学校、轫初学校等，合计三千余人。唱欢送歌，来宾演说，严君赠言，卒乃合摄一影，以留纪念。重阳日，严君起程，官绅均往轮埠送别，沿途爆竹不绝，颇为热闹云。"

◎作《再赠魏伯桢》，其《赠魏伯桢》亦当作于本年。

  按，《再赠魏伯桢》云："嗟乎！国家建新八年矣，而法度犹未具。在官庸庸无创制才，其能者又多篡取他国成书，矜为莫尚，而不知其时与地之迁变。其害之所极，盖不仅意之执而已。……此言也，余尝于伯桢发之①，伯桢固能以己之意，而求适于天下者也。同而不为随，异而不为执，是贤。已复书以要之，伯桢必久而无忘也。"②

◎约本年十月，应同窗好友朱生之请，为作《朱母七十寿诗叙》。

  按，陈训正《朱母七十寿诗叙》云："始余从竹江袁先生游，袁先生有徒数百人，每对客，必称道及门，无如朱生贤。时朱生侍寡母，家居恒不出，余未识朱生也。明年，袁先生殁，余事柳先生于芳江。……朱生亦以母命来会，与余同斋舍。……光景忽忽，今又三十年矣。……今年十月，朱生之母许孺人七十生日，凡与朱生有连者，谋先期举觞称寿，而问礼及余。"③据《天婴诗辑·序》，可知陈训正自光绪十四年（1888）"始从竹江袁先生受诗"，由此下推三十年，是为本年。

◎大约本年，母顾氏（1847—1926）初得肺病。

  按，陈训正《先妣讣状》云："当母初婴疾，时年已七十有二，肺枵而微炎，医者皆曰以劳故。然心强，虽甚罢，尚能自持。素不喜服参药，谓草木何灵。久益玩之，有时亦稍稍起矣。凡困于床者八年。……母生故清道光二十七年十一月初二日，卒民国十五年夏

---

① 先生于《赠魏伯桢叙》云："予友魏君，治名法有声，尝一宰诸暨（笔者按，时在民国五年），其治主善感，不拘拘唯法是规。……其言法也，必衷情以出切人事，异乎世之凿法者之为也。……日魏君卒然命予曰：'将欲有闻于吾子。'因述夙所见于法之意者贻之。"
② 《天婴室丛稿》之三《无邪杂箸》，第157—158页。
③ 《天婴室丛稿》之三《无邪杂箸》，第168—170页。

朔二月初一日，春秋八十。"①兹据其生卒年推算而系之。

◎大约本年，先生作《诒张于相》，对张原炜（字于相，1880—1950）为文尚"洁"主张，予以严厉批评。

> 按，《诒张于相》云："于相之言文也，曰洁而已。余曰洁非尚也，润焉而已乎！今夫水，涧溪之涓涓，洁也；若黄河、若渤海，则浑浑者，非洁之谓也！……夫黄河、渤海，导其原者，昆仑也。昆仑之原，未始非涓涓者也。……于相之不能河海，其润之量不足耳！量不足，润不能成河海。仲尼有言：'四十五十而无闻焉，斯亦不足畏也已！'于相今年四十，使于相而犹以涓涓者限也，余亦何畏乎于相！"②

民国九年（1920）　庚申　四十九岁

◎老友冯毓孳客死北京，噩耗于农历三月间传至宁波，先生特作《哀冰叟五十八均并序》以致哀。

> 按，先生于诗序云："冰子讳毓孳，字汲蒙，姓冯氏。性伉爽，好直言，以是忤世蒙訾，晚年益失志，凉凉于行，因自号冰子。与余交三十年，既老，依余居愒园，主薛楼文社一年，穷不能自存，走京师，为所识显宦者司笔札，又一年旅死。赴至，余牵事奔走不果，哭以诗。冰子喜余诗，尝曰：'他日先子死，必子诗来哭。'余戏诺之，以为冰子财中寿，未遽死也，今竟死，余亦待死者，可不宿诺？庚申三月，哭冰子诗既成，并识。"③

◎农历三月，久未联络的老友虞和钦（1879—1944）自山西来信问候，先生遂作《酬自勋》以答之。

> 按，诗前自序云："自勋，寒庄之族。余于灵岩诸虞，识自勋最早。飞沉既殊，声欬遂闲。庚申三月，自勋忽自山西厅署贻诗及余。野老捧珠，喜极而涕。情之所动，哀乐俱缘。因申感概，答以

---

① 《天婴室丛稿第二辑》之一《塔楼集》，第31页。
② 《天婴室丛稿》之三《无邪杂箸》，第160—161页。
③ 《天婴室丛稿》之四《哀冰集》，第187—188页。此诗并序后又被陈训慈选入《天婴诗辑续编》。

此辞。"①

◎初春，三年未曾谋面的老友虞辉祖，自北京来信，先生答以《得寒庄都门书奉答兼告近况》诗三首。

按，《得寒庄都门书奉答兼告近况》云："故人知我无好怀，茗蒂都门有书来。抑抑愁华春未放，凭君浇沃为催开。（其一）　别君舟舟忽三秋，闻在长安事俊游。倘念人间有高贱，应怜王粲日登楼。（其三）"②茗，义为新春最先萌芽冒头的植物。

◎春，先生作《窟居》诗十首。

断定《窟居》十诗作于本年的依据，一是该诗被先生收录于《哀冰集》中，且先生自称《哀冰集》所收，皆作于本年春夏两季；二是该诗之十，明言"门外春如海"。这十首诗，既洋溢着陈训正怀才不遇的自悲自怜，从中又可得知：(1)次子建雷刚从日本留学归来。"吾有四犬子，其仲曰阿奋。少亦读父书，那知时可徇。迳自东海归，其言都不顺。"（第八首）(2)第三子建斗，似乎有负先生的期望。"阿曜年十五，久放时已失。驱之入市廛，或能逐什一。得钱完死生，所望亦非溢。强父待弱男，此情痛欲绝。"③

◎农历四月，先生应其弟子刘考满之请，为作《鄞江徐翁七十叙》。

按，《鄞江徐翁七十叙》云："始余莞乡校，与鄞之人接，鄞之人往往称述其乡之贤，能散义淑群负作育大情而耄无解者，曰鄞江徐先生原详。……既余弟子刘生考满，将贡太学而不能自举资，一日，忽辞去，曰徐先生许我矣。余因询徐先生之为人，刘生曰：'徐先生者，勤人而克己，息息务于义而不自功者也。……资其力得不废所学而矫然有以自立者，盖亡虑数十百人云。'……刘生又言：'去鄞江二十里曰后龙，后龙之水披万山而下，溪窄，不任流，居民众，逼岸而屋，每洪发，暴流冲岸……不没者仅版瓦……徐先生黱然曰：独不可改其流乎？乃怀巨金，逆舟上……村人亦感泣曰：唯徐先生命。徐先生于是相与共议迁流改堤之法，均其输，壮者以

---

① 《天婴室丛稿》之四《哀冰集》，第194页。虞和钦，仕名铭新，字和钦，又字自勋。
② 《天婴室丛稿》之四《哀冰集》，第193页。
③ 《天婴室丛稿》之四《哀冰集》，第190—192页。此诗后又被陈训慈选入《天婴诗辑续编》。

力,富者以财,旬月而功集。竟役,徐先生输独多,后龙人至今以为诵。'徐先生无子,既尽所蓄泽其乡,乡之人皆父事之。今年七十矣,刘生介其乡人来征辞,遂书以付之,且告曰:'徐先生之为人,有可自寿者在。若夫世俗所称七十八十,纵百岁,亦乌足为徐先生荣哉!'庚申四月,慈溪陈训正叙。"①

◎农历四月间,先生散步枫阡,相继作《枫阡晚步有感贱所见》《晓登枫阡用前均复贱所见》诗各三首②。

　　按,《枫阡晚步有感贱所见》之一有诗句云:"四月新水活,苗尾乘潮上。欹梁一笠间,老渔方待网。"

◎7月中旬,先生作《夜大雨不寐》:"袭夜天阴沉,大雨倾蓬瓦。街衢出鸣蝈,故故殊未下。惊风飒梧枝,隔窗秋可贯。湛伏无好怀,对此益悸咤。苕带忽三更,忧多梦亦寡。床头淅沥声,入耳心能写。披衣惊起视,高愁破栋罅。"③

　　按,《鄞州水利志·大事记》民国九年条云:"7月中,大风暴雨,四明诸山石崩岩裂,洪水数道并下,冲毁庐舍、道路,淹没人畜不可数算,以大咸乡尤甚,二月后暴洪又作,重灾之下民生凋矣。"④

◎暑日,先生时或受邀参加由老友钱保杭、张原炜等人所组织的"般吉集",并在与洪佛矢书信来往中(即《答洪佛矢》)详述其事。

　　按,沙茂世《沙孟海先生年谱》1920年暑期条云:"与冯都良、徐公起(可燥)、陈行叔、俞子怡、葛夷谷同住在效实中学,讲述文史,并请冯君木、陈屺怀(训正)、张于相(原炜)等前辈作指导。钱仲济先生(保杭)与陈彦及先生(训恩、布雷)短期亦来指导。因效实中

① 《天婴室丛稿》之四《哀冰集》,第198—200页。《鄞县通志》有关徐原详的记载,部分与《鄞江徐翁七十叙》同,详参《鄞县通志·文献志》第二册甲编中《人物类表第十·义行》,第639—640页。近见徐林来《鄞西乡贤徐原祥》,既称"徐原祥名学涛,以字行,鄞江镇光溪村人,生于1851年,卒于1923年,享年73岁",又云其膝下有二子(文载《鄞州文史》第十八辑,第36—41页),凡此种种,皆有别于陈训正《鄞江徐翁七十叙》,未知孰是。

② 《天婴室丛稿》之四《哀冰集》,第195—196页。

③ 《天婴室丛稿》之四《哀冰集》,第202页。

④ 《鄞州水利志》之《大事记》,宁波市鄞州区水利志编纂委员会编,中华书局2009年版,第836页。

学校址在宁波城西般吉巷,此次活动被称为'般吉集'。陈屺老有诗记其事,编入他的《天婴室丛稿》中。"

《答洪佛矢》即其所谓"记其事"之诗,其辞云:"辱示知起居大适,诚慰。仆自别佛矢,习静般吉巷,冠者六七人,挈以俱来,老友中济、于相、仲邕实主,余、君木闲一过之,两弟彦及、行叔,朝夕并首,长孙辟尘方七岁,踵阿翁至此,留旬余方去,其顽响可破屋栋。今日之集,不意而甚乐,惜乎吾佛矢不与也。日所课亡定程,任自择,唯范围文与史,不涉他科学,计住此四十日,饮酒而外,吟诗酣眠而已。选伎拥掷游戏之事,屏绝既久。……此四十日中,于相出巷门才三数日耳,其所操可知。"①

◎农历五月,旧友鄞县人翁传泗(1878－1920),因饮酒过度而暴卒②;先生既作《哭翁二》诗四首,尔后又撰《翁处士述》。

按,《哭翁二》开篇就是对夏日景物的描写:"回风吞白日,万岚生夕苍。郊外乌乌乐,陇上楸槚长。"又考《翁处士述》云:"处士名传泗,字厚父,姓翁氏,居鄞西鄙。为人朴讷和夷,余与交二十年,未尝见有怨怒容……尤好振施,呼门者无不应而自奉约,夫人钱尝笑提处士衣视客曰:'此非二之服耶? 已三缀矣!'二处士行,与游者,皆以二字之训。……性嗜酒,一日访兄京师归,过饮,失血卒,年四十有九。邻里哀之曰:'唏如处士者,曾不下寿,为善者惧矣!'"③

◎8月20日(农历七月初七),先生作《七夕》《乞巧》两诗,借以抒发亲人离别之苦。

---

① 《天婴室丛稿》之四《哀冰集》,第210—211页。

② 按,张原炜《蒟里膡稿》卷一《翁厚父墓碣》云:"今年夏五月,予在杭州,闻友人翁厚父以疾殁。……先是,君自京师谒其兄归,一日方举酒,自云小却,夜二鼓,呼腹痛剧甚,遂以卒。……其卒以民国九年五月某日,年四十又三。"年四十又三,陈训正《翁处士述》作"年四十有九",此从前者。

③ 《天婴室丛稿》之四《哀冰集》,第196、200—201页。对于传泗赴京及速死的前因后果,《鄞县通志·文献志》载之甚详,其《人物二·人物类表·节概》云:"传泗兄传洙有子文灏,治地质学,有重名,奉父宦京师。一日,传泗念兄切,往访兄京邸。时文灏门下颇盛,贵游宾朋往来尤殷,不得常侍奉父叔。传泗心闷兄孤寂,不忍舍去,性好酒,日与兄痛饮,比归,得失血症,益郁郁寡欢,谓其客曰:'吾今始知贫贱家庭之乐矣。'"

按,《七夕》云:"织女嫁牛郎,年年今夕度。年年有今夕,更觉别离苦。"而《乞巧》亦云:"七夕日佳期,明朝有离别。"①

◎业师柳镜斋病卒,先生受托为撰《柳先生述》。

按,《柳先生述》云:"训正童卝侍游,长益相亲,形景周旋,不可离析。……先生讳某,字镜斋……卒民国九年某月日,享年六十有几,葬某原。先时孤子发将赴所知,以状属于训正。训正知先生盖详,后死之责,不能弸忘。爰诠叙先生行谊大略,用告当世有道之碑,敢俟大雅焉。谨述。"②

◎先生作《与赵林士》,恳求好友赵家艺(1876－1925,字林士,排行第八)为其两儿介绍工作。《寓夜坐月忆赵八》诗③,据其内容推断,大概就作于殷切期盼赵氏回复之际。

按,《与赵林士》云:"八兄足下:沪上人来,辄言足下拳拳故交,怜仆久困处,欲援而出之。……仆今年四十有九,余光虽耿,不能以倍,粗衣疏食,取足苟完,即终岁道路,犹可丏活。所悲者,两儿已成人,乃亦共我蜡食橧壤,少年锐气,折之将尽。足下思之,宁不惜哉! 近世人情,最轻文士。两儿既少门势,所学尤孤冷,非世所须。……某方文书之职,闻尚未定。君墨在甬时,曾与言之,彼亦许仆为地,然中原只此鹿耳,逐之者千百……倘非足以重为之介,则环而牵沮之者,宁无其人乎! ……足下试为仆一图之!"④

◎自春至夏,先生相继作成《乌曹歌》《都厩篇》《感事(三首)》《古意(三首)》《驱鼠》《将就人(二首)》《晚车》《逃炎》《重有感(二首)》《为章生阎题巨摩室读书图》诸诗,以及《鄞北李氏惠族(词)[祠]记》《赠崇明严师愈叙》《袁先生传》《文学袁君传》《李母挽词》等文,并皆录之于《哀冰集》(全集共计31篇)。

按,《哀冰集》序云:"少日自负许,谓士生斯世,诗文而外,自有事业在。故偶有所述,辄弃去,不甚爱惜。今已矣,四十五十,忽忽

---

① 《天婴室丛稿》之四《哀冰集》,第 209 页。
② 《天婴室丛稿》之四《哀冰集》,第 213—215 页。
③ 《天婴室丛稿》之四《哀冰集》载曰:"一更二更三更阑,四顾清清万虫闲。安得徂魂生远道,提携明月与君看。"
④ 《天婴室丛稿》之四《哀冰集》,第 215—216 页。

无闻,自念生平,舍此无复高世,因立斯集,以时次弟,徂春历夏,都得诗文若干首,题曰'哀冰',识所始也。庚申七月,玄公记。"①

◎先生作《白衣院屠母功德碑》《书屠母碑后》两文,用以感谢鄞县人屠用锡对佛教孤儿院的赞助。

按,《白衣院屠母功德碑》云:"民国六年秋,四明僧之高者,称其先德天童敬安上人之遗志,议于城北白衣广仁讲寺建院收恤孤儿,用推其教义,而又以余之淑,其人也,謫主其事? 既举三年,六邑之孤者来益众,所会材不苟于用,院且废隤,余与诸山戚戚忧之,方以为莫之继也。一日,鄞屠君赍千金来,称曰:'用锡不能事亲,奔走四方,无得于晨夕。今岁吾母七十,用锡始念母之劳劬,将会朋僚姻娅,谋所以为娱,顾以母命,不许靡靡蹱俗之所为,而责用锡能效于群者务之。用锡不敢违,谨奉千金以致,盖母志也。'余于是乃率诸孤者,拜辱贤母之赐……众曰:'是功德,不可忘。'乃砻石碑于院,而余为之文。……九年某月,慈溪陈训正记。"②

其《书屠母碑后》云:"余友屠君康侯,笃于事亲。母氏张,贤而知礼,年七十矣。屠君欲为循俗举庆,母不可,曰:'必不能已,毋效靡靡者之为也。'请其意,曰:'吾闻城北白衣院收恤孤儿,且众赍不举。恤孤,吾意也。'于是屠君遂移其宾客宴会之费千金,将母命来致。呜呼! 此可谓情至者无备礼,敬至者无备辞也。屠君远矣,可以风国俗。既为立石纪功德于院,复申论其事如此,盖所以咏叹屠君母子之德靡已也。"③

◎9月,李平书等人创建上海民新银行,先生特此作《为某银行创立作颂》:"上海一隅,高阛骈起,异帜弘张,盖尤为五都之会,四国所瞻者也。某君鉴百业之就衰,知独营之非计,意摹心纂,垂垂及期,响附景从,骎骎以大。本互助之精神,开无前之事业,因势利导,无横决之虞,厚集厥锋,有勿摧之锐,乃于沪市辟某银行。载道德而行贾,群拜端木之风;传货殖而论人,独钦

① 《天婴室丛稿》之四《哀冰集》,第187页。《哀冰集》中的《乌曹歌》《都厩篇》《感事(三首)》《古意(三首)》《驱鼠》诸诗,后又被陈训正本人选入《天婴诗辑》。
② 《天婴室丛稿》之五《秋岸集》,第229—230页。《白衣院屠母功德碑》,《鄞县通志》第四《文献志》第七册戊编下《艺文三》题作《佛教孤儿院屠(用锡)母功德碑》。
③ 《天婴室丛稿》之五《秋岸集》,第232页。康侯,乃屠用锡之字。

白圭之守。敬为祝曰:绥尔力,厎国通,辑尔贿,跻市雄,维万有业,尔其功。"①

按,《申报》1921年3月26日《民新银行开幕》云:"民新银行于去年九月间组织成立后,即自行建筑三层楼洋房于河南路一八三号,经营数月,于本月初始告落成。昨日为该行开幕之期②……该行经理冯芝汀前任华孚副经理,信用颇著,副经理冯松雨为美国哥伦比亚大学经济科文学士,办事认真,尤精稽核,该行将来营业之发达,可预卜也。"

◎秋,先生至杭州,期间应新友许修介之请,为来年许父七十寿诞作《天台许翁寿辞》。

按,《天台许翁寿辞》云:"庚申之秋,余道武林③。有彦者许修介来见,辞貌既接,情意渐沦,宵谈竟昕,遂深契致,乃称于余曰:'某天台下士,修名未立,愧无方闻,彰我家德。年事卒卒,奔走及壮,自念终窭,靡克显扬。事亲长年,不知所谓。惨惨门荫,沮颜无地。明年吾父七十……敢请大雅,用以为教,某实获幸焉。'余既诺之,遂叩其所欲言而为之辞。繁称泛引,盖以述德,因事致敬,勿嫌匪古。"④

◎秋日某夜,先生读亡友应叔申诗,不胜伤悲,遂作《金缕曲》。

按,该词既然被录入《秋岸集》,自当作于庚申八月至十二月间,且其序明言:"秋夕,忆亡友应叔申诗,泫然赋此。"⑤

◎10月24日,先生作《菊赋寿冯止凡同年》。

按,该诗序曰:"岁九旻之莫月,始霜之旦。群竞既歇,老圃回

---

① 《天婴室丛稿》之五《秋岸集》,第235—236页。
② 《申报》1921年3月17日《民新银行开幕纪》却误系其时于3月17日。
③ 在作于1929年深秋的《秋来不雨三月,湖上风物俱非,日夕游瞩,感叹成咏,先后得十首》诗(见录于《缆石秋草》)的第八首,陈训正自注:"余寓塔山,时题所居阁曰听烟,不到已八年矣。"据此,可知陈氏于1921年到杭州时住在塔山,并名其居处为"听烟阁"。又,《天婴室丛稿第二辑》之五《紫荑词》所录《最高楼》小字注:"余客杭州,主宝石山王氏寓馆,馆后一小阁子,余所居也。戏用大通、同泰例,切天婴二字,题曰'听烟'。客问:'烟可听乎?'余曰:'固惟其无声而听之,无尽也!'并占此解,示之。"
④ 《天婴室丛稿》之五《秋岸集》,第225页。
⑤ 《天婴室丛稿》之五《秋岸集》,第241—242页。

香。有皓一士，空山独啸。歌弦之暇，课锄自灌。于时日精效节，作作都华，玉蕤荐畦，金枝被路，可以共夕飧，可以托朝兴。世外神仙，不知有汉；眼前玉雪，相视成行。其为乐也，莫或如之，况复投春之妇，含饴偕来，俪影婆娑，尽兹佳日。则虽高年耆德，可证之图咏，而雅人澹致，固无假乎丹青也。因献菊赋，以寄美叹，盖匪直制龄益祚之为祝而已。"①而是年霜降，时在本日，故系之。

◎盖受先生之托，省议员张原炜于11月1日（九月廿一）建议将宁属甲种工业学校改归省立。

> 按，《时事公报》1920年11月2日《甲种工业学校改归省立之动议》云："宁波省议员张原炜昨为甲种工业学校改归省立事提出建议案云：'……兹据校长陈训正迭称经费支绌，无力维持，万一以款绌之故，遽尔停止，是并此区区之一校，将亦不能保全，议员等为教育前途计，所以不能不提出本案者也。'查宁属工校……每年所负至八千余元之多。陈校长道德文章，夙为乡人所信仰，其人又勇于任事，所有校中各项负欠之款，皆由陈校长私人名义担任，现在积负过多，无从筹措，最后办法，惟有将该校停办。当此工战时代，各处方提倡工业，又省中既有专工各属，应有甲工以辅佐之。宁属工校经陈校长整顿振□，成绩卓著，历次视察员均有优许之保证。有此良好已成之学校，坐令以款绌停办，讵不可惜？为此，援据本会暂行法第二十五条提出议案，拟将宁属工校改归省立，由教厅派员接收，并附预算表一份。是否可行，惟希公决。"

◎11月2日，前宁绍台海防兵备道喻兆蕃（1862—1920）卒。先生特作《哭萍乡》《喻斋记》两文加以悼念。

> 按，《哭萍乡》之序云："萍乡喻公讳兆蕃，字庶三。清光绪某年，以翰林院庶吉士改外，守吾郡。其时吾郡风尚塞陋，民鲜通达，搢绅先生多蔽于举业，而鄞尤甚。……守者百辈至，未始无贤者，然卒不能夺其俗之陋且顽。公至一年，广咨博求，得其故，稍进各属士之材者而任以事。时余与同志倡宁波府教育会，请公指。公

---

① 《天婴室丛稿》之五《秋岸集》，第227页。冯丙然字止凡，鄞县人，曾任浙江省临时参议院副议长。其孙女苏青（冯和仪）善小说，与张爱玲齐名，合称"文坛双璧"。冯氏亦于光绪二十八年中举（《鄞县通志·文献志》第四册乙编《选举》，页1077），故曰同年。

曰：'是不可缓。'为转闻部使者，以明令行之，举中国莫之先也。会既成，竟郡之属，得学校三百六十余所，风且一变矣。公守郡四年，擢任宁绍台海防兵备道，仅一年，以母忧去官。国体既改，遂不复仕。……余生平所与游，无若公之知我也。方图道西江，冀一面公，诉余积感，忽得告公以民国九年十一月某日殁于里第。已矣，已矣！成连既死，谁复与弹？嗟哉！余生长此终古，遂畀其私，成三十二韵。天壤有灵，知为余喟。"①

而《喻斋记》云："会稽之分地，毗海者类通脱，占风气，独句甬东自古朴塞，图野如山乡。海通以还，甬为中国五大商港之一，风气稍殊矣。顾其士重邦献，规旧白首穷举业，终不舍人文之壿化，故亦唯甬为陋。当先朝初议改制，天下智识之伦，罔不盱盱起谓：必若是，乃可责士效为国用。而甬之人翻疑其事之未果真，恐恐然若猛兽毒蛇之将至。呜呼，何见之愊而多乖也！自萍乡喻公来守吾郡，稍稍用材望，推选各属士，任以教化之事，于是朝之新令，乃始得行于甬。甬故以商雄于国者，公至一年，富者相劝勉，助公兴学，匝郡之竟，遂有学校三百余所。夫甬自置郡，守者先后至，美寀百数辈，卒不能夺其俗陋，而必待公乃兴，风气之目，果人为之与？先是，公言于宁绍台道某公，改道属崇实书院曰府教育会，院故道治西偏地，当后乐园南，所谓云石山房者是已。余居是，主办学务凡若干年。及公擢任本道，朝夕过从，讲论益劝，推行教化亦益广，顾不及六月，而公以忧去官，国体亦旋更矣，曩所与公朝夕讲论之徒，徒以无人焉为之提扶，各抱其利器，弃所业，散而之四方。余独以无能用世，犹守其地，闭户教子弟不去，晦明风雨之中，往往窨寐恍惚，忔然于前日事，辄一念公，以为终今之世，无复有公者，因颜所居室曰'喻斋'。今又更五六年，余不能终守其地，公亦前死，天下汹汹，益复不知有教化事。然甬之俗，且日益通脱，泛然而靡所届。信乎，公可死而余可老也！"②

◎12月5日，先生被推选为慈溪县教育会的候补评议员。

按，《时事公报》1920年12月7日《教育会大会记略》云："慈溪县教育会此次审查会员……又评议员次多数候补者十人：冯有森、

---

① 《天婴室丛稿》之五《秋岸集》，第237—238页。
② 《天婴室丛稿》之五《秋岸集》，第239—241页。

杨睿曾、叶起鲲、陈训正、钱经湘、应开忠、钱□群、周毓如、陈崇蕃、裘元吉。"

◎12月18日前,先生将宁属甲种工业学校改归省立的提议,遭省议会否决。

　　按,《时事公报》1920年12月18日《工校省立案之查报》云:"宁波工业学校校长陈训正前以该校经费支绌,势难支持,缮具请愿书,于本年上届开临时会时,请予提议,改归省立。……业由庶政股审查报告到会云:查宁波私立工校开办以来,成绩卓著,如因经费支绌,中途停办,殊属可惜。该校陈请该归省立,似可照准,然恐其他私立学校援例陈请,则省税有限,将何以对付?故认本案不成立,但该校经费无着(前具《请愿书》时已亏负八千余元),事属实情,若不予以相当补助,其停办也,可立而待。此岂公家提倡教育之道?故拟酌加常年补助费若干元(按照《补助学校费规程》第五条应得补助费五千余元),借资维持。查《浙江补助学校经费规程》第四条,请求省费补助之。县立及私立学校经省长核,与第二条规定相合者,酌定补助费额,编入省地方预算书,交由省议会议决补助之规定。本案既非省长交议,无从增加,似应由该校呈准省长另案办理。是否有当,仍请公决云。"

◎鄞县人傅宜耘(1863－1938)为缓解佛教孤儿院的经费紧张,远赴南洋募捐。为此,先生特作《赠傅老叙》以志其事迹。

　　按,《赠傅老叙》云:"鄞傅老宜耘,居廛六十年,有子克其家。傅老曰:'吾于家亡虑,吾将虑世,顾世何事而当吾虑耶?'闻余与诸山兴白衣院收恤诸孤无告之民,喜曰:'此吾事也。'走就余,会院中资未集,余与诸山方皇皇无措手,傅老曰:'是何难!'挈装囊私金别余去,之南洋列岛,投某寺,受五戒,发誓愿徒行告募,遍叩吾国人之侨其地者,期年得二万金归。行旅舟车饘粥之需,计亦千余金,皆身取之,无与于院。……(傅老)以象著之年,忍嗜欲,别妻子……出其数十年劳汗所得,抱慈悲教义,赴万里荒远不测之乡,效佛者所为,投门乞食,为穷民诸无告者谋所以养……非见理明更事多者,孰肯奋而为之?……天如不废吾院,他日者,吾两人得见吾院婴婉之儿皆壮强成立,各抱吾子之心,赴义四方,则虽尽天下之孤而院之不难也。然此亦安能必得者,姑与子张言之。"①

又,陈训慈《陈君屺怀事略》云:"其募集基金,除充分联系地方知名人士张传保(申之)等及旅沪之甬工商界人士外,并推释氏安心头陀为募捐董事,几次去南洋向侨胞募集巨款。"此说显然与事实颇有出入。

◎十二月,先生协助汤节之等人创办《商报》于上海,并任《商报》总稽核。

按,陈训正《上海商报五周年纪念宣言》云:"本报自刊行至今日五年矣。……余之于本报,亦负奔操奋之一人,共其苦辛也久矣②。于是日也,不可无辞。本报之细缊,实始于民国七八年间,主发者为番禺汤君节之。汤君既以商为褐橥,于是商于海上者,皆前唱邪而后唱许,其声甚跫跫也,接余耳者且二年,已而寂然,问其由,则知向之所口者,俱未尝肯诸心,故诸所举资,未能践信于其口。窃题汤君之所为而惜其中沮,因与亡友赵君林士谋所以伙成

---

① 《天婴室丛稿》之五《秋岸集》,第233—235页。对傅氏此一善举,《时事公报》曾多次详加报导,如1922年5月14日《傅宜耘再为孤儿请命之成绩》云:"宁波佛教孤儿院院董傅宜耘(字砚云)君,前为该院孤儿日益增加、经费不敷,再赴南洋群岛筹募基金,于夏正二月二十日带同教育家吴铭之及孤儿院生沈孝耕(系赴南洋习业),自甬搭轮启行,于三月初二日至香港候船,初九日始趁燕南号轮赴星加坡,于十五日抵埠,即寓该埠丹葛路普陀寺内,休憩数日,即出募款。……又今日适为该院五周纪念,并傅君六十生辰,故院中举行游艺大会,以志庆贺云。"又如1922年10月2日《孤儿院董赴南洋募捐之经过》曰:"宁波佛教孤儿院院董傅宜耘君,重赴南洋,□募院款,所有逐次报告捐数,及不日返甬各节,已迭志本报。兹闻傅君于未曾赴南之前,曾觅得宁波黄道尹、前孙监督、金检厅长、姜知事、张让三、陈屺怀、赵种青、沙孟海、葛夷谷、张辟方、蒋东初、蒋履贞女士……书画诗联多种……携往南洋,分赠与慨助巨款之人……惜因抵南以后,适值商市衰落,致所集捐项,未能满意。"又,1922年10月17日《孤儿院生欢迎傅院董返甬》载曰:"宁波佛教孤儿院董傅宜耘君,前由南洋来函,谓于八月初旬准觅轮回国等情,已志本报。兹闻傅君业于前日抵沪,略将所筹捐项,接洽一切,即于昨日趁□宁绍轮返甬,该院教职员等,闻此消息……爰率同全体孤儿,抵埠迎迓,军乐洋洋,导之进城云。"

② 《浙江日报》1943年10月27日余德《纪念新闻界前辈陈屺怀先生》云:"《商报》之所以有标新立异的创造,迎合大众的要求,这不能不归功于陈屺怀先生的惨淡经营,苦心筹划。当时该报发行人虽为汤节之先生,而实际上负责的都是陈氏,他担任了主编的工作,综合全报的事务。……而《商报》之地位,终因陈氏之努力,从此为国人所知矣。"

之。会赵君有大经营于沪市,方魁率众商,一言相假,百废具起,本报乃遂于九年十二月某日建始流布。"①

又,《陈布雷回忆录》民国九年条云:"汤节之君发起《商报》于上海,以资金久不集,未出版。大哥及应季审君闻,而为言于上海证券交易所赵林士先生等,出资助成之,设筹备所于宁波路,约余为编辑主任,自十月起开始筹备,以阳历一月一日正式出版……初出版时之编辑部同人,有潘公展、潘更生、邝逸虎、陈铁生诸人,大哥任总稽核。"

又,沙文若《陈屺怀先生行状》云:"九年冬,复之上海。友人有创办《商报》者,聘先生及其从弟布雷分掌经济论评之事,纠弹北洋军人,宣扬国民革命。论者谓北伐之役,江左诸州县望风辄下者,《商报》言论启牖之功,盖不可没。"

又,陈训慈《陈君屺怀事略》云:"九年冬,君复至沪上,与赵家艺、应季审等创办《商报》,君经理其事,聘从弟布雷为主笔,潘更生、朱宗良等分任编辑。《商报》新成立,君为发凡起例,主持大端,秉民初革命之初旨,导同仁放论政治,纠弹北洋军阀,诋斥列强侵权。及北伐军兴,东南州县望风底定,时论以为激发人心、推进革命,《民国日报》等报刊之外,《商报》言论,亦与有启牖之功云。"

又,赵志勤《赵林士系年要录》1920年条云:"是年秋,陈训正自宁波来沪,意欲创办《商报》,相商谋筹资金,君因吁请沪上商界人士共力举资,事成,推陈训正经理其事,聘其仲弟陈布雷(笔名畏垒)主笔政,《商报》乃于十二月某日刊于上海。"

◎作于民国九年(1920)八月至十二月间,后被收录于《秋岸集》的诗文尚有《赠朱生炎复》《寄圆瑛法师北京,用遗山答谦长老韵》《禾将熟,忽大风雨,三日夜不止,愁叹赋此》②《秋岸野薇花犹放,越夕风雨即萎,用遗山荆棘中杏花均》《过北门吊新死者》《见陌上余李感赋》《食瓜用老杜园人送瓜均》《秋洪发后述客谈》《宿白衣寺和遗山秋夕韵》《义行陈君墓舍记》《答客嘲》《重有叹(三首)《明日又作》③《孤酒》《王孺人述》《和南丰苦雨韵》《客有劝为

---

① 《天婴室丛稿第二辑》之一《塔楼集》。
② 这其中的《赠朱生炎复》《寄圆瑛法师北京,用遗山答谦长老韵》《禾将熟,忽大风雨,三日夜不止,愁叹赋此》诸诗,后又被陈训慈选入《天婴诗辑续编》。
③ 这其中的《禾将熟,忽大风雨,三日夜不止,愁叹赋此》《重有叹(三首)《明日又作》诸诗,后又被陈训正本人选入《天婴诗辑》。

京汉游者,作此奉答其意》《城头月》《双双燕·望海》《好事近(二首)》。这其中有部分诗文,例如《秋洪发后述客谈》《宿白衣寺和遗山秋夕韵》,显然作于秋季,但其具体写作时间似难确定。

按,先生明言其《秋岸集》所录文章之作年,"起庚申八月,讫十二月。"①

民国十年(1921) 辛酉 五十岁

◎宁波佛教孤儿院成立以来,因办学成绩突出,受到《时事公报》的特别关注和报导。

按,《时事公报》1921年1月5日《保荐孤儿习工商业》云:"宁波佛教孤儿院由陈屺怀、圆瑛等创办以来,已有三年,收养孤儿原定六十名,去年因入院者之要求,乃增加至八十七名。兹闻该院从去年到今春,保荐孤儿赴各地学习工商业者,计有十七人,调查其姓名及学习地点如下:李保德,上海咸茂米行;周声甫、祝昌良、俞品、郑传荣,上海振丰棉织厂;吴世昌、王文安,上海中华图书馆;郑祥寿、张根法,上海姜宝兴洋衣店;李树德、沈孝耕,宁波工厂;徐清瑞,宁波裕大;王宝根、邬春苗、申丰沛、王祥金、戎瑞华,上海商报馆。"

◎暮春,先生为友人鄞县江义均作《江母七十寿辞》。

按,《江母七十寿辞》云:"岁辛酉春之季月,有贤母曰王太夫人,七十举庆。太夫人者,余友江义均之母也。……(义均)曰:'……先府君以进士供职刑部八年,改官知江西永新县事,廉明纯约,以不得于上夺职。巡抚使者某公,察其枉,檄回永新原任。先府君激发知己,欲以身殉职。吾母以为非其时,时多巧宦,温良者终必诎,不如归。先府君然之,遂谢归,未一年,即弃养。呜呼!自义均之为孤子也,逮今又十三年矣。……义均虽终困于世,不敢一日忘吾母之教。'……余既为《介雅》四章歌太夫人之德,复书此归

---

① 此外,《秋岸集》又录有《蹋莎行(二首)》及《百字令·自题诗卷》,且明言"录旧作",但未知究竟作于何时。

之，倬义均有以劝其继也。"①

◎6月，六妹若华(1895—1921)病逝于上海。

按，《陈布雷回忆录》民国十年条云："六月，六妹在沪寓逝世。
六妹身体本亦虚弱，嫁后操作劳，渐不支，六月间以湿热症殁于其
年，予闻讯临视，已不能言矣，助(马)涯(民)兄为料理其丧。"

◎约8月间，先生作《工校十年度豫算表书后》，深以办学经费不足为忧。

按，《工校十年度豫算表书后》云："右表据上年度决算增削而
为之。……余役工校，于兹九年，岁亡不绌，此犹其小焉者。自二
年承职，至七年，计六匝年，积负万有七千。旧者未偿，新者无所
贷，不得已，尽货校产慈北沙地以抵，然尚不足二千。八年，江北路
捐以无美停发，于是岁又短三千，合豫算所绌，当在六千以上，而校
之用费已刻，又无可节减。陈愿于省，主者漠然，议者且龀之。至
今年春，始许增给补助费一千。岁绌之数虽小，犹在四千以上。而
二年来，新所负者，计且及万。往事姑勿问，来日大难，何以图其
继？俴小如余，当此重寄，力不能强，终见绝膑。欲谋逃责，又悲无
地。且十年劳瘁，小有成功，一篑之覆，已具始基。余即欲弃之而
不顾，而校内外之责备不贳也。飘摇风雨，尽我绸缪，舍求助外，更
有何策？所幸交游之中不少豪士，将伯之呼，同此声息，必不忍余
瘏口而亡听也。敢举先后困苦情状，毕诚以告，惟览者勿视为故
事，而幸察焉。"②

◎夏末，先生去弥勒院访太虚讲师，因作《弥勒院访太虚讲师，时师将赴
北京》诗，以志其事："不见阿师忽三载，白云飘渺尚人间。前身明月秋之半，
出世高文古以还。宝石山头一为望，金松林尾杳难攀。来朝又控京尘去，寥

① 《天婴室丛稿》之六《逃海集》，第247—249页。《鄞县通志·文献志》甲编《历代人物
类表第二上·仕绩甲》则云："江仁征字定甫，光绪十六年进士，官刑部十余载，自请
改知县，授江西永新。永新号称难治，仁征一以诚接之，民感其仁恕，相劝为善。
……仁征在官仅十阅月，为忌者所伤而去……及祥符冯汝骙抚赣，察其枉，檄仁征回
永新任，仁征以病辞，……卒不赴。"两者虽有异同，却可相互发明，考订出江仁征的
生卒年及其他。
② 《天婴室丛稿》之六《逃海集》，第263—264页。

廓巾袍未是闲。"①

按，《现代佛教学术丛刊》第 86 册《民国佛教年纪》民国十年条云："九月，太虚在北京讲《法华经》，周少如编《讲演录》；又为蒋维乔等讲《因明论》，并扩大组织金卍字佛教筹赈会。"准此，则先生此诗必当作于夏末。

◎9 月 17 日（农历八月十六），继上海之后，宁波亦成立证券交易所。稍后，先生作《市箴二为甬交易所作》。

按，《逃海集》载其辞云："于古有闻，日中为市。爰立之平，物论攸寄。……裔海之雄，存我先制。消息盈虚，惟义之比。邦人有叶，推暨厥美。着沪能效，甬图其继。呜呼！惟诚克孚，匮则匪恃。惟孚克众，颜欲则靡。毋雠毋贼，毋罔独利。罔利弃众，彼惛亡智。幸时贼功，获亦廑矣。惟尔明嘉，实淑斯世。永固弘基，昭兹执事。不将日息，胥来受祉。俾尔有复，出入视此。"②

考陈炳翰《洁庵吟稿·记交易所事》自注："八月既望，吾邑交易所成立。是夜火起大门外，彩牌楼付之一炬。幸人众旋即扑灭。"③是知宁波证券交易所成立于农历八月十六，即公历 9 月 17 日。

◎初秋，先生作《湖上访范均之养疴灵峰》。

按，诗中有云："多病故人此高卧，入秋风物有余哀。"④

◎初秋，先生作《雨夕湖楼独眺》。

按，该诗虽然被收录于《阏逢困敦集》，但先生自注曰："录辛酉旧题壁。"且诗云："入夜雨初收，独来山外楼。虫声草闲活，月意树梢流。杨柳谁家笛，木兰何处舟？等间心与目，作作欲生秋。"⑤

◎10 月，先生作《书宁波工业学校十年纪念册》。

---

① 《天婴室丛稿》之六《逃海集》，第 253—254 页。此诗后又被陈训慈选入《天婴诗辑续编》。

② 《天婴室丛稿》之六《逃海集》，第 252 页。

③ 《鄞县通志》第四《文献志》第四册丁编《故实》，第 1370—1371 页。

④ 《天婴室丛稿》之六《逃海集》，第 252 页。此诗后又被陈训慈选入《天婴诗辑续编》。

⑤ 《天婴室丛稿》之九《阏逢困敦集》，第 375 页。

按，《书宁波工业学校十年纪念册》云："树人百年，计也；十年者，亦靡矣。仅而克，曷为纪？纪以为后来者念也。曷遗乎后来者之念？念建始匪易也。念建始之匪易，夫而后能守。守之谨，毋忘乎创之艰，夫而后能有成。予之于工校，犹治河之有鲧也。九载绩用勿成，鲧有罪矣；然鲧治之已故，若何而治，若何而勿平，所以遗禹之念者不为少。后来者，其皆禹乎！衰是册，策来者，且以谂郡人。知我罪我，竢诸百年。十年十月，校长陈某书。"①

◎10 月 10 日，先生作《十年十月十日作箴》，敦劝执政者关心民瘼、心忧国是。

　　按，《十年十月十日作箴》云："维十年十月十日，是为共和建始之节。凡在道职，咸有诵言。吹故歔新，劾兹宣吾。寒寒十霜，讫无宁岁，益变而厉。国且不治，何美可讽，顾曰其庆。余早学六义，不知崇饰，焦啼竟野，敢效妍唱，用核所闻，以申太息。……林林黄裔，茫茫禹甸，任尔屠割，外媚是献，今不尔谋，破亡曷免？……爰述兹篇，匪诅匪祝……丁此时厄，忧患何胜，巢危之爵，鸣岂择音，起我瘵魄，毕我呻吟。知我罪我，胥于此箴。"②

◎10 月 24 日，先生作《市箴三》，冀望新营业的上海中易信托公司"储实""昭信"。

　　按，《市箴三》云："十年十月二十四日，上海某信托公司始事营业。慈溪陈某作箴，鄞张原炜书之以赠。……国富维何？曰农与工。于尔之信，金乃有融。狙机必失，狙得必穷。构虚岂务，储实先通。惟尔储实，信以昭之。惟尔昭信，旦旦誓斯。窀明不夺，光大乃期。愿尔受嘉，常复我辞。"③

　　考《陈布雷回忆录》民国十年条云："七月以老友洪承祁君之邀，辞商务职，入中易信托公司，任筹备处文书主任，何旋卿师及德之表哥任科长，十月正式开幕，承祁为经理，盛同孙、俞佐庭任副经理，公司业务分信托及银行两部，然实际乃以证券买卖为主业。余心勿喜就商业，碍于亲友情面担任其事，颇感心理与生活之矛盾。

---

①　《天婴室丛稿》之六《逃海集》，第 262—263 页。
②　《天婴室丛稿》之六《逃海集》，第 255—257 页。
③　《天婴室丛稿》之六《逃海集》，第 260—261 页。

不数月，以上海证券交易所之牵累，公司内部渐不能支，而承祁仍强自支厉焉。"准此，则"上海某信托公司"，显系中易信托公司。

◎11月后，先生作《赠董君廉三》。

　　按，《庸海集》云："吾友董君，弃儒服，行贾海上，株株于一业，几二十年，守己约，与人无竞，近又自字曰'廉'，盖其有取乎寡取之义也深矣，因书此贻之。"①又考《陈布雷回忆录》民国十年条云："十一月，太原君（按，即陈布雷妻子王允默）来归。……第三日乃同轮赴沪，迁入卡德路广安里之新居，与董廉三君同住。廉三夫人王女士，为太原君之同学，时时对余家事加以指导，而廉三亦与予友善，两家同寓，甚不寂寞。"据此，足以断定本年11月，既是陈布雷与董廉三交往之始，大抵亦系《赠董君廉三》作年之上限。

◎农历十月，先生作《萍乡喻先生诔》。

　　按，《萍乡喻先生诔》序曰："岁庚申十一月二日，前署浙江布政使两浙盐运使分巡宁绍台海防兵备道萍乡喻公卒于里第。越年十月，诔始至，甬人士追念旧德，会而悼焉。训正辱先知遇，方深感引，于公之丧，惄无益恫，爰为诔曰。"②

◎傅宜耘历时16月，从南洋募得万余元。先生因作《白衣院南洋国侨布施恤孤金题名记》。

　　按，《白衣院南洋国侨布施恤孤金题名记》云："四明之地，陆辇金峨，海津宝陀，实降真修，亡坠灵绪。顾末法不振，世音失观，慈悲之旨终虚，苦难之生奚托？余尝闵之，娄以为言。赋缁衣之好，幸结灵襟；入玄府之门，欣逢善识。于是长眉尊者昉议给孤，广舌化人，相与乐壎，托钵乞缘，鸣榜饭众，盖于兹三年矣。……有居士傅老者，勤德务劭，甍嗜弥竺，暇数米之匪炊，知集裘之先腋。一行白发，濯濯黄蕉丹荔之乡；万里孤蓬，驱驱蛮雨蜃风之地。精诚所至，金石为开。凡南游十六月，募得恤养金万余圆。瓶中甘沥，分传南海之香；地上黄金，遥挹西天之朗。既拜多赐，用申无极。为阐长人硕德，名山留造象之碑；仁看童子善财，异日成报恩之塔。

①　《天婴室丛稿》之七《庸海集》，第314—315页。
②　《天婴室丛稿》之七《庸海集》，第268页。

爱为之记如此。"①

◎新加坡普陀寺转道法师(1872—1943)五十腊辰,先生作《奉寿转上人五十腊》。

> 按,《奉寿转上人五十腊》序曰:"南洋新嘉坡普陀寺开山转道上人,演凡善世,法中龙象,慈云所覆,无远勿届。吾郡佛教孤儿院承义寄附,岁受多金,院董傅君慕莲,其皈依弟子也②,两出重洋,托钵乞缘,巨投细纳,咸资其力。余实嗟叹,以为莫及。会上人五十腊辰,谨奉诗以寿。"③

> 据广义《转道老和尚传》,可知转道法师生于同治十一年(1872),卒于民国三十二年(1943)④;由其生卒年推算,可以断言《奉寿转上人五十腊》作于本年,惟难以考知其月份,姑系之。

◎先生作于 1921 年的诗文尚有《自海上归》《送长儿风、三儿斗赴上海,饮于甬上酒楼》《看人家漉酒》《喜枫阡所种木都活》⑤《更出海上》《寄忆》《穷鸟》《百字令·春雨托兴》《与廖澹老书》《市箴一(为粤商诒甬人)》《御带花》《月上海棠·题画美人》《摸鱼子》《风入松》《与友人论投机业书》《论投机业再答友人》《市箴四(为某市场作)》,后皆收录于《逃海集》。此外,又有《蹋莎行》,虽明言"录旧作,和冰子韵",但未知该词作于何时(全集合计 27 首/篇)。

> 按,《逃海集》明言其所录文章皆作于 1921 年。

民国十一年(1922)　壬戌　五十一岁

◎元旦,先生作《十一年新旦诫沪上诸友帖子》,认为投机者之所以大多

---

① 《天婴室丛稿》之六《逃海集》,第 261—262 页。

② 《鄞县通志·文献志》载曰:"俗姓傅,名宜耘。以米业起家,性慷爽,慕义轻财。时宁波有佛教孤儿院之设,困于资用,主者以为忧。宜耘闻之曰:'此大好事也,奈何不援助之?'请于主者,愿自费赴南洋筹捐。既放海,随行僧利其资,将劫而杀之。同船有闽僧曰转道者,新加坡某寺之高行也,察得其阴,密告宜耘防之,并挈以去。随行僧知谋破,遂掠所赍文件而逃。宜耘自是依转道为师,时年已七十矣。"详参《鄞县通志》第四《文献志》第二册甲编中人物类表第八附录《方外纪略》,第 620 页。

③ 《天婴室丛稿》之七《庸海集》,第 305 页。

④ 广义:《转道老和尚传》,刊《南洋佛教》第 4 期(新加坡南洋佛教杂志社,1969 年),第 20 页。

⑤ 《自海上归》《送长儿风、三儿斗赴上海,饮于甬上酒楼》《看人家漉酒》《喜枫阡所种木都活》诸诗,原载《天婴室丛稿》之六《逃海集》,后又被陈训慈选入《天婴诗辑续编》。

亏损,其关键不在于"贪"而在于"妄",而且认定致"妄"之由,正在于投机者"知之未切",进而呼吁加以及时疏导。

> 按,《庸海集》载其辞曰:"日月不居,忽更岁历。积感成知,薪于一叶,开我府藏,陈诸陌路。见知见罪,是在诸君。……何者为投机业者之主病?人皆曰原于贪,而余以为非也。……然则其主病在何?曰妄焉而已。……其所以妄者,正由其知之未切耳!……惩妄之病有三期焉,始期曰虚妄,二曰狂妄,三曰庸妄。幸也今之妄投机者,犹未至乎末期也。虚者实之,狂者宁之,医不必扁手,药不必峻剂,补其元虚,凉其热狂,起死回生,不过旦暮期耳。失今不救……其势必至于折胫破额而入于陈尸之墟。呜呼,危已!"①

◎正月初三,探访病危中的挚友钱保杭,归后作《视去矜病归,太息赋此》:"临床药诀说无生,顾我还能一举名。桥舌那堪多著语,鼓咙犹有未通情。心知末日难为别,意向重泉半已倾。死亦寻常人有事,如君可赎百身轻。"②

> 按,《视去矜病归,太息赋此》小字注:"君知医,方病,自谓必死。正月三日,余往视,已昏不省事。余至,少间,遥呼曰:'无邪,吾死矣。'"

◎正月间,先生作《负盘》《金楼子》《聘夫》《日浴》《冥傲》诗凡五首,总题为《壬戌正月杂兴》③。

> 按,其名既为《壬戌正月杂兴》,自当作于壬戌正月。

◎农历二月十一日,老友钱保杭(1878－1922)卒。先生既作《哭钱去矜》诗以悼之④,复又应邀为撰《钱君事略》,尔后又作《草〈钱君事略〉,竟赋此

---

① 《天婴室丛稿》之七《庸海集》,第274—281页。
② 《天婴室丛稿》之七《庸海集》,第292—293页。
③ 《天婴室丛稿》之七《庸海集》,第283—285页。该诗后被陈训正本人选入《天婴诗辑》。
④ 《天婴室丛稿》之七《庸海集》载曰:"少同辛苦事玄文,长大益通今辄拜君。去日无多成隔世,畴人空复惜方闻。庚庚遥野晨星尽,落落孤风夕草熏。满目槎枒未澜意,一坏终古我何云。"

志悲》①。

　　　　按，《钱君事略》云："君讳保杭，字仲济，一字吟韦……君生平无它嗜，嗜饮酒……卒以是致疾。疾亟，临视者踵属，客座外内，饮泣之声相闻也。君以十一年壬戌二月二十一日殁，春秋四十有五。……（其长子）鸿范等以训正知君深，匄为状传君。惟君生能恬定，不务名高，饰终之典，又何可过辞以诬死者！谨据所知，为《事略》付之。俾赴四方而彰来世，且为范等示之正焉。"②

　◎农历三月末，先生与诸友同游半淞园，并作《同冯子赓、励建侯、叶叔眉、汪辅季携白君游半淞园》以志其事。

　　　　按，诗中有云："杂树花生三月暮，孤楼人对半淞明。相看同有天涯感，不独江州泪欲倾。"③鉴于该诗被收录于《庸海集》，如非本年三月所作，就该作于明年三月。姑系之。

　◎先生作《书金氏〈澹静庐寿言〉册子》。该文前半部分辨析归有光迭作"寿叙"的旨趣，后半部分则着重阐述其写作该文的缘起。

　　　　该文见载于《天婴室丛稿·阏逢困敦集》，时当金贤寀等人汇编其父生平资料而成《澹静庐赠言》，又被置于《澹静庐赠言》之卷末④。其辞云："余友镇海金君傲觉，耆儒磷叟之子也。先生有潜德，自景宁罢讲归，直国变，益用自晦，而世亦遂与先生相忘。傲觉念先生隐居全道，足为世重，不可无所襮白，会先生年七十，于是谨状先生言行，走数千里外，历谒当世能文之士，如王晋卿、马通伯诸先生者，求一言为寿，都得叙若干首、赋一首、诗与颂若干首。既又

_____

① 《天婴室丛稿》之七《庸海集》载曰："自惭腼笔学中郎，有道碑成泪数行。东国人伦成绝代，衰年知感扫灵光。迷离愁眼君先合，水火余生孰与张。未信遥遥天可问，忧来呵壁总荒唐。"
② 《天婴室丛稿》之七《庸海集》，第293—297页。
③ 《天婴室丛稿》之七《庸海集》，第285页。
④ 《澹静庐赠言》卷三所录陈三立《金磷叟先生生圹志铭》云："镇海之滨，有儒一人，曰金先生，士衍其名，字则允升，晚号磷叟。……镇海之士，其长者莫不从先生请业为弟子，其少者莫不以先生弟子为师。先生所至，行者让路，居者避席，罔敢均礼。……岁庚午，先生寿八十，清明淑躬，耄勤不荒，生治圹于徐家洋老山之麓。"该文又可见《宁波旅沪同乡会月刊》民国二十年（1931）第96期。庚午（1930年），《宁波旅沪同乡会月刊》作"辛未（1931年）"。

历谒海内名书家,为之书摄于石,缀为一册,曰《澹静卢寿言》。傲髯可谓能尽孝子之用心矣！当征文时,傲髯曾要余,余既诺而未果。今傲髯复以其册来,且责信焉。……吾与乎傲髯之贤,而不觉忼乎其言。傲髯,其遂以此为余之赠言,可乎？因书于册之端而归之。"

考张美翊《菉绮阁课徒书札·致朱百行40》云:"徐积翁送来鼎文洗文,绝可爱;金雪剩送来寿言,尤渊雅,皆大家书。散场后速来一观,并烦写大小字也。百行文览蹇叟手具,六月朔。"又,该文附录《致郑孝胥》云:"海藏先生左右:前晤教,甚邑。兹老友金磷叟广文七十生日,其门下士虞含章君代求新城王晋老为寿言。令子雪剩明经出以见示。读之充然有余,自系老手。弟谓非公法书不能相称,雪弟恃与公有一日之雅,拟奉百金求为先容。兹将原文呈览,如蒙俯允,雪弟再来叩求,面呈钱纸。"①《菉绮阁课徒书札·致朱百行40》自称作于民国十一年七月初一(1922 年 7 月 24 日),则《书金氏〈澹静卢寿言〉册子》也理当作于同年。

◎8 月,先生作为甲种工业学校校长,在该校遭受飓风之灾后②,向会稽道尹申请修缮等费,以便下学期能准时开学。

按,《时事公报》1922 年 8 月 17 日《甲工校开学之为难》云:"旧宁属县立甲种工业学校陈校长日前具呈会稽道尹略称:窃查本月六日下午四时,宁波飓风突起,至七时势益猛烈,墙倾屋倒,触目皆是,而鄙校位置在甬勾两江之间,地甚空旷,故风灾所被尤重。……校长遭此风灾后,当将灾情电呈教育厅,并驰谒钧尹,适因公出未回。校长以开学在即,校舍校具急应营缮修补,遂擅自雇工估计,约估计全毁者重新建筑需银四千九百元,半毁者须修理银一千六百元,校具设备等需银一千元,共约估计银七千五百元。鄙校损失如此之巨,而校款枯窘,经常费尚且不支,势难恢复原状。校长皇皇无措,用敢沥情呈请鄙校下学期应如何办理之处。除呈教育

---

① 山西画院《新美域》2008 年第 2 期,第 72—74 页。王晋老即王树枏(1851—1936),字晋卿,河北新城人。
② 该年秋,浙东灾害频仍,相关描述和记载,也因此屡见于时人所作之诗文,例如叶秉成《秋莹集》之《十七夜月》诗序云:"壬戌之秋,大风六至,挟以暴雨。浙东水灾频年,此为最盛。"

厅长外,伏乞道尹迅即批令祗候遵行。"

◎先生作《续胡卢》诗。

　　按,《续胡卢》序曰:"辛亥夏,余有《胡卢谣》之作。十一年来,曩所谓胡卢者,依然胡卢也。余之谣乃与之相引而益多,故命之曰《续胡卢》。"①由辛亥下数十一载,即本年也,惟不知其究竟作于何月,姑系之,俟考。

◎先生作《书粹华制药厂出品目录》:"上海粹华制药厂用欧法煮炼吾国药物而剂合之,试有效矣! 将以某月日发行,先时具说帖,传告遐迩。余惧夫闻者之惊怖其事,以为创而亡征也,于是乎言。"②

　　按,李平书创办于1921年的粹华制药厂,乃上海第一家现代中药制药企业,其存续虽仅三年,却改变了传统手工加工中药、中成药的方式,可谓是近代上海中药工业化生产的先驱③。考吴承洛《中国之化学药品及化学原料工业》云:"以中药制成药水,用时只需混合,不待煎煮,此乃民十一年上海粹华制药厂等之企图。"④据此,当可断言该厂虽创建于上年,其第一批"用欧法煮炼"的药品却制成于本年,故系之。

◎12月,前上海宁波总商会会长费绍冠,"以疾终于宁波旅次"⑤,先生因作《费君神诰》。

　　按,《费君神诰》曰:"维某年某月日,前宁波总商会会长慈溪费君,以劳殒于旅第。凶闻既滕,远迩悲悼,尽市之人,亡疏亡戚,咸来会丧。同县陈某,叹君行谊,允孚道路,于法宜书,遂作神诰。其辞曰:君讳绍冠,厥字冕卿。……举君生平,靡善不赴,覆孤振贫,待君而举。常德勿道,已成千古;满川春日,乃见孤冰。敢谥其私,和介是称。用昭来世,视我文征。"⑥

_____

① 《天婴室丛稿》之七《庸海集》,第287页。此诗后被陈训正本人选入《天婴诗辑》。
② 《天婴室丛稿》之七《庸海集》,第270—271页。
③ 黄瑛:《近代上海著名中医实业家李平书》,《中医药文化》2011年第3期,第23页。
④ 《经济建设季刊》1943年第一卷第四期,第128页上栏。
⑤ 严修:《费冕卿诔》,《四明日报》1922年12月9日。
⑥ 《天婴室丛稿》之七《庸海集》,第320—321页。《鄞县通志·文献志》人物类表第九《方闻》所录费绍冠事迹,大抵就据《费君神诰》改编而成。

民国十二年(1923) 癸亥 五十二岁

◎春,先生作《答李审言先生书》。

按,《答李审言先生书》云:"审言先生阁下:辱不弃,还书谆切,奖掖有加,愧甚惭甚。(正)戢影里庐,日惟樵唱牧谣相和答……朋俦垂闵,牵曳出山,旅沪二年矣。……自先生归盐城,正亦旋归慈溪。天上冥冥,飞鸿何托? 江南草长,计当还客。此时拟要老友冯君开走访沪窝。冯君治容父之学,与先生有同耆者,故先书以介,倘亦先生所乐与乎? 春日渐舒,寒气犹厉,伏维珍重。正再拜。"①又,先生于《庸海集》卷首自称:"余受庸海上,于兹二载,谀生谀死,酢应益繁,发于情者,间或有之,然不能多得矣。自辛酉八月,迄于癸亥五月,得诗文若干首,都为一集,题曰庸海,以所居廨名也。"两相比对,可以确定《答李审言先生书》必当作于癸亥春。

◎先生作《次王幼度均,寄题赵八湖上园舍》②。

按,赵志勤《赵林士系年要录》1923 年条云:"君自所业失败以后,一度避居杭州,期间,陈训正有《次王幼度均,寄题赵八湖上园舍》七律,中有'眼底飞扬云造意,杯中冷暖酒知情'之语,以君方失志意不自聊故云。"

◎先生署名天婴,在《宁波杂志》第一卷第一号(1923 年 5 月发行)发表《宁波公文库缘起》和《拟古杂谣十一首》③,并应邀编辑该杂志第一卷第一号的"诗文"栏目。正是在先生的邀约下,骈文大家李审言(1859－1931)也在该期《宁波杂志》发表了《读慈溪陈无邪集书后》一文④。

---

① 《天婴室丛稿》之七《庸海集》,第 282—283 页。

② 《天婴室丛稿》之七《庸海集》,第 311 页。

③ 宁波旅沪学会:《宁波杂志》第一卷第一期,可见陈湛绮所编《民国珍稀短刊断刊·上海卷(二十一)》(全国图书馆文献缩微复制中心 2006 年),第 10227—10228、10230—10231 页。对《宁波杂志》的解读,可详参杨妍《〈宁波杂志〉中的宁波知识分子研究》,刊《经济与社会发展》2013 年第 3 期,第 100—104 页。《拟古杂谣十一首》被陈训正收录于《天婴室丛稿》之二《无邪诗旁篇》,后又被选入《天婴诗辑》。

④ 其后,陈训正在编辑《无邪杂箸》时,将李审言《读慈溪陈无邪集书后》删改为《叙无邪杂箸》并置于卷首。故此,《叙无邪杂箸》较诸《读慈溪陈无邪集书后》,文字略有差异。

按，《宁波杂志》第一卷第一号"编辑者言"曰："本志诗文一栏，蒙天婴陈先生允任编辑，同人不胜欣喜之至。这期有兴化李审言先生的诗文，颇足骄视当今之杂志界。先生为当代骈文大家，著有《学制斋骈文》，所作文字，不易觅得，今由天婴先生专请为本志担任撰述，这是何等荣幸的事呵！"

《宁波公文库缘起》后又收录于《庸海集》，并易名为《创立宁波公书库告募疏》，内谓："宁波旧有藏书如天一阁范氏、抱经楼卢氏著矣，蔡氏墨海楼晚起……乱后，范、卢二家之书有不保者，往往转相贸鬻而归于蔡氏，故蔡氏之藏独富。今蔡亦举责矣，其势不能复保其所有，而外族之来吾国者，辄欲委致多金而纂之去。夫范、卢与蔡三家者，皆吾甬人，彼失此得，犹可言也，若一朝失之于外族，不可复矣。……用制公约，具条理，即旧后乐园地，募建公书库，收买墨海旧藏，非为蔡氏私也，诚以吾国粹化所寄，小之于己则缮性，大之于人则造群，广诗书之泽而弥功利之争，其在斯乎！其在斯乎！"①

◎约四月中旬，先生作《题卢洪昶僧装小影》："岂必逃禅感陆沈，空山偶与结灵襟。蒲团坐彻鸡鸣夜，犹共人闲耿耿心。"②

按，张美翊曾于本年农历四月十二日作《鸿沧老道兄先生浮屠小影》，《菉绮阁课徒书札·致朱百行76》载曰："布衣游侠闻天下，江汉交流度量宽。市舶专司通海外，北人古法溯周官。佛门老去空留钵，故国归来久挂冠。我亦端居独惆怅，须眉莫作画图看。"③疑《题卢洪昶僧装小影》与该文为同时所作。

◎农历六月十八日，鄞县旅沪商人陈蓉馆（1874－1932）五十寿诞④。先

---

① 《天婴室丛稿》之七《庸海集》，第 307—309 页。
② 该诗原载《天婴室丛稿》之五《秋岸集》，第 226 页；后又被陈训慈选入《天婴诗辑续编》。
③ 山西画院《新美域》2008 年第 2 期，第 120 页。
④ 按，张美翊《陈蓉馆文学五十寿宴诗序》云："今岁癸亥六月十八日，为君览揆之辰。"（详参《近代鄞县史料辑存》，第 469—470 页。）但 1923 年农历四月初二日，张美翊在致朱百行的信件中则又称："蓉馆生日系本月十二日，请于初十前照寄。……塞具，初二。"（详参其《菉绮阁课徒书札·致朱百行73》，山西画院《新美域》2008 年第 2 期，第 112—113 页。）

生先后作《蓉老五十生日为赋程德篇》①《仓基宗人蓉老五十生日赠言》以祝其寿。

　　按，这其中的《仓基宗人蓉老五十生日赠言》，既高度概括了中国商业政策的历史变迁，更揭示出传统士绅向近代商人转化的新动向："吾国自古重农抑末，风教所渐，人心向之，士之负材犖出者，往往来自田间，故天下知识之伦，高言服畴食力，不以躬耕为耻，独至商旅之事，举世目为龌龊贱夫。……于是市井中遂少诗书之泽，而其业益下矣。自粥爵令开，高赀者进，贾人始得以全力要荣典。海通以来，欧人用商业经营东方，儒服之徒，日惟哦诗读书为事，财富之废居，瞢然非所知。鉴彼之长，形吾之短，则不得不援引向之所谓蠚业、所谓末作者，以收指臂之效。彼儒者亦既知市井中有人材，不可轻以视，于是始稍稍习其人，效其所为，久且合于污而与之化矣。吾宗蓉老，为鄞仓基陈氏闻人，居沪虡二十年，已致金殖货矣，而其所守，卓然不稍改初度。……会其五十生日，宾朋来觞者，咸有辞致祝。余以蓉老儒者不可谩，况其在进德之年，来日方长，所期于吾蓉老者，正未有艾，故余仅举其所难能者，书以为赠。若夫泛然常德之称引，于吾蓉老何以取也！"②

◎先生开始主纂《定海县志》。

　　按，民国《定海县志》"附记"："《定海厅志》修于清光绪八年，迄今四十余载，人事变迁，已不适用。民国十二年春，由侨沪邑人沈任夫、程庆涛、贺寀唐、张康甫、孙弥卿诸君发起从事续纂。当经聘请陈天婴、马涯民二先生为编纂员。……定海旅沪同乡会谨启。"

　　又，《鄞县通志编印始末记》云："民国初年，马瀛在上海商务印书馆任编辑职，定海旅沪人士发起重修《定海县志》，诿马瀛任笔政。马瀛以无暇兼顾，乃介绍陈训正于乡人，而自任非异地人所能编之《风俗》《方言》二门，并思曩昔县志充满封建陈腐思想，欲革新之，以为全国修志者倡，因与陈训正商议，择商务印书馆涵芬楼所藏全国方志二千余种中体例最善者以为蓝本。时《宝山县志》甫重编出书，体例颇为新颖，乃斟酌损益之，以为《定海县志》之体例。"

---

① 《天婴室丛稿》之七《庸海集》载曰："修德要冥眷，如君良足多。五十称始事，百年当如何。相期在进德，老眼对君摩。"

② 《天婴室丛稿》之七《庸海集》，第315—316页。

又，陈训正《定海县志序目》编者按："《定》志编于民国十二年，为慈溪陈屺怀先生所主纂，而《方志》《物产》二志，则出定海马涯民（瀛）之手，其他体材亦多经其商讨。"①

又，沙文若《陈屺怀先生行状》云："先生既饱学多闻，病近世方志因袭旧体，无当于实用，则创为新例，多列图表，旁行斜上，幅短而事赅，山川、气候、地质、物产，必依科学方法，逐类疏记。民国十二三年，先后撰《定海县志》十六卷、《掖县志》若干卷。"

◎在"钟表大王"孙梅堂(1884－1959)四十岁生日前夕，先生作《贻孙梅堂》。

按，《庸海集》载其辞云："吾乡孙君梅堂，旅沪上，治机构学有年，善造时计……为吾国创始制造时计之一人，商而本于工者也。……海通以来，四方商旅咸来沪上，而吾甬人居十七八；甬人中，君年最少，今才四十耳。其所成就隆隆然，有声望轶其前辈。初，吾甬旅沪诸商有同乡会之举，简苟而未备也。自君为理事……以为讲谊之所，庶情不涣而感易生，奔走经年，事乃克藏。今过沪北劳合路，有穹居巍然在望者，非君之劳之所遗乎？且吾闻君之好义，不规规于一乡，而其大者，有时且及于国家。当禁烟令未下时，(君)出私赀收买沪南烟具制作所，一日毁万金，而君无吝色，海内外闻其事，咸高君之义，故未几而禁约成，令遂以降。此为君无名之功，而世顾谁知之哉！综君行事，如上所言，骎骎乎有合于古人。……会君生日，交游来觞君。介觞当有辞，余因书古之所谓商及君之事之不背于古谊者归之，颂其往，勖其继，盖吾于孙君来日之望无厌也。"②

◎先生作于 1921 年农历八月至 1923 年农历五月间的诗文，尚有《珠气生明月》《上山行》《宛转行(二首)》《月子亮曲(二首)》《述愿八首示叔麇》《滦河曲(三章)》《金台歌辞》《陌上(三首)》③《梦中题画梅断句》《江干观潮登六和塔》《月夜同周苇老饮湖上酒楼》《鄞廖母墓铭》《同王生幼度程之访太虚弥

---

① 陈训正：《定海县志序目》编者按，刊《浙江省立图书馆馆刊》第三卷第四期。
② 《天婴室丛稿》之七《庸海集》，第317—320页。
③ 自《珠气生明月》至《陌上(三首)》诸诗，后被陈训正本人选入《天婴诗辑》，且《述愿八首示叔麇》与《滦河曲(三章)》在被选入时，分别更名为《述愿八首》与《滦河曲(三首)》。

勒院不遇,适均之自灵峰移寓于此,遂诣之,并同棹游丁家山康游存别墅》《禽言六章》①《答王生幼度岁莫见寄》《题霓仙先生词稿》《同赵百撝饮于白楼》《行来》《题慕莲居士松硐坐月参禅图(四首)》《答龥叟次韵》《次前均代简答龥叟》《几回》《花院》《一见》《有美》《访梅同叶叔麇作(三首)》《佛矢书来举荆公诗问舍求田计最高句相讽赋此答之》《次君木夜至湖上韵》《登翦淞楼》《春旅寄忆》《却馈》《杂酬(十六首)》《湖楼远眺同幼度》《十八涧》《谷居》《展约》《过灵峰寺》《紫霞岭题寺壁》《鹧鸪曲》《调于相》《遣意》《同冯晦岑、撝先、子赓、陈又丞挈珠儿饮于白楼》《寄题梁氏虹桥别业》《旅夜逢王幼度话达旦始别》《喜龥叟过存沪寓次韵别后见寄之作》《寿袁丈八十》《赠傅居士》②《题贺佛证僧装小影》《感寓(四首)》《题麻姑画象》《王穆之将之粤,口占调之》《与穆之饮酒(二首)》《贻薛老》。以上诸诗文,后皆收录于《庸海集》(全集共计 119 首/篇)。

按,先生于《庸海集》序云:"余受庸海上,于兹二载,诣生谀死,酬应益繁,发于情者,间或有之,然不能多得矣。自辛酉八月,迄于癸亥五月,得诗文若干首,都为一集,题曰庸海,以所居廪名也。"

◎先生作《赠赵七》诗二首:"赵侯磊落古之徒,酒到焦唇万念苏。入世巾袍百年半,向人肝胆一身都。山河即日成今昔,风雨论心尚尔吾。各有苍茫千古意,相期岂独在冰壶。 乱世余生莫计年,地行一日便如仙。直教有酒终须醉,漫许知音且独弦。唇口已愁来不易,鬓毛何术复成玄?衔杯坐对榆桑下,眼看苍凉起暮天。"③

按,《赠赵七》之二自注云:"时君年五十,好赓交。"兹据赵家荪(1874—1950)生卒年推算而系之于本年。

◎农历六月,老友董承钦无疾而终,及葬,先生作《孤桐引为董居士赋》。两年后,又作《董君传》。

---

① 内含"行不得也哥哥""布谷""泥滑滑""脱却破袴""提壶庐""得过且过"六章。
② 假如按照《庸海集》收录标准加以衡量,《赠傅居士》理当作于辛亥八月至癸亥五月间,但诗中小字注却谓:"居士近自称安心头陀。"考《鄞县通志·文献志·方外纪略·寂定》下列文字,可知傅宜耘自称安心头陀,时在民国十四年(1925)以后:"念社会慈善事业非脱尘俗,壹意务之,不能举,于是誓愿为众孤舍身。民国十四年,遂剃度于北平法源寺,又受戒于湖南宝点石庵,法名寂定。谓人曰:'今而后,吾可安心从事恤孤矣!'因自号安心头陀。"未知孰是。
③ 《天婴室丛稿》之八《庸海二集》,第 323 页。

按，《孤桐引为董居士赋》序云："友人董子咸学道十载，颇开悟见性，弟子从者数十人。一日沐浴易衣，无疾而化。将葬，余为赋《孤桐引》送之。"①又，陈训正《董君传》云："董君承钦，字子咸，慈溪金川乡人……民国十二年六月日，晨起沐浴更衣，无疾而终，年五十有二岁。其葬也，友人陈某为赋《孤桐引》送之。"②

◎农历六月后，先生作《赠镇海李征五少将》诗四首③。

按，《陈布雷回忆录》民国十二年条云："汤节之君以营业折阅经济破产，乃将《商报》让渡于新公司（以中国通商银行为后盾），李征五先生改任总理。"而《赠镇海李征五少将》既被收录于《庸海二集》，自当作于癸亥六月至甲子三月间。故疑该诗大抵作于本年，且当不早于农历六月。

◎农历七月廿七日之前，先生撰《佛教孤儿院南洋方外董事功德碑》。其《南洋华侨乐施诸题名碑》，大抵亦作于此时。

按，《鄞县通志·文献志》录曰："（民国）十二年，《佛教孤儿院南洋方外董事功德碑》。额篆宁波佛教孤儿院南洋方外董事功德碑，陈训正撰，张美翊隶书，李义方篆额。（民国）十二年，《南洋华侨乐施诸题名碑》，陈训正撰，钱罕书，周梅谷刻，院主事若岩督造。"④考张美翊《篆绮阁课徒书札·致朱百行93》云："百行外孙婿贤契：久未得来讯，系念无已。秋凉……老夫为孤儿院功德碑写屺公撰文，老夫书丹，烦冒拙笔、贤篆额以寄……寒具，七月廿七。"⑤是故系其事于此。

◎农历九月，先生客居上海，作《送何旋卿归寿其母叙》。

按，《送何旋卿归寿其母叙》云："何君旋卿，将归溪上，为其母夫人周七十举庆，先期征辞于训正……训正于是离席再拜，谨诺择

① 《天婴室丛稿》之八《庸海二集》，第 327 页。
② 《天婴室丛稿第二辑》之一《塔楼集》，第 22—23 页。
③ 《天婴室丛稿》之八《庸海二集》，第 325—326 页。
④ 《鄞县通志》第四《文献志》第七册戊编下《艺文三·金石·历代碑碣目录》，第 2256 页。钱罕（1882—1950），字太希，一字吟棠，浙江慈溪人。早年于书无所不学，后师承同县梅鼎调，擅魏碑，精行书。今有《钱太希临帖精品初集》行世。
⑤ 山西画院《新美域》2008 年第 2 期，第 138 页。

言以进曰：'……吾与子不幸生乱世，不能自奋于功业，立名节以显其亲，仅仅保首领、完家室……吾与旋卿，虽不至辱志辱身，不顾其亲之忧而妄有所事，然苟忽焉汲汲乎慰其亲，而忘己之所处何世，亦取忧之道也。'嗟乎旋卿，此余之所自勉而愿与子共勉者，旋卿必有取焉。癸亥九月，陈训正书于上海旅舍。"①

◎秋，老友洪佛矢(1874—1933)父年届七十，先生既赋诗《寿洪丈潜菊七十》以赠，同时又代陈布雷作诗祝寿，名曰《又代彦及》②。

> 按，《寿洪丈潜菊七十》云："起废针盲老此身，先生有道是天民。曾同令子称兄弟(谓佛矢)，每对高峰忆丈人(丈所居东步去余庐，仅隔北山诸峰)。学易终期无大过，谈玄岂谓但全真(丈精医，晚年好读《易》，潜心道家言。自谓尽性乃能尽物)。人闲积惨成秋气，还得医王着手春。"③

◎农历十二月，先生作《送钟君宪鬯归寿其母八十叙》。

> 按，《送钟君宪鬯归寿其母八十叙》云："与钟君别久矣，一旦来沪上，过余寓庸海楼……既见，相与握手道故，笑语喧遝，欢然移日之晷而未足。余谓钟君：'……方今天下治《尔雅》之学，博闻多识，孰有如君贤者？而君乃歉然若不慊，何也？'钟君曰：'子非知我乎？吾岂轻去其乡者！……子将谓我何？'盖君自少讲学读书，毅然以天下伦教自任，不喜凿空为骇世疑俗大言。中年以还，浸淫西方学说，博取而约守，以为致知当先格物，尽物之性，虽一草一木至微也，而其滋生长养，依互缭结，自然之故，要自有可言者。尝云万物无不有其情也，然则君岂好骛无情之域而以为乐哉！其不慊于志固已。君既归，将以明年甲子岁，朝率其昆从子妇，敬为母夫人举庆。使来要余曰：'必有以慰我私。'嗟乎钟君，余更何言可为君慰哉！有迈母而不能晨夕相依，徒以急饔飧之谋，驱而之四方，蹩蹩靡骋，此吾与子所同也。吾与子亦皆年五十有余，往者血气强，多所自负许，谓天下事皆吾人任，不屑屑于求田问舍，顾今何似乎陆之车、水之舟，吾两人之仆仆未已也。……嗟乎，吾两人者，何日得

---

① 《天婴室丛稿》之八《庸海二集》，第327—329页。
② 《天婴室丛稿》之八《庸海二集》载其辞曰："溪南与溪北，人说邑先生。书翼千金秘，道探三易精。病乡多乐惠，令子用文名。福泽人间有，如公老更成。"
③ 《天婴室丛稿》之八《庸海二集》，第324页。

奉吾母优游林泉间，而与道路相忘耶？癸亥十二月，慈溪陈训正。"①

◎农历十二月，先生作《白衣恤孤院第六周报告端言》，既忧孤儿院经费之拮据，又冀望甬上富室出手相助。

按，《白衣恤孤院第六周报告端言》云："余长是院六年矣，一篑之覆，苟合始基，吾止吾进，每用自策，然荒荒日月，变迁方长，陵谷桑海，实滋疑惧。前者沿门托钵，赖有傅老长舌，今傅老已祝发沩山，弃余而去，余亦以饥驱故，奔走道路之日多。由今以往，是院前途之明黑，惟视后来善心人之弘愿何如，余孱不能胜重也。……傅老为僧后，屡有书来商院事。最近一书，尤为挚切。书言：'吾悔不在三年前着手募金，尔时吾甬人经营信交事业，各有所获，起家数十万百万，交游中大有其人。人能稍损游戏、饮食之费以为吾助，吾院当可百年矣。电光泡影一转瞬，便了去来空空，吾早见及，但不料兴败若是之速。……吾甬尚不少巨室，愿公广播我言，传之道路，万一有看破金钱之人，援助我院，成全功德，老衲此书不虚发矣。'傅老书到，适吾院方印六周报告，因转述之，以识其端。傅老悟道之人，其言具有菩萨性，当有闻而感孚者。癸亥十二月，慈溪陈某题。"②

民国十三年(1924)　甲子　五十三岁

◎正月，七妹淑娟(1897—1924)病逝。

按，《陈布雷回忆录》民国十三年条云："正月七妹逝世。七妹体本强健，然董氏为大族，中衰以后，旧规不改，礼教繁重，嫁后时感抑郁，去年得瘵疾，就医保黎医院，疗治周效，竟尔长逝，年二十八岁耳。"

◎去年农历十一月间，先生应虞辉祖长子和育所请，为冯开所编《寒庄文外编》作跋："呜呼，此亡友虞君桐峰之遗文也。……君卒后三年，冯君君木厘定君未刊文为《寒庄文外编》，将付刊，君子和育果持以来请，余欲增益

---

① 《天婴室丛稿》之八《庸海二集》，第332—334页。民国三年(1914)五月初一，虞辉祖曾应钟宪邕之请，而作《钟太孺人七十寿序》，文载《寒庄文外编》。

② 《天婴室丛稿》之八《庸海二集》，第336—337页。

134

之,而惧非君之志也。……今君既殁矣,读君文者,顾疑君为乾嘉间人,非近世有,何也?事固有绌于近而信于远者!君之所成就卓已,然犹借此落落数十篇者,收名声于身后,或曰君之幸。夫吾乌知君之幸不幸哉,读君文,弥不能不怃然于君昔日之言也。"①大约今春三月后,先生后将此文略做修改,并易名为《书桐峰遗文》,编入《阏逢困敦集》之中。

按,冯开《寒庄文外编·序》明言《寒庄文外编》纂成于本年十一月,其辞云:"廑得文二十首,写定一卷,题曰《寒庄文外编》。凤昔持论,蕲向互别,循逝者之旨,取定文之准,九原可作,庶曰相矛。癸亥十一月,冯开。"准此,则陈训正跋语当作于民国十二年(1923)十一月《寒庄文外编》定稿前。

据跋语改编而成的《书桐峰遗文》,究竟改编于何时,虽难考证,但既已被收录于《阏逢困敦集》,则其编写时间,既不当早于"甲子三月",也不会晚于"乙丑正月",换言之,即在1924年农历三月至1925年正月之间。

◎辛酉十一月十九乃沙文若祖母周氏(1842—1929)八十生日②,故该年十月,沙文若作《家大母八十征言略》,寄示冯须父③,其后遂有冯君木《家大母寿诗》、张让三《沙母周太孺人八秩寿燕诗序》、冯须父《沙僧孚大母周夫人八十寿序》之作。而先生为此亦撰《贻沙生僧孚》,并于本年2月发表于某报。

按,沙文若《僧孚日录》1924年2月条云:"(三年前求陈玄丈作家大母八十寿序),顷于报端披露,不曰寿序,而为《陈天婴贻沙生文若》,其体例为尤高,文中以蓄德安贫养志毋辱相戒勉,读之惶惧。敬录其辞,用自匡饬。"④《天婴室丛稿》之八《庸海二集》录其辞云:"初,沙生以其大母八十生日来谒文曰:'文若有今日,得亲先生教泽,而免为世之弃人,吾两世寡母之力也。今母年五十有余,而大母且八十矣。……先生倘卒诲之以养亲之道,俾文若有复焉,则

① 陈训正:《寒庄文外编·跋》,又可见《天婴室丛稿》之九《阏逢困敦集》,第359—360页。冯开《虞君述》云:"子三:和育、和介、和光。"
② 沙文若:《僧孚日录》,转引自沙茂世所编《沙孟海先生年谱》,西泠印社出版社2010年版,第13页。
③ 冯须父:《沙僧孚大母周夫人八十寿序》,可见《沙孟海先生年谱》附录,第158—160页。
④ 《沙孟海先生年谱》,沙茂世编撰,第18页。

文若异日或庶几幸逃于不孝名,先生之赐也。'余念沙生意之挚而辞之恳,已诺之矣。会来海上,未即予。又三年,沙生复以请。……尝与沙生论世,深痛士之不能畜德而安贫……而生亦惴惴用以为戒,故自学校毕修以迄今日,捐耆欲,屏纷华,挈其子弟相从于寂寞之野,且五六年,与人言,恂恂然气下而辞恭,此其家之教之渐而风之遗欤。固然无疑,沙生勉哉! 徇是道以终身,礼所谓弗辱者,生有之矣,吾何以益子!"

◎春,先生作《春风》诗:"春风漫诞欺人面,翁丑独回桃李颜。似遣低佪媚襟袖,偶因惆怅满江关。王孙远道青青草,游子归心迭迭山。卷地芳埃飞不起,杨花何事又吹还。"①

    按,无论就诗名而言抑或从内容来看,《春风》显然作于春日;而该诗既然被收录于《庸海二集》之中,自当作于癸亥六月至甲子三月间,故系之于本年春。

◎定海贺师章之母,年将七十;春,先生应邀为撰《述德赠定海贺君》《贺太孺人七十寿叙》两文以祝寿②。

    按,《述德赠定海贺君》云:"岁甲子春,舟山贺师章以母王太孺人明年七十,将徇俗之所为,设酒醴,召宾客,先期而举祝。太孺人闻之不悦,曰:'嗟乎! 比年俭矣谷不升,道路流亡孹孹。夫人孰不欲有其生,顾独余为寿耶?'止勿许。贺君唯唯,退而言于余。余曰:'礼固然已,太孺人之教可诵也。……当壬戌、癸亥之秋,吾明州暴洪海溢,山县成泽国。舟山位扬子、钱塘二水之冲,县海而岛,溢时具风卷版垣,反灌没道衢……漂骸泛漫无闾里。议振者倾佗方材,犹不济。此一秖事耳,流未戢而生未复也,吾子幸逃于灾,而孳孳独以母念,则宜乎太孺人呵之也! 且吾绎太孺人之旨,寿不欲专于己,而愿与人同之。……吾子其体太孺人之德,善勤于修而勿过于礼,是可已,安在必徇俗饰事之,以为孝哉!'于是贺君乃拜手稽首而请曰:'愿有述焉,唯命。'余曰:'诺。'作《述德篇》归之。"

◎春,先生作《与余岩书》。在此信中,先生既畅谈他对方志的认知,又

① 《天婴室丛稿》之八《庸海二集》,第335页。此诗后又被陈训正本人选入《天婴诗辑》。
② 《天婴室丛稿》之八《庸海二集》,第344—349页。

冀望章太炎先生为其所纂《定海县志》作序,并为此恳请余岩①转达此意。

　　按,《与余岩书》云:"云岫道兄足下:自违左右,雨雪杨柳,不期而遽,佳时徂矣,春寒恻恻,益无好怀。仆自来下里,三月于兹,病母在榻,朝夕呻呼,自腰以下,拥肿失仁,医者言肺萎所致,非虫石五金之为功,相视束手,惊悍无色。比虽小间,犹未离险候,以故不能来沪。去岁承纂《定海县志》,初稿已具,仆为此志,自信能籀《禹贡》《职方》之微,而洗《朝邑》《武功》之陋。彼中人士实鲜识解,见仆所规体裁节目及去取详夺之间有乖旧例,颇致骇怪,窃亦无以自明。闻足下数数从余杭章先生游,丹穴久湛,自发威羽,敢以《例目》奉教,余一分,并求代呈章先生。仆识章先生在二十年前,此时想不能记忆贱名。窃念章先生海内弘硕,一言之重,足以坚人信而祛众惑。倘因足下之请,惠赐一叙,俾仆之撰述得伸于己,悠悠之口有所沮折,万幸万幸!嗟乎,士穷不得志,伏处邑邑,无所暴白,徒以稍知泽古,为人驱遣,冀分其鹜鹤余粒以养迈亲,怅乎若行巫,备吉凶之礼,亦可悲已,而彼乃欲以信今存古之作,比之于谄生媚死之文,世遂无知言之君子乎?每自低徊,辄有所念,则非章先生,无以发仆之狂妄也。仆窃以为方志之作,所以表著地方文物嬗进之迹,彰往开来乃其先务,而前人最录,博而寡当,非综核之实,虽以章实斋、恽子居之贤,其所持论,不能无偏,此亦时之风趋使然,不足怪,不足怪!使二贤者居今之世,成今之书,仆有以知其必不尔也。故暊然敢于反古,尽吾所知而务之,虽未敢自谓创作,要其用心之所至,立一时之条例,矫从前之习尚,自不同于应声逐响者流,章先生必有以信仆也。夫名器贵有所主,世无薛烛,虽有湛庐之断,不能振区冶之奇。然则仆舍章先生,有谁望哉?临书泚墨,伏惟矜察,不宣。训正再拜。"②

　　兹据其"春寒恻恻……去岁承纂《定海县志》"云云,系之于此,庶几无误。

　　◎农历三月前,省立四师附小主任李琯卿(1891—1945),汇来所著《新教育谈》一书;先生遂答以《书李琯卿〈新教育谈〉》,在严厉批判传统教育模

---

① 余岩(1879—1954),字云岫,号百之,镇海人,医学名家,著有《医学革命论》《灵素商兑》等书。

② 《天婴室丛稿》之八《庸盦二集》,第349—351页。

式、认定当前学校教育功能有限的基础上，既充分肯定李氏"自学辅导法"，又认为李氏此法乃至舶自美国的"设计教学法""道尔顿制"，皆与其"天才教育观"原理相通、功能相近。

按，《庸海二集》载曰："教育难言矣，而世顾易言之。主故者不知新，蔽今者昧乎古，其极也，皆足以杀人才。夫教育者，所以成人才，成之不克而反至于杀，此轻言教育者之罪也。中国自古无人才教育，譬之树艺，天时、土味与人力参其用，偏主人力者，虽劳而不获。树艺，小技耳，犹不可恃人力，然则欲教育人才，独可以人力为乎哉？谓人才不可无教育，则可；谓人才必出于教育，则不可也。余参与教育事业二十余年，自小学中学乃至大学，其间卒业以去者，所见不为不多，而要之拔萃之秀，皆非教鞭所驱而来。此不特吾国然耳，环瀛海各国所称为畸人、为创作家者，亦岂寻常科目所能裁成之哉！故吾谓就中国论教育，则天才教育近是已。李君琯卿为吾甬教育学者，其为教也，主自学辅导，而于今之所谓设计教学、所谓道尔顿制，尤俨然决然而行之，其识尚矣！盖吾之所称天才教育者，亦犹是云云也。琯卿既创新说，为主故者所痛斥，不自已，复著一书，郑重而剖辩之，曰《新教育谈》，邮以来乞。识其端，似欲借吾言征信于今之世者。嗟乎琯卿！余与君皆世人所目为庸妄者流。其言也，畴复与听？吾益见此书之因余言而废矣！"①

◎先生作《书张葑里〈徐母寿叙〉后》，探讨母教对家族兴衰的重要作用。

按，《书张葑里〈徐母寿叙〉后》云："庆云、承勋者，皆徐之族，其于行，为从，又同昏于陈，亦兄弟也。家故微，以勤俭殖货起家，各致产数百万，今之称城东徐者，必首举焉。余尝询其族是必有其所自来，不然，何二家者独兴之暴也。会承勋母八十生日，其人乃出鄞张原炜所为侑觞之文以视，曰：'观此可以概也。'……余于是乃叹盛衰得失之非偶，而母教之不可以忽也。……慎始终而又不耽乐是从者，其即致富与寿之道欤，于吾城东诸徐概之矣！遂为书。"②

◎农历三月前，先生撰《慈溪保黎医院钱冯二君纪念碑》，用志钱保杭、

---

①　《天婴室丛稿》之八《庸海二集》，第337—339页。
②　《天婴室丛稿》之八《庸海二集》，第351—353页。

冯芝汀两人创建、发展保黎医院之功绩。

按，《庸海二集》载其辞曰："慈溪旧无医院，自有清末年，邑中大疫，疠气所被，病者十九，邑之人始知阴阳五行之说不足以去疾疫，稍稍向用西医矣。顾其时西医，惟鄞有之，路辽，间数十里，急遽不可得，患者往往失治死。钱君仲济，乃集同志，为医会谋酿金，创建病院，皆曰诚不可缓，然兹事创体大，不易举，必君自主办乃可。钱君诺之，为规制院务，犁然具条理，议旬日而院成，名曰保黎医院。保黎医院成立之十三年而钱君殁，又二年而理事冯君亦殁。冯君者，名忠敫，任监理基金，当院初成时，资未集，凡所建置，皆粗陋不尽如规制，冯君曰：'既举矣，奈何勿竟？'贡议于钱君，佐钱君奔走告募，期以岁月，卒能弥其所憾。是二君者，皆有功于院而遗吾人之念于靡既也。今亡矣，呜呼！因纪之于碑，以视来者。"①

考钱氏之卒，时在 1922 年 3 月 19 日②，是知冯芝汀病殁于本年；而从文意来看，该文显然作于冯氏卒后，故系之。

◎镇海盛炳纬（1855－1930）年届七十，先生作《盛省老七十》《又赠》两诗③。

考《镇海县新志备稿》云："盛炳纬字省传，又字养园……辛未卒，年七十六。"且其传末小字注："袁思亮撰《行状》，陈三立撰《家传》。"④而陈三立《前江西学政翰林院编修盛君家传》则云："镇海盛君省传讳炳纬……庚午七月卒，享年七十有六。"此从后说，并据盛炳纬生卒年加以推算，认定《盛省老七十》《又赠》两诗作于民国十三年（1924），且在农历三月之前。

◎立夏（农历四月初三，阳历 5 月 6 日），先生作《今年雨多，立夏重寒犹峭，野望怆然作此》："阴屯亦天意，浩荡总为愁。四月麦不浪，一春花有羞。何当遣佳节，偶自倚高楼。野阔空停伫，苏苏雨意流。"⑤

按，该诗既明言作于立夏，又《庸海二集》所录诗文皆当成于癸

---

① 《天婴室丛稿》之八《庸海二集》，第 339—340 页。
② 陈训正：《钱君事略》，载《天婴室丛稿》之七《庸海集》，第 297 页。
③ 《天婴室丛稿》之八《庸海二集》，第 343—344 页。
④ 董祖义：《镇海县新志备稿》卷下《人物传》，载《中国地方志集成·浙江府县志辑》(34)，上海书店 1993 年版，第 927 页。
⑤ 《天婴室丛稿》之八《庸海二集》，第 344 页。

亥六月至甲子三月间，故系之。

◎先生作于 1923 年农历六月至 1924 年农历三月间的诗文尚有《溪行》《叙交赠赵七》《题人僧装小影》《送李培天归云南省亲叙》《赠奉化俞叟七十》《送张君归寿其母七十叙》《为人题青山把酒小象》《邵老人索赠》《慰君木即次其耳疾自遣韵》《次前均再慰君木》《孙君（文柱）象赞》《感时七迭多字韵寄所知》《日来》《为宁波效实学校代表赠孙君衡夫序》等 14 首。此上所列诸诗文，后皆收录于《庸海二集》（全集共计 34 首／篇）。

按，先生于《庸海二集》序云："起癸亥六月，迄甲子三月。"

◎6 月 24 日，先生在教育会自治代表复选中得票最高。

按，《申报》1924 年 6 月 27 日《道署复选自治代表纪》云："甬属七邑复选员，日前先后到甬，乃于二十四日上午……依法投选，选毕散去。至下午三时开票，由黄监督亲自莅场监视。开票结果，教育会最多数为陈训正，得十票。"

◎先生与马瀛将所纂《定海县志·例目》寄示柳诒征。农历六月，柳氏作《定海县志跋》，推崇备至。

按，柳诒征《定海县志跋》云："吾国方志，导源《周官》，晋唐以降，条流滋盛，文士秉笔，矜言景物，叔世浇讹，乃崇官阀，其于地方利病，生民休戚，洪纤之迹，语焉弗详，琐闻卮词，充溢简牍，徒资谈助，无埤国政，识者病焉。章氏实斋扬榷文史，标举义例，号称圭臬。道咸而还，郡邑志乘，根据厥说，稍改旧观，然亦未能尽祛宿症，一衷典实也。陈君无邪、马君涯民，淹综坟史，贯以新知，近纂《定海县志》，示以《例目》。列志十六，分目七十，表纪传录，若网在纲，大氐袭故者十之二，创制者十之八，纵极天人，衡浃海陆，社间之会，米盐之产，黉序之政，教宗之枢，邮置走集，邸阁息耗，生齿盈朒，主客辜较，计史所上，瞀史所谕，罔不甄综，明其消息。盖虽区区一地之志，驭以龙门、夹漈之识，且究极其所未备，诒征读之，叹观止矣。世运相嬗，一文一质，君子兼之，则彬彬焉。吾国古史，大宇所罕，第毗于文，务在审美；欧墨治史，每近质家，日用饮食，胪笔惟仅。两者相衡，各有极诣。簿录枯燥，传状浮夸，非夫折衷，难语体要。斯志特崇民质，旁行斜上，义据通深，摭词述事，兼以笃雅，盖所谓损益得中、质文交胜者也。世有君子，当就是求史裁矣。甲

140

子夏六月，丹徒柳诒征。"①

◎先生撰就《丁翁传》。

考《丁翁传》云："丁翁纯增，字祥绥，定海人，以抗脏善骂闻其乡。家故微，顾好赴人急难，贫乏者踵门，无以予，忍诟辱，百方转货贷之，举责益多，名益高，然身亦益困。家人以为言，翁骂曰：'吾纵贫，不有天乎？若妇人，乌知之！'已而其子商于海上，大获归，尽偿翁凤所遗于人者。翁乃大笑，顾谓其妇曰：'此所谓天也。'……翁年八十有八卒，卒之夕，集诸负者所贷券，火之尽。及葬，白衣冠来会者数百人。……曰骏照者，翁第四子，为人亢爽婞直，尤如翁，尝董上海商务总会矣，每与同列论事，争是非不苟，必直而后已。日偶屈于人，不得争，大怒，血冲脑而卒。嗟乎，此又乌得谓之天哉！"此与《民国定海县志》有关丁纯增的传记②，仅字数多寡而已，因而理当撰成于《民国定海县志》定稿之前。

◎《定海县志》定稿并付梓，凡六册③。

考陈训慈《陈君屺怀事略》云："君之学问，志事诗文什著以外，更见之于方志之业。其有事于方志，始自《定海》。约民国十二年，君居海上，旅沪之定邑人士，议重修县志，聘君主纂，邑人马瀛（涯民）为之副。君鉴于光绪以后曾修而未竟之志稿④，拘守旧例、沿讹孔多，乃参校新说，重定类例，责成测绘、调查，注重特产、民生，厘定十六目，增益图表，于十五年成《定海县志》六册（每目一篇，但自序云不分卷而为册）。"

然则《定海县志》显然定稿于本年，此则陈训正《定海县志序目》言之甚明："余自承修《定海县志》，广甄博访，每欲抒渶所见，用

---

① 柳诒征：《定海县志跋》，《中国地方志集成·浙江府县志辑》(38)，第 591 页。又可见《柳诒征劬堂题跋》，第 168 页。

② 《民国定海县志》册三己表一《凡有功德于乡者人之》，上海书店 1993 年版，第 531 页。

③ 除沙文若《陈屺怀先生行状》外，洪焕椿先生亦谓《定海县志》共 16 卷。详其《近三十六年来浙江新纂之地方志》，浙江省立图书馆编印《图书展望》复刊第七期(1948 年 4 月 30 日)。但此说显然有误，此则观诸陈训正《定海县志·例目》可知："依类排比，写定六册，不以卷次者，用周济《晋略》例也。"

④ 即光绪十年所修之《定海厅志校补》《定海厅续志》《定海县续志》《定海县新志》四书，事详《民国定海县志·附记》。

弥前憾，然异县羁旅之士，足迹未亲三乡，耳食不饱臆中，亦塵逡遁二载，始克断手。碎闻肤记，悉从刊落，体裁节目，颇乖旧志，要以质实有用，取征后来。"①也正因《定海县志》定稿于民国十三年（1924），定海旅沪同乡会方能在该年予以印行。今坊间流传甚广的《中国地方志集成》本《民国定海县志》②，就是1993年上海书店影印定海旅沪同乡会铅印本而成。

◎8月10日（农历七月初十），张美翊（让三）先生去世。得知消息后，先生伤心之余，作《湖上得謇翁讣，赋此述哀》二首："霜声满天地，属耳有余哀。一雁将秋至，初潮挟恨回。所思杂人鬼，作者半尘埃。恻恻愁行役，无辞遣夜台。　　此老堂堂去，吾生是寄生。何心伤逝者，有泪堕秋声。暮雀喧凉吹，空山忆故情。愁云忽堆眼，似为助凄清。"③

> 按，《申报》1924年8月13日《名宿张让三逝世》云："鄞县张让三先生，现年六十八岁，前清时曾为薛福成随员，游历欧洲各国，回国后，曾充上海南洋公学提调，及宁波旅沪同乡会会长，热心公益，为时人所重，忽于本月十日下午四时逝世，甬人多闻而惜之。"④

◎农历七月，先生为其弟子柳绍韩之父的六十大寿，作《柳君六十寿诗叙》。

> 按，《柳君六十寿诗叙》云："仆自领乡校，廿载于兹，胸中水镜，喜对佳士，掌上丝绳，不徇曲撰……独于柳生绍韩，伟其器量，许为世重。……仆尝讶之，以为难得，及叩其世，谂所由来……则仆于柳生尊甫某某先生，有不能无称者矣！……甲子七月，会先生六十大年，柳生咏南陔之什，开北海之樽，车笠载涂而率止，梓桑吟口而偕来。襟裾既集，觞咏递从……仆览其众作，矜是雅裁，敢附知言之列，聊陈介首之文。材非平子，词无假乎凭虚；语出乐天，义惟取乎声实。柳生莽褠曲跽时，一诵余言于老人前，谓将据觚而听、掀

---

① 陈训正，《定海县志序目》之"例目"，后又刊于《浙江省立图书馆馆刊》第三卷第四期。
② 但令人费解的是，该书《选举志》"褒奖"目下又云："沈椿年母夏氏，民国十四年十二月，大总统奖给'璇闺令范'匾额。"此所谓"民国十四年"，或系笔误所致。
③ 《天婴室丛稿》之九《阏逢困敦集》，第378页。
④ 例如沙文若《僧孚日录》云："张謇丈于旧历七月十日申刻病故，为之泫然。人之云亡，吾邑风教文物于斯顿矣，岂但哭其私而已。"

— 142 —

髯而笑也乎！"①

◎夏日某傍晚，先生途经鸡山村，有感赋《鸡山村晚即目》。

    按，《鸡山村晚即目》既被收录于《阏逢困敦集》(其所收诗文皆作于甲子三月至乙丑正月间)，又云："夕阳展遥野，新水明阡陌。良苗乍受风，油油荡晴碧。……畴云病夏畦，形影都善释。即目成天趣，欣然静者迹。好拓村乐图，千里遣行役。"②故系之。

◎夏，先生相继作《官溆夜眺》《过王君肃坦园，俞穆老、胡君海、杨辑父皆来会饮》诗。

    按，两诗既被收录于《阏逢困敦集》③，又皆述及萤火虫、蛙声等夏日特有之物，故可认定两诗作于本年夏季。

◎夏，先生作《暑中过坦园，会风雨将至，赋此示同游诸君》诗："雨头风尾上初蝉，凉意喧喧欲彻天。半屋藤阴人坐酒，一帘山影榻横烟。望秋心念零蒲柳，踠地愁痕发水绵。莫向高邱悲畹晚，重来犹及荐瓜前。"④

    按，无论诗名抑或诗意，皆可据以确定该诗作于夏日。兹据《阏逢困敦集》的收录标准，系于本年。

◎7月，先生作《贻坦园主人》。

    按，《贻坦园主人》云："今年夏，余避暑城西王氏坦园。园主人君肃，穆之老友也……今年已五十，纵酒亡赖如曩时，然其所独，至重儒术，好宾客……因作此贻之。十三年七月，陈训正。"⑤

◎秋，先生身处杭州，相继作《新竹》《秋望托感》《乱后客幼度湖上听秋馆》《次前韵答幼度见和》《湖滨行》《羁望》《过均之湖寓，饮既醉，作歌》《湖滨晚步》八诗。

    按，被收录于《阏逢困敦集》的这八首诗，观其文意，显然作于秋日。譬如《新竹》云："亦欲萧萧自写秋，风前雨后不胜愁。全虚

---

①　《天婴室丛稿》之九《阏逢困敦集》，第367—370页。
②　《天婴室丛稿》之九《阏逢困敦集》，第362页。
③　《天婴室丛稿》之九《阏逢困敦集》，第364页。
④　《天婴室丛稿》之九《阏逢困敦集》，第374页。
⑤　《天婴室丛稿》之九《阏逢困敦集》，第383—385页。

老节应摧折，出地终教让一头。"①又如《乱后客幼度湖上听秋馆》曰："听风听雨过君家，听彻秋声秋尚赊。高馆梧桐纷落叶，夕阳门巷正啼鸦。"②

◎秋，先生与老友赵家蕃偶遇于杭州王幼度湖上听秋馆。

按，《赵君述》云："甲子之秋，君避嚚湖上，余过之，遇于王氏听秋馆，见君眦赤肌黄，神志颓然衰深矣，因问：'君何所苦？'君不答。坐有闲，忽还叩余曰：'然则君又何乐也？'呜呼，世果无可乐而君遽死耶，何其言之可悲若是！"③

◎深秋，先生作《蝶恋花》词六首。

按，被收录于《阏逢困敦集》的这六首词，不但每首皆述及深秋之景物，且其第二首词末小字注更明言："九月十五，甬上感事。"故而足以认定这六首词皆作于本年深秋。

◎农历十二月，先生作《陈君子埙五十生日赠序》，尔后又作《诵直赠陈君子埙》。

按，《陈君子埙五十生日赠序》云："维共和建国之十有三年，夏朔十二月……训正忝列末宗，凤闻高谊，裁德命篇，当仁不让，用掇辇较，以寄欣慕。义取赠言，辞有重于珠玉；仆本善颂，志惟袭乎荃兰。序曰：……惟我陈君子埙，少渐义方，长益通敏。……核言其异，盖有三焉。……是故问晏子之居，愿近于市；奋子云之笔，应载其名。匪直因事而致敬，敢同缘饰以崇词。坡公义法，美不忘箴；吏部文章，辞岂掩质。请张座右，用表人伦。慈溪陈训正叙。"④

而《诵直赠陈君子埙》云："子埙虽居市，有儒行，余所慕也。今年五十，余既为骈俪之文以寿之，子埙曰：'吾欲得陈某一言终身可诵者，铭吾座，缛辞无当也。'余感其意，复著是篇以进，曰《诵直》，子埙志也。"⑤

◎业师杨省斋先生六十大寿，先生特此作《呈杨省斋先生》诗。

① 《天婴室丛稿》之九《阏逢困敦集》，第 374 页。
② 《天婴室丛稿》之九《阏逢困敦集》，第 389 页。
③ 《天婴室丛稿》之九《阏逢困敦集》，第 398 页。
④ 《天婴室丛稿》之九《阏逢困敦集》，第 375—378 页。
⑤ 《天婴室丛稿》之九《阏逢困敦集》，第 386 页。

按,《阏逢困敦集》载其辞曰:"吾党二三子,鸣鼓奋公门。诗书为干橹,幸未孤此授。斯文天不丧,夫子与并寿。取我百辟金,铸作青文镂。上言长毋忘,下言长相守。胏美起邦诵,谨为师门酳。"①细绎文意,可知此诗显系祝寿辞。

考陈布雷《外舅杨先生行述》云:"外舅讳敏曾,字逊斋……外舅生九月而孤,外伯舅省斋先生只四岁。……民国二十六年日寇侵逼,外舅避地沪滨,忧心国难,竟于二十七年夏正二月初七日,一病长逝,年八十有一,去外伯舅之没才四月耳。"②由此可知杨省斋生于咸丰五年,卒于民国二十六年,享年八十有三(1855—1937)。

又,先生自谓其《阏逢困敦集》所录诗文,皆作于甲子三月至乙丑正月之间③。综此,足以认定《呈杨省斋先生》乃先生为祝杨省斋六十寿诞而作,但究竟作于本年何时,俟考。

◎先生应其友陈夏常之请,为乃父陈之祺撰生圹志。

按,《陈君生圹志》云:"君寡过,务隐德,且七十年……自度生圹,得之于凤山之原。原有张氏墓者,嘉庆间所造,既成,张氏惑术者言,将不利厥嗣,因弃其故穴而别图其所谓吉地者迁焉,未百年,今其子孙益不振,至欲券其地与墓于人以活。人又皆以张氏见,见其非吉,无敢受者。来叩君,君将为诺,或沮之,君笑曰:'惟地能葊,万物靡不吉;纵不吉者,吾之嗣已能自树其德义于乡眷,天厚有以自赖,宁赖吾荫耶!'卒以八百缗受其券,已而少完其所已废已陨者,又将仆张故所建碑磋,而改书之。君仲子夏常尤私于余,为余言,余重君之德而又服君之达也,遂以志。君名之祺,字近三,慈溪陈氏……君生清咸丰六年。"④兹由咸丰六年(1856)下推"且七十年",姑系之于此。

◎冬,先生作《戏效禁体咏雪》。

按,诗云:"一夜风骚屑,开门忽失山。犬声隐天末,絮影漫空闲。积素回尘睇,余霏霁日颜。恍疑入梅谷,梦挽暗香还。"全诗所

① 《天婴室丛稿》之九《阏逢困敦集》,第383页。
② 陈布雷:《外舅杨先生行述》,载《陈布雷集》,张竞无编,东方出版社2011年版,第154—155页。
③ 《天婴室丛稿》之九《阏逢困敦集》自序,第357页。
④ 《天婴室丛稿》之三《无邪杂箸》,第180—182页。

述,显系雪后风景,且该诗又被收录于《阏逢困敦集》,故系之于本年冬。

民国十四年(1925)　乙丑　五十四岁

◎正月,慈溪俞穆卿七十大寿,先生作《俞穆卿先生七十寿诗序》。

　　按,《俞穆卿先生七十寿诗序》云:"邑之闻族,俞为大。其族尤多笃塞守正之士,余皆获为友,独穆卿先生者,识之最晚,前年乃始遇之。既遇,相视而莫逆,将有所契者,无不合耶!……先生以七十之年,神志湛湛,须发纯玄,如漆而可鉴,日往返城郊十数里,无罢容,见之俨然四十许人,且闻其妾今年犹举一子矣!……会先生生日,其戚若友,咸赋诗寿先生。余为书所闻以介其首,俾乡之敬慕先生者,知先生之耆德不衰,有自来也。乙丑正月叙。"①

◎老友赵家蕃(1872－1925)卒,先生作《赵君述》,客观地检讨了赵氏一生的成败得失。

　　按,《赵君述》云:"赵君家蕃,字菊椒,慈溪人,故世家也。兄弟八人,多循谨守儒法,独君与其季家艺用任侠名……党光绪季,香山孙文以倡言革命亡海外,君与南浔张人杰,慕文之为人,因假骨董商,航大瀛海至法兰西,从之。……君于兄弟行居六,交游中皆以六相字呼,于是赵六之名,藉甚沪甬间。沪甬间人或不能举君名氏,然无不知有六先生疏财好义也。六先生之名益盛而其遇乃益穷。既返国,亡所事,日与同盟中文章议论之士,谋所以沃人心而起国诵,集赀创报社,始曰'民呼',满政府忌之,被锢,改创'民吁',不久又被锢,乃创'民立''民意',自'民呼''民吁'被锢以来,天下之耳目,翻笮然一改其故,未及三年而武昌首义矣。吴兴陈其美起沪南,应义师;镇海李征五毁家养士有年,至是亦将其徒八千人起沪北,号光复军,遥为声援。其美,君之老友,征五,其侄婿也,故君于沪南北两军输力独多。及事稍定,孙文自海外归,就职南京,为临时总统,念君旧人且材,欲令整一国币,任君南京造币厂厂长。非君所乐也,君视事数月,即弃去。自是浮湛沪市,不复问国事,壹意经营商业,冀得所赢,敷展民生事业,然卒以君居业好徇人,不自

――――――――――

① 《天婴室丛稿》之九《阏逢困敦集》,第399—401页。

封殖,所图辄无幸而败。君既失志,人稍稍疏君,君亦避人行也,更五六年,穷愁益甚,遂旅死。"①

考《天婴室丛稿第二辑》之一《塔楼集》所录《赵君林士述》云:"余友赵君林士,殁于沪上旅邸,去其兄匊椒之丧,仅三月也。"又据赵志勤《赵林士系年要录》,可知赵家艺殁于1925年3月21日②,是知赵君家蕃卒于1925年1月中下旬,而《赵君述》亦当作于此际。

◎作于1924年三月至1925年正月之间且皆收录于《阏逢困敦集》的诗文,尚有《酒梦》《赠人》《古离别拟东野》《前题》《笠山引题李氏〈八徵图〉》《道上燕》《蝶恋花(二首)》《赠杨辑父》《冯晦庼五十生日赠序》《费瑚老七十索赠》《再赠辑父》《赠阮荀伯(二首)》《调盛佩葱》《感事杂诗示沈衡三(十六首)》《揽镜》《赠赵舒》《衡三过余湖楼》《无题和君木韵》③《自石湖荡渡至枫泾》《送虞伯旷归寿其母叙》《贻王叔云》《说射贻林端仪》《题洪雁宾〈柳亭垂钓图〉》》。

按,先生于《阏逢困敦集》之序云:"起甲子三月,讫乙丑正月,都得诗文若干首,以古干支阏逢困敦名之。或问于义何取?余曰:'甲子为剥极将复之会,郁勃浑沌,其象也。阏逢困敦者,乃郁勃浑沌之今昔语,本无他义,而吾集适成于是时,故举以为名,非有所取义也,不过曰此吾郁勃之气、浑沌之念之所寄焉耳!'玄叟识。"

◎农历二月,先生将所作诗文结集为《天婴室丛稿》,并付梓刊行。

按,今文海出版社影印之《天婴室丛稿》,仍存有此一刊本的封面影印件,影印件除题有书名"天婴室丛稿"外,尚有"乙丑二月钱罕"的题识。又,1947年12月沙孟海所作《晚山人集题辞》云:"先生著述初刊于甬上,曰《天婴室诗》,嗣刊于上海、杭州,曰《天婴室丛稿》,凡两辑。"又,1984年12月陈训慈《晚山入集·后记》云:"回忆丁卯秋后,伯兄方从政省垣,余来任省立一中教职……其后兄去官,仍卜居湖上,余来司书图书馆,其自辑之《天婴室丛稿》六册,即由馆所附设印行所,先后为之梓行。"据此大抵可以确认:《天婴室丛稿》最初在"乙丑二月"刊行于上海,20世纪30年代初,又假手陈

① 《天婴室丛稿》之九《阏逢困敦集》,第396—398页。
② 赵志勤:《赵林士系年要录》1925年条,载《古镇慈城》第49辑,2011年9月,第19页。
③ 《无题和君木韵》一诗,后又题作《无题和君木韵(二首)》,被陈训正本人选入《天婴诗辑》。

训葱，由浙江省图书馆附设印行所重刊。

◎3月，先生与效实中学校长陈夏常等人，联合致电浙江省省长和教育厅长，要求增加教育会议会员。

> 按，《时事公报》1925年3月16日《电请增加教育会议会员》云："旧宁属县立女子师范学校校长施国祺、私立效实中学校长陈夏常、旧宁属县立工业学校校长陈训正、旧宁属县立商业学校校长董世桢，于寒日致杭州夏省长暨教育厅长电云：教育行政会议，开幕有期，查组织大纲第一条，既以准酌本省教育状况、决定行政方针、筹划改进方法为宗旨，则选任会员，自应普及各方，庶可博访周咨、集思广益，乃第二条选任会员，仅限省立各校互推充任，而联合县立私立各职校中校，比较省校程度既同，校长亦同系核委，今则概行屏除在外，似不足以示普遍而昭公允，虽第五条规定，地方教育机关，亦得陈述意见，但无提议表决之权，即有正当主张，亦恐难期贯彻，应请钧长俯准本省联合县立私立各职校中校，依省校例，并推会员二人，加入会议，以符钧长博采各方意见、改进教育方法之原意。特此电呈，鹄候令遵，实为公便。"

◎3月21日，老友赵家艺病逝[1]，年仅五十（1876－1925）。当时，先生既作《哭赵八》诗以抒发其世态炎凉之感慨[2]，尔后又作《赵君林士述》，用以概述赵氏生平。

> 按，《赵君林士述》云："余友赵君林士，殁于沪上旅邸，去其兄菊椒之丧，仅三月也。二君者，皆用侠知名，而林士尤任气敢为，于事所当然，虽犯名义、丛谤怨而不辞。一时议论之士，交口纷纶，不足于君者，多矣。今君已死，生前之恩怨，以渐而忘，而其行事，乃始稍稍见称于流辈。呜呼，可悲已！余感君之知深，知君凤于其丧也，泣而述之。君讳家艺，字林士，慈溪赵氏，故世家也。……年五十卒。有子一人曰悰，尚幼。呜呼，如君之志行，而厄于天命

---

① 赵志勤：《赵林士系年要录》1925年条。
② 《天婴室丛稿第二辑》之一《塔楼集》载曰："夫人孰不死，五十况非殇。于汝亦何戚，所悲世炎凉。当汝强盛日，声誉剧孟尝。……襄空意气尽，交散毁谤长。汝生既不堪，一瞑万憾忘。……何以起沉魄，作歌寄冥茫。冥茫不可致，畴念我心伤。"

也夫！"①

◎3月，先生与陈夏常等人提出的增加教育会议会员的要求，得到省长的重视和肯定。

　　按，《时事公报》1925年3月23日《教育行政会议应添加会员之意见》云："宁波工业学校校长陈训正等，日前为教育行政会议选任会员问题，拟具意见，电呈省长文云：……闻省长据呈后，已令行教育厅迅即核办饬遵矣。"

◎3月，先生与陈夏常等人争取增加教育会议会员的努力，最终获得胜利。

　　按，《时事公报》1925年3月26日《中等校长电争教育行政会议会员之胜利》云："宁波工业学校校长陈训正等，为争全省教育行政会议会员问题，曾分电省署及教厅，旋经省署转令教厅核办等情，业志本报。兹悉教厅将于日内准如所请，分发选举票云。"

◎春，先生连作两诗以答好友徐仲可。

　　按，录于《塔楼集》的这两首诗，一名《仲可以〈和梦坡元日感怀〉诗见视，属为继作，次原均》，一名《依前均，寿筠连曾次于七十，仲可所介也》，兹据前诗"郢入阳春闻白雪"及后诗"熙春庭宇绝阴霾"云云，确定两诗作于春日。

◎春，先生结识况周颐(1861－1926)、朱孝臧(1857－1931)，并开始向这两位词学大家请教作词之法。

　　按，《未丽词》序云："今年春，游海上，始获交临桂况蕙风太守、归安朱彊邨侍郎。二先生者，挽近海内词学大家也。明珠出海，枯岸借辉，余请益焉。……乙丑八月，玄翁识于沪北庸海廛。"

◎春，先生作词《蝶恋花(春江道上赋寄蕙风木公)》，寄予好友况周颐、

① 《天婴室丛稿第二辑》之一《塔楼集》，第1—3页。殁于沪上旅邸，赵志勤《赵林士系年要录》称病逝于北京。

冯君木①。

　　按，《天婴室丛稿第二辑》之三《末丽词》载曰："牢落天涯人自
去。偏又东风，吹绿天涯树。燕子迎人如送语，无端听彻声声住。
野色茗茗愁日莫。灯火江南，渐堕空蒙处。客裹看春人坐雾，回头
不辨来时路。"

◎春，先生作词《山华子（新柳）》二首。

　　按，两词皆述及春季或春色，例如其二："冶叶倡条大道旁，几
经攀折不成行。又是一年春到处，对斜阳。　台畔月明笼恨住，笛
边风细引愁长。搅得天涯离别意，满可梁。"②此外，《水龙吟（春日
湖上寄蕙风君木）》《南浦》《摸鱼子（乐清黄迁仲来湖庽，出示所作
诗篇，赋此以答其意）》《大圣乐》《惜余春慢》《齐天乐（为孙娘作）》
《浣溪沙（春绮楼纪事）》《薄幸（杭州议厅前木笔花和人韵）》《换巢
鸾凤（范西廖湖上移居）》《苏幕遮（为玉晖作）》

◎春，先生作《秋千索》词。

　　按，《秋千索》云："多情恰是无情侣，春已到、落花深处。要诉
东风识此心，说不出、心头语。　巫阳本是天涯路，早错过、朝朝莫
莫。身似巫云绕梦飞，更谁会、《高唐赋》。"③

◎春，先生作《西子妆慢（雨中葛岭，访秋水观故址，南宋贾相行乐处
也）》词。

　　按，《天婴室丛稿第二辑》之三《末丽词》载曰："密雨藏山，长烟
蔓水，渐近渐看无路。云源十里暗啼莺，似声声、不离辛苦。无心
听取。怕触动、行人愁绪。且低徊、问青山脚底，繁华何许？　南
朝土。半壁天光，澹到无情处。当年秋水最关情，乍回头、便拚今
古。登高漫赋。看痴碧、湿云千树。自愁人，血色山花乱舞。"兹据
其所描写的景物（例如密雨、山花），大抵可以确定该词作于春季。

---

① 　录自《彊村丛书·沧海遗音集》的冯君木《回风堂词》，内有《蝶恋花（次天婴韵，示蕙
　　风）》，盖应陈训正此词而作，其辞云："画阁惜惜春已去。一寸斜阳，犹挂屏山树。苦
　　忆剪灯深夜语。梨花门巷寻常住。　徙倚阑干愁日暮。中酒情怀，欲遣浑无处。花
　　外青山山外雾。分明不是来时路。"
② 　《天婴室丛稿第二辑》之三《末丽词》，第2页。
③ 　《天婴室丛稿第二辑》之三《末丽词》，第2—3页。

◎春,先生作《百字令(西湖晚棹重过稽园吊赵六)》。

按,《天婴室丛稿第二辑》之三《末丽词》载曰:"夕阳如水,泼春芜放出,春青满路。一鉴颇黎敲欲碎,斗大飞花乱舞。柳外鸦昏,鸥边絮暝,棹入云深处。芳云苒苒,高岸花发无数。 还忆孤馆当年,西泠放夜,戴月寻僧去。一样清游今昔在,可奈□□日暮。绿意霏霏,红情澹澹,何处春长住? 者回重到,种桃人是前度。"观其文意,必当作于春季。

◎春,十七年未曾相见的温岭人陈襄,登门造访,乞得一词,先生遂作《一枝春》以赠①。

按,《天婴室丛稿第二辑》之三《末丽词》载曰:"春路急急,乍相逢,又是飞花零雨。湖山对酒,旋减当年风度。浮踪笑我,只赢得一囊词赋。还自愧庾信,生平萧瑟,有人怜取。 惜惜好春迟莫。纵寻山问水,犹能强步。烟云过眼,自分已无情绪。黄金计短,看双鬓渐成霜缕。谁念是、人海飘萍,未归故渚。"观其文意,必作于春季。

◎4月21日前,先生应孙逊之请,为撰《孙母灵诰》。

按,《孙母灵诰》云:"奉化孙逊将于十四年四月二十一日,葬其母蒉孺人于北乡金弓白之原,先期来告丧。其友人慈溪陈训正敬述懿德而为之系,系曰:……吾于逊交有谊,播懿芬,义毋避,遂作诰,为之系。"②

◎农历四月,先生作《清波引》。

按,词序云:"乙丑四月,衢县郑渭川永禧、乐清黄迁仲迁、平阳王海聱理孚、温岭陈襄老树钧,招饮湖滨,会者十九人,皆先朝咨议局旧僚也。欢乐既终,感叹乃起,歌以当哭,遂占此解,用玉田体。"③

◎农历五月,先生作《送孙天孙之粤,饮于叔美寓楼》诗。

---

① 按,该词序云:"温岭陈襄老,不见十七年矣。一日叩湖寓,云于迁叟许,得读《摸鱼子》词,爱之,乞有所遗。余感其意,为占此解。"
② 《天婴室丛稿第二辑》之一《塔楼集》,第4—5页。
③ 《天婴室丛稿第二辑》之三《末丽词》,第3—4页。

按，该诗内称："炎风翻海硬浪生，南中五月沙膂鸣。之子挈侣将远征，衔杯且问征人意。"①

◎农历五月，鄞县张寿镛先生（1875－1945）五十大寿，先生遂作《赠咏霓五十生日序》。

　　按，《甬上张氏宗谱》载其辞曰："乙丑五月，吾友张君咏霓道尹五十生日，交游咸有诵言，称其政美而蕲以方来。惟予与张君交游，尝共勉于古人修词立诚之训，非泛然相与者比，是不可谖已。因依张君所处之世之地与其时，而言张君今日所当庆幸者以为张君寿，倘亦张君所乐闻乎？……自国家革新以来，张君于浙于鄂，三主计政，其时更十年之久。所历深，其材益弘，其为政也，靡废而不举，亦神乎其绩矣！斯时之总者，宜如何升之权而尽其材，而顾屡屡以散秩处之，何也？夫以散秩处剧材，岂国家用人之道？而今乃如是，是不能不为张君屈矣！虽然，事固有似曲而实伸之者，张君知之乎？吾试为陈之。夫天下最足疑人耳目者，莫如理财之官，疑者美之，徼而谤之始也。古者远谤之士，不入众美之门，今张尝三入焉。以张君清湛之躬，誓言窘瘁，抱信于心，其所自托者，非不安，且固也。大丈夫之行事，苟无缺乎天职，亦何恤于人言，然而，今岂其时哉！共和建立于今十四年，约束既破，涂术遂垒，天下喜新好乱之徒，近且浸淫西方学说，无往而不用其共，而财富者尤为天下人耳目之所共属者也。于斯时也，武夫专横于上，视库藏如私橐；莠士聚哄于下，假口舌为前驱。张君虽擅一时之长、千人之辩，而上屈于势而不能争，下屈于议而不能解，百变相乘，一官如系，亦将何施而自伸于天下哉？夫天下之事，屈于势而议归之，有心人于此，其犹可以有为，而今则势与议俱穷矣。势与议而俱穷，纵有材者，而不克有所施展。张君乎，与其局局于众美之门而不克有所施展，则何如逍遥沪海，而退尸于古所谓格外之官者之为愈耶？吾于是不暇为张君屈，而且为张君幸。幸张君之屈，所以庆张君之伸也！爱文之，辞而寿焉。"②

① 《天婴室丛稿第二辑》之一《塔楼集》，第28页。此诗后又被陈训慈选入《天婴诗辑续编》。

② 陈训正：《赠咏霓五十生日序》，《甬上张氏宗谱》卷三十六《赠言录·寿言》，1926年，第七册，第23—24页，宁波市档案馆藏。

◎先生作《书张氏〈旌节录〉》，用以表彰鄞县人张延章的孝心。

　　按，《书张氏〈旌节录〉》云："鄞张生延章，年少而有孝思。念其祖母戴孺人贞苦守节四十余年，生既尽其养，殁又为之请旌已，复求当世之能文者歌咏其事，裒而为《旌节录》。其所用心，异于今之少年之所为，踔踔乎古之畴也。余喜而遂书其山，若夫太孺人之行谊，则其宗人美翊所为传详已。"①

◎初夏，先生与蔡仲衍、徐弢士、赵芝室、李霞城等好友泛舟南屏山下，作诗以记之。

　　按，诗载《天婴室丛稿第二辑》之一《塔楼集》②，名为《初夏，与蔡仲衍、徐弢士、赵芝室、李霞城泛舟南屏山下》，这就明确交代了写作时间与写作缘起。

◎夏，先生作《蔡仲衍寿日西湖游燕诗并序》。

　　按，《天婴室丛稿第二辑》之一《塔楼集》录其诗序云："乙丑之夏，仆客杭州，老友蔡君仲衍、徐君弢士，适来湖上。"

◎秋，先生作《雨后红村夕眺》。

　　按，《雨后红村夕眺》云："一雨虫声出，秋生万树颠。湿空流夕翠，暝色动高蝉。半郭凉侵水，四山青入烟。峰峰云有脚，都插草堂前。"③据此当可断定该诗作于秋日。

◎秋，先生作《水调歌头》。

　　按，《天婴室丛稿第二辑》之三《末丽词》载曰："辛苦度秋日，无地着高歌。百年心眼都倦，对面起沧波。道路驱人不舍，安得天风相送，住我白云窝。强笑就君计，贮意不能多。　持浊酒，寄长啸，日亡何？倚楼心事，凭教咄咄客中过。孤雨泪边如洗，洗出川涂一碧，老眼为谁摩？此别莫轻易，揽鬓惜蹉跎。"又其序云："秋日同木公、戍阿，访蕙风吴门，信宿始别。"

◎秋，先生作《菩萨蛮》。

---

① 《天婴室丛稿第二辑》之一《塔楼集》，第4页。
② 该诗后又被陈训慈选入《天婴诗辑续编》。
③ 《天婴室丛稿第二辑》之一《塔楼集》，第7页。小字自注："红村桥畔有《双峰插云题碑》。"

按，该词共计七首，几乎每首皆述及秋景、秋物，例如第三首："满山黄叶秋萧瑟，秋风细细吹将出。安得锦郎当，送君还故乡。故乡何处是，见说人千里。总是不归来，音书又一回。"又如第五首："远山莫霭沉沉紫，紫鹃声住红鸪起。不是断肠声，行人那解听！　衰兰虽并蒂，秋色宁当佩？沈坐下黄昏，解衣惜故熏。"①

◎秋，先生作《渡江云（代简寄弢士，并示近况）》。

按，《末丽词》录其辞曰："虫深秋似海，开帘一望，明月故人心。最难情遣处，露冷风高，响彻雁边音。离愁点点，和落叶飞满霜林。人未归，倚廛心事，只是费沈吟。　沈吟。西风身世，算比秋虫，又螿咽蝉喋。笑近来，愁多移带，发短羞簪。人间谁会长门怨，寿长卿、安用千金。还梦想，家山恣我幽寻。"此外，作于秋日之词尚有《摸鱼子（观潮日，宿宝石山，月下作）》《月华清》《南歌子（秋宵湖上，对月杂忆五首）》《十二郎》《高阳台》《高阳台（和人韵）》《清平乐（题仲可纯飞馆〈填词图〉二首）》。

◎作于本年春夏至农历八月之间且收录于《末丽词》的词，尚有《忆江南》《偷声木兰花》《菩萨蛮》《浣溪沙（和君木慰蕙风均）》《慢卷绸》《西子妆慢》《百字令（西湖晚棹重过嵇园吊赵六）》《浣溪沙》《殢人娇》《风蝶令（过玉晖楼）》《阮郎归》《长相思》《忆王孙》《哨遍（题葛旸〈慈劳室图〉）》及《忆故人（又题）》。

按，《末丽词》序云："少日好绮语，月下花间，几成日课。尝于老圃西种茜一亩，因自号茜亩生，有《茜亩词》若干首，既而悔之，尽弃所作。今年春，游海上，始获交临桂况蕙风太守、归安朱彊邨侍郎。二先生者，挽近海内词学大家也。明珠出海，枯岸借辉，余请益焉。自是复动凤好，春夏以来，辄有谣咏，裒得一册，题曰《抹丽》。抹丽吟馆者，亦茜亩生旧物也，盖不署此名已四十年矣。乙丑八月，玄翁识于沪北庸海庼。"

◎秋，先生作《紫萸香慢》："费思量一年容易，揭来又到黄花。问征途何恋，秌已熟、不归家。漫道东篱长好，正沧江秋暝，思薄苍葭。对青铜，坐惜涩鬓着霜葩。只款款、此情似赊。　堪嗟，逝水年华，流不尽，去由他。笑门前五柳，先生耄矣，却惯天涯。落得一襟秋思，忍萧飒、起如麻。盼遥天夕阳

---

① 《天婴室丛稿第二辑》之三《末丽词》，第8—9页。

红处,故山不见,愁入无数归鸦,一点点斜。"①

按,《紫萸香慢》不仅文内时或可见诸如"又到黄花"之类的描写,而且明言:"秋旅飒飒,都无好裹,伤高念远,情见乎辞。"除《紫萸香慢》外,下列见录于《紫萸词》诸词,亦当作于本年秋:《大酺》《霜花腴(闻虫)》《梦夫容(山楼凭月)》《最高楼》《一萼红》《入声甘州(答虞二)》《瑞鹧鸪(同幼度作)》《八犯玉交枝(塔山楼望)》《霜叶飞》。此外,见录于《紫萸词》,但作年难以确定的词有:《瑞崔仙(赠鄞王故将军)》《解连环》《侧犯(感花蛛而作)》《玲珑玉》《扫花游(春雪和梦窗)》《琴调相思引(和人韵)》《哨遍(有见余今乐府者,问"玄翁"何人? 戏拈是阕答之)》。

◎前年秋,慈溪秦润卿(1877—1966)在上海创办修能学社,并聘请冯君木为社长②。本年,先生作《贵志赠秦润卿》,加以大力表彰。

按,《贵志赠秦润卿》云:"同县秦君润卿,与交十年,余尝观其微,其为人也,盛威仪,善言辞,行矜而气和,视高而意下,盖所谓礼乐君子也。……润卿居廛中,喜接文学之士,近又约交游子弟立学社于沪上,聘名师儒主之,揭其名曰修能。修能者,内美之谓也,此尤见润卿所志之微矣。"③兹据文内"润卿今年五十"加以推断(此五十当为虚岁),可以确定该文作于本年。

◎11月,鄞县县长江恢阅因为官清廉刚正而遭排挤,调任黄岩县长。12月,先生应鄞县百姓之请,为作《送鄞县知事婺源江君调任黄岩叙》,择安境保民、不许奸商垄断贝母二事,以诵其德政。

按,《送鄞县知事婺源江君调任黄岩叙》云:"婺源江君,知鄞事一年④,尝有德于其民,一旦,忽奉檄调任黄岩。黄岩,岩邑也,视鄞有差矣。其去也,鄞之民为吁于省者再,不得请,则相与诵君之政,为状来谒,使余文以祖之。予虽不习君,然耳君,稔知君之德在民,不可以无言。君之始至也,会有江浙之役,甬上军防悉征调境外,

① 《天婴室丛稿第二辑》之五《紫萸词》,第1页。
② 按,沙茂世《沙孟海先生年谱》1923年条云:"秋,冯师君木来沪,就任宁波旅沪钱业公会主办的修能学社社长。"
③ 《天婴室丛稿第二辑》之一《塔楼集》,第27—28页。
④ 考《鄞县通志·文献志》,可知江恢阅于民国十三年(1924)五月三十日任职鄞县长,次年十四年十一月离职。详参《鄞县通志》第四册《文献志》第四册丙编《职官》,第1231页。

群盗觊鄞富奥，蠢然思起者相属。君微得其谋，召邑中诸少年训练为民兵，旦夕躬率徼巡备盗已。三衢师溃，还窜甬，阳称粦食，督君敛甚急。君谓若辈犹盗也，不予，势且横徒苦吾民，乃负责券诸商者，会得金十四万，资赂之，约其帅毋得纵一卒侵吾治，故浙东西比年苦兵匪流离，独鄞恃君无恐。君尤深核民隐，每事究利病所在，不为长官势地胁持。先是，鄞之西鄙产材药曰贝母，贸迁遍国中，岁直数五十万以上，小农儋石之所辏也。有黠商某，谋垄断居货，冒所谓生产组合者谩君，图独营，君察其奸，不之许，商乃贿当路有力者继请于君，又不得，当路怒君强项，诋君材不胜上县，遂调任黄岩。……余观江君之治鄞，庶乎几之，因表掇以为君诵，且以识余之向所持论者不缪云。十四年十二月，慈溪陈训正。"①

◎农历十二月，先生作《乙丑既腊，徐仲可出视纯飞馆〈填词图〉，属题。岁莫亡悝，率赋五十均，非所喜也。异日当更为之，先此答其意》。

按，此诗既被收录于《塔楼集》，诗名中又明言"乙丑既腊"，故系之。

◎农历十二月，先生作《寿植篇赋呈洪丈念祖》。

按，诗序云："丈今年七十，凡诸宾朋投遗及酎酢供顿所费，并算其资券赁钱务课岁所息，以蓄一乡之老无告者，亦仁人之用心也。因感椿与樗之为物，同植异称，一华一悴，地实使然，托生顾不重哉！赋诗申意，用附比兴，匪直颂祷之私已尔。诗凡五章，章十二句。乙丑十二月。"②

◎先生有感于弟子童第德之为人，遂欣然为其父童树庠(1869—1917)作传。

按，《天婴室丛稿第二辑》之一《塔楼集》载《童君树庠家传》云："童君士奇，字树庠，鄞之邹谷人。……君少读书，即趠然期施用于世，不屑屑章句，为文章，立大体，同里儒师皆折服称道之。年三十一，始补博士弟子员。尝一应乡试，不售，即弃去。……清光绪三十年，始行地方自治制，君被推为乡正。……君于学无所不窥，自

---

① 《天婴室丛稿第二辑》之一《塔楼集》，第13—15页。

② 《天婴室丛稿第二辑》之一《塔楼集》，第26页。该诗后又被陈训慈选入《天婴诗辑续编》。

阴阳、卜筮、相人之书，皆能精究其术。年四十九，微病，一日黎明，遍召家人至，诲以孝友任恤之道，既已，促家人食，曰：'不食，即日中汝食不下咽矣！'至日中，果卒①。妻张，亦贤明，后君一年卒。子五：第锦、第德、第谷、第周、第肃。陈训正曰：余未识君，君中子第德过余数，故余习闻君之行谊。第德卒业于北京大学，称文学士，精于小学，已为人师矣。然其人抑抑自下，无嚚气，余所见少年未有第德若者，然则君之教，可知矣！"

◎应弟子刘生之请，先生为作《沈母夏孺人行述》。

　　按，《塔楼集》载曰："沈孺人者，今众议院议员定海沈椿年之母。……自来京就养，又遭政变，皇遽出国门，行役劳困，益风发大溃，凡寝疾三年，终于沪寓，春秋七十有九，时十四年某月日也。"

◎先生与诸友会饮于佛证斋中，相与唱和，乃成《佛证斋中会饮，未林有诗纪事，君木依韵和之，余亦继作》诗："天寒日莫海之滨，暂可偷闲作酒人。客路艰难成此会，我生牢落是何辰？已无江介长吟地，剩有壶中旧贮春。莫笑焦喉少妍唱，抗哀犹足动梁尘。"

　　按，该诗既已被收录于《塔楼集》，自当作于民国十四年（1925）；据其"天寒日莫海之滨"，又可进一步确定作于民国十四年末。

◎被收录于《塔楼集》且作于本年的诗文，尚有《裘处士传》《赠金华王孚老》《塞人谣》《堇江刘翁六十赠言》《赠冯髯序》《答孙叔仁》《求我说赠庄景仲先生》《潘氏爱卢记》《毛孝妇述》《吴缶老为陈季生七十征诗，歌以似之》《徐生公起之父贞斋翁六十生日，来谒诗，赋是篇付之》《均之招同佛矢、幼度饮湖上酒楼》②《沈母述》《李云老六十生日，来索诗，余如其意答之。童子、时事二句，即云老夙所颂者》。

　　按，《天婴室丛稿第二辑·叙目》云："《塔楼集》，乙丑，诗文共四十一首。"又，《塔楼集》序云："岁乙丑，余游湖上，始寓红春桥，后

---

① 《童树庠先生墓表》明言童树庠卒于丁巳八月廿八日，享年四十九，详参胡纪祥《童氏家族》附录三，宁波出版社 2011 年版，第 260—261 页。

② 《吴缶老为陈季生七十征诗，歌以似之》《徐生公起之父贞斋翁六十生日，来谒诗，赋是篇付之》《均之招同佛矢、幼度饮湖上酒楼》诸诗，原载《天婴室丛稿第二辑》之一《塔楼集》，后又被陈训慈选入《天婴诗辑续编》。

迁宝石山塔楼。楼结覆山颠，俯瞰全湖，地甚幽胜，友人王幼度偕妇居之。幼度夫妇以师礼事余，余因依焉。然山未深，林未密，往往为人所知，不能绝酬应，吊死贺生，每有所作，辄付弟子写之，为《塔楼集》，玄叟识。"是知被收录于《塔楼集》的诗文，作于乙丑年（1925）。当然亦有例外，譬如《先妣讣状》《赠虞君洽卿叙》就作于1926年（详见后文）。

民国十五年（1926）　丙寅　五十五岁

◎1月1日乃《商报》创刊五周年纪念日，先生在《商报》发表《本报五周纪念宣言》①。《宣言》在回顾《商报》历史之余，既肯定五年来的成绩，更重申将一如既往地纵论时政之得失。

其辞云："当是时，吾国舆诵，数受劫于暴吏。独沪上为宾萌侨居之地，单唇游舌，绝无顾惮。远迩国闻，胥薮会于此。而诸所称海上记者者，其识见言论亦相差而较为善，顾木铎久振，金口亦缺，道人失鞅，牛车不前。时之所止，势亦有然。本报晚兴，有志更革，弥力内充，毕诚外美，音驿四同，论坛独断。论行辈则属在后进，言改造则常为前驱。盖自本报发轫而后，而在野之言路益辟，虽其间不免有轮摧毂折之虑，而同人精神所会，再接再厉，愚能移谷，志可成城，每当国内外大事起，有所持论，微言中窾，痛砭刻肤，国诵因而改听，远人为之侧目。往往借端泄恨，蹈隙致难，然同人等心不他纷，气毋自馁，百辟坚金，勿畏狂火，一规凉壁，早绝苍蝇，朕可绝而笔不可屈，齿可凿而口不可关。涂堪擿埴，岂曰冥行，方有定针，匪同盲骑，此则五年中微效之由申，当亦论世者明目所共见也。……纵欲抱其正义，口诛笔伐，以与天下周旋，而满地横流，滔滔皆是，一奉之土，所当几何？且危言危行，难居无道之邦，一贬一褒，易召反应之祸，此亦必然之势也。然同人惟知职责所在，不敢廉耻俱亡，载书而往，弥笔以俟。人自形其媸妍，水镜岂任厥咎，物自分其曲直，丝毫未有容心。虽异时本报之变化如何，而今日同人之精神不懈。百年之计，倏焉五周，万里之程，凛兹初步，用发誓言，以

---

① 按，《陈布雷回忆录》民国十五年条云："一月一日，《商报》出版满五周年，发行纪念特刊，大哥撰《五周年宣言》，余撰《五年来之回顾与前瞻》一文。"

告读者。"①

◎农历二月初一,母顾氏(1847—1926)病卒,先生作《先妣讣状》。

　　按,《先妣讣状》云:"先妣氏顾,为同县凤山处士鸣琴先生之女。年二十一,归我先公,又十六年而先公殁。不肖正,方九岁,二女弟尤幼。先公生时好行义,岁所获赀,则举衰之于公,故其殁也,家亡赢私,来日茫茫,既哀屡孤,又患无恃,吾母之戚可知也。……母生故清道光二十七年十一月初二日,卒民国十五年夏朔二月初一日,春秋八十。……训正泣述。"②

◎春,先生作《江城子(始柳)》。

　　按,该词上阕云:"眉梢笼翠欲生春,越溪滨,乍黄昏。雨过天青,遥看是烟痕。生怕东风难受影,教澹澹,著精神。"③据文意,当可确定作于春季。又,《紫荭词》序,明言其所录诸词皆作于乙丙之际(1925—1926),故系之。

◎作于本年春且见录于《紫荭词》中的词,尚有《高阳台(残雪和疆邨均)》《真珠帘(用草窗均为人题〈晓春试妆图〉)》《扫花游(有怀幼度,依玉田春水韵)》《瑞龙吟》《芳草渡》《南浦(和碧山)》《烛影摇红(溪西春游未果)》《风流子(和梅溪)》《蓦山溪》。

◎6月8日,先生被宁波佛教联合会聘为名誉会长。

　　按,《申报》1926年6月11日《佛教联合会开会纪》:"宁波佛教联合会,于八日下午二时在白衣寺开会,到各寺住持二十余人。议决各项如下:(一)向县署备案。(二)延请名誉会长。1.本埠沙门谛闲居士张申之。2.镇海沙门苇江,居士盛竹书。3.慈溪沙门炳瑞,居士陈屺怀。"

◎夏,先生作《锁窗寒(怀坦园旧游)》。

　　按,见录于《紫荭词》的该词,其上阕云:"雨润春青,烟喧野白,

---

① 玄婴:《本报五周纪念宣言》,刊《商报》1926年1月1日;后又改称《上海商报五周纪念宣言》,收录于《天婴室丛稿第二辑》之一《塔楼集》,第19—21页。

② 《天婴室丛稿第二辑》之一《塔楼集》,第29—30页。根据冯君木《陈府君墓表》所录陈训正之父的生卒年加以推断,此所谓"又十六年而先公殁",理当改为"又十二年而先公殁"。

③ 《天婴室丛稿第二辑》之五《紫荭词》,第4页。

早梅天气。东风万缕，欲绣芳郊难理。又一番、浅晴浅寒，几曾逗得莺声起。问柳旁消息，殢阴多少，故人归未?"据文意，当可确定作于夏季。又，《紫荬词》自序明言集中所录诸词作于乙丙之际（1925—1926），故系之。

◎夏，先生应掖县县长应季审之邀，赴鲁主持编纂《掖县新志》，途经青岛时，作《旅次青岛》诗。未久，拟就《掖县志例目草创》。

> 按，《天婴室丛稿第二辑》之二《北迈集》序云："老友应季审长掖县，招修《掖志》。时盗贼毛起，川涂多梗，余乃遵海而北，自夏至冬，凡两渡，得诗词若干首，题曰《北迈》，以当游纪。丙寅，玄叟识。"又《旅次青岛》内谓："吾来当炎月，天地常苦隘。此岛何清凉，耳目时为快。"
>
> 《鄞县通志编印始末记》小字注引《掖县志例目草创》云："方志之作，以表著地方文物嬗进之迹为先务。改国以还，运殊风变，纪载之道，古不如今，虽章实斋、恽子居复生，不至墨守其义例，势有然矣。民国十余年来，新修县志不下八十余种，然皆例目乖舛，不合于时，无足依据。惟宝山县钱《志》，稍参新例;拙著《定海县志》，更引其绪而广之，穷古往今来之蕃变以会其通，推天行人事之奥衍以治其究，体裁节目，断然创始，要能自成其义例。近见《泰安新志》'编辑则例'（全书未见），定为《舆地》《政教》《人物》《艺文》四门，四门中分类别目，要而不烦，洵足示民国县志之范，宜援用之，以为本纂之根据，更参用《定海志》例，增《食货》一门，凡关于人民资生事项之统计，皆入之。要之，编纂大意，务求质实有用，取征后来，叛古之诮，所不辞也。又按《人物》《艺文》两志，指在阐扬，似以博取为当，然为义例所拘，往往不能尽辞。兹别辟《文献汇述》一门，附于志余，亦实斋义例所许也。全志都为五门，其节目条附于后，俾采访有所持循云。"①

◎夏，先生自青岛赴潍县，夜宿大圩河，作诗一首，题为《夜自青岛上行赴潍县，车既至，同行者皆昏睡，比觉，已越站大圩河，不得已，露次俟晓，复乘下行车，回至潍。行旅况瘁，谁实遣此，作诗寄慨》。

---

① 《鄞县通志编印始末记》又云："陈训正纂修山东《掖县志》，又取范于《泰安新志》，乃综合各子目，而分为方舆、政教、食货、人物、艺文五门。"

按，先生此行，始至青岛，尔后在某夜，自青岛北上，故该诗之作，虽稍后于前诗《旅次青岛》，但亦作于同年夏日。

◎夏，先生抵达掖县县城，作《掖城怀古》诗，述及徐市求仙药、韩信拜将等史事与传说。

　　按，诗云："炎风断行人，沙日乘孤障。……举头看海水，低头思往事。……田横岛，韩信山，英雄慷慨死，遗恨在人间。人间何物堪千古，丹药不死良独难。黄金可成河可塞，徐市求仙竟不还。汉皇幸台今无处，沙上白鸟意何闲。……至今牛羊下坡来，悲鸣不嚼墙根草。"①

◎7月，先生呈请浙江省教育厅依新学制改办工业学校。

　　按，《时事公报》1926年7月5日《宁属工校呈请改办中》云："旧宁属工业学校校长陈训正，目前具呈教育厅：'窃职校前依据旧制《甲种实业学校规程》，分设金工、土木两科。甲种工业学校计预科一年，本科三年，分期毕业，历有年所。自新学制颁行……预备改组高级中学工科。未办以前，兼附设初级中学，采用二三制，先招收初级部、高级部，仍分金工、土木两组，俟初中部办齐后再行开办。学校名称，即将原有甲种两字删除，改为旧宁属县立工业学校，并附设初级中学，将来高中开办，即再改名为旧宁属县立高级中学工科，并现有各级学生，仍照旧制课程年限，赓续办理至毕业止。节经钧厅及省长公署核准，暂行试办在案。……总上情由，经职校一再召集董事会会议，金谓当此时机未至之时，殊未便率尔举办高中，而从前之职业科，既课程适应地方，而地方又需要之殊，不得不赓续遵办，仍采四年期制，为此除将现有初中各级学生，仍照新制课程年限，赓续办理至毕业止。旧制土木三年级学生准期毕业后，仍遵招职业科新生，并即将原有旧宁属县立工业学校，兼附设初中之名称，改为旧宁属县立四年期工科职业学校外，所有预备试改高级中学，因时机未至，未便率尔举办，并即遵照标准，赓续改为四年期工科职业学校缘由，理合备文，并附暂行学则三份，呈请省长鉴核备案云。'闻教厅接知后即呈省长，略称：职厅察核所呈，尚属实情，除指令准其试办，并厘正该校校名为旧宁属县立职

---

① 《天婴室丛稿第二辑》之二《北迈集》，第2—3页。

业学校工科,仰即遵照外,理合检同该校暂行学则一份,明文呈请省长鉴核示遵。"

◎农历六月,先生作《掖多古檗,大者数十围,云是宋元时遗植。余寓斋前一株,其录录小者,然亦百年物也。炎午偶坐,无聊对此,婆娑老态,不能无动于怀,因作〈老檗〉,咏以自嘲》诗①。

按,诗中提到"时当六月火体雄……当暑昏昏疑为雨",故系之。

◎夏末,先生作《胶莱道中》《始至莱子》两诗。

按,《胶莱道中》内称"燕台古木秋风早",时属夏末;而《始至莱子》则又明言:"孤旅苍黄暮日何,炎沙暑路乍经过。四云瞑合三官岭,一雨秋生万岁河。"②

◎农历九月,先生作《秋九月,重入掖。掖候应君命虞候关芝田出青岛道迓。既至,乞诗。赋此劳之》:"自笑临歧路辄穷,徒劳迎候出胶东。弟兄四海各天末,楼市三山又暮空。马老独驱当智仗,涂深未凿待愚公。此行真道吾犹箭,射破迷阳仗汝弓。"③

按,其写作时间,诗名可证。

◎秋,先生作《到掖二月,不闻有促织声,心怪之,口占一绝》。

按,《天婴室丛稿第二辑》之二《北迈集》录曰:"一自秋城住,未闻秋蝉声。非无秋意思,不敢向人鸣。"

◎是年,长孙辟尘十三岁,行将出外求学,先生改其名字为"更始""改"。

按,《长孙更名说》云:"凤之子生十有三年,已有名字,曰'辟尘''炎驹'。(父)[夫]'辟尘''炎驹'者,麟之别称,希世而非常有者也,为长上者宝爱其子孙,而以希世非常有者命之。……吾孙习书数七年,性好弄,不自宝爱,今当出就外傅,来请更名,予冀其弃乎故而知所改也,于是命之曰'更始',字曰'改'。夫以'始'与'改'之义责其子孙,岂为长上者之心所乐而出此耶!更始乎,往者已

---

① 《天婴室丛稿第二辑》之二《北迈集》,第6页。
② 《天婴室丛稿第二辑》之二《北迈集》,第3页。
③ 《天婴室丛稿第二辑》之二《北迈集》,第6页。在诗末自注中,陈训正曾言及此行之风险:"是行中途,遇暴,车被夺,以虞候力,得反。"

矣,继自今而往之所谓'始'者,何如也?"①今考诸《答洪佛矢》,可知民国九年(1920)辟尘年方七岁②,由此下推六年,故系之于此。

◎是年,镇海李霞城(1867-1932)年届花甲,先生应邀为作《赠李霞老六十》以祝其寿。

按,《天婴室丛稿第二辑》之一《塔楼集》载曰:"君子之居乱邦也,不矜直,不拘方,不求誉,不见材。……盖李君之为人,桡而不失其为直,刓而不失其为方,不邀誉而誉自至,不急材而材自尽。……不博名于济施,而求焉无不应;不矜意于为人,而谋焉无不尽。其自孚、孚物也如是,故猵吠满涂,虽有哗者,久乃安焉。君之所由高世者,此也。……李君今年六十,其姻若好,将醵而会筋之,先时来征词。夫假为寿之名,而炫其交游显贵之众、供顿声华之盛,此世俗人之所甚喜,虽四十、五十而伛为之,无不可也,李君岂其比哉!难然,余固知李君者,余之言,尤李君所契可……李君傥为我据壶,一大乐乎!"③

◎作于本年夏冬之际且被收录于《北迈集》中的诗文,尚有《代简答南中诸亲友垂询旅况》《又》《风喻呈应掖长》《一阳将复而遄征未已,忆内有作》④《将去掖,日大雨,道梗不得行,夜坐无悰,口号一十八韵》《喜晴诗一十八韵》《沙仔甫自沪迎余来掖,既至,索余诗。余戏曰:"汝诚有劳矣,然驱老夫数千里至此,以情论,不能无怨汝也。"因赋二十韵调之》《既晴又雨》《寒同行,为应季老作。季老有出世想,屡为余言之,因举郑道昭弃官入道事相喻》《竺某先自济南来索书,以诗答之》《减兰(历下杂兴)》《大基山道士谷》《登泺口城观黄河鐡桥》《趵突泉》《登千佛山四览有作》。

按,《天婴室丛稿第二辑》之二《北迈集》序云:"老友应季审长掖县,招修《掖志》。时盗贼毛起,川涂多梗,余乃遵海而北,自夏至冬,凡两渡,得诗词若干首,题曰《北迈》,以当游纪。丙寅,玄

---

① 《天婴室丛稿第二辑》之一《塔楼集》,第30—31页。
② 陈训正:《答洪佛矢》,《天婴室丛稿》之四《哀冰集》,第13页。
③ 陈训正在《天婴室丛稿第二辑·叙目》中自我交待,凡《塔楼集》所录诗文,皆作于乙丑(1925年)。《赠李霞老六十》作为个案,反证陈氏此一自我交待,未必尽是。
④ 《代简答南中诸亲友垂询旅况》《又》《风喻呈应掖长》《一阳将复而遄征未已,忆内有作》诸诗,原载《天婴室丛稿第二辑》之二《北迈集》,后又被陈训慈选入《天婴诗辑续编》。

叟识。"

◎《东家火》《鬼出兵》《走马辞》《白皑皑》《閟閟子》《埻埻㙋》《鋈金刀》《昆仑冠》《中林鹿》《白唐子》《女蓍曲》《嗟嗟不得归》《支离曲》《苦农行》《打稽行》《流郎曲》《缁河叹》《采山吟》《野马曲》《封蛾谣》《丽留行》《姜姜草》《横河曲》《江东曲》《苍崖行》，这 25 首杂歌谣，既被收录于《炎虎今乐府》①，也就理当作于本年，但确切时间似难考定。

> 按，陈训正《炎虎今乐府序》："此丙寅岁所作也，故曰炎虎。时多忌讳，种豆种桃，动招嫌怨。玄翁每有谣咏，不敢以名见，必假署之，然犹惧久而为人知也。一事一名，以自韬匿，二十年来，凡七八易矣。来日芒芒，不知当复几易也。丁卯春，识于闸北寓庐。"

◎约本年底，先生作《赠虞君洽卿叙》；该文貌似纯粹表彰虞洽卿（1867—1945）的"商战"之功，但若通盘考虑 1926 年底蒋介石率师北伐至南昌后的政治形势、当时虞洽卿在上海滩和江浙财阀中的身份地位，则又不难推知《赠虞君洽卿叙》的作旨，正在于拉拢蒋介石与虞洽卿的关系。

> 按，《赠虞君洽卿叙》云："吾国自白门议约、五步通市以还，环海而国之侨民，胥挟其材贿、国力，仰机利射幸，梯航而至，最会于扬子江下游，于是上海遂以弊难散邑，一跻而为东南菁华萃蔚之区。……壬寅之岁，西力东渐，演年而进……互市之场，隐然见戈矛，若在在有大敌劲雠憏而来者，迄于今，且八十有五年矣！……虞君行业沪上，自童习至老成，四十余年，辄能察时观变，巩护我国金权、物权以与侨民争贸易之几。尝曰：'为国家争体制，为吾民争生存，吾虽微，庸让乎人哉！'余高虞君言，伟其为人之能转移国俗于其六十之生也，叙以贻之，既诵其往，将复以勖其继云。"②兹据其"壬寅之岁（即道光二十二年，1842），西力东渐……迄于今，且八十有五年矣"云云，可以确定《赠虞君洽卿叙》作于 1926 年。也惟其如此，在 1927 年蒋介石发动"四·一二政变"后不久，陈训正就从一介布衣窜升为浙江省务委员会的委员③。

---

① 这 25 首杂歌谣后又被陈训正选入《天婴诗辑》。
② 《天婴室丛稿第二辑》之一《塔楼集》，第 28—29 页。
③ 《时事公报》1927 年 4 月 22 日《省务委员会正式成立》。

民国十六年(1927) 丁卯 五十六岁

◎1月,先生纂成《掖县新志》,并作《掖县新志叙目》。

按,《烟台晚报》2008 年 3 月 23 日第 18 版《稿本〈掖县城区详图〉》云:"自民国十五年六月设局,至民国十七年一月,始成底稿二十卷,内附总、分详图二十五张,名曰《掖县新志》。"①

《天婴室丛稿第二辑》之九《缆石幸草》所录《掖县新志叙目》云:"地方之志,道古不如合今,单闻只见,曾于所著《定海县志》发其例,墨守之士,辄以余敢于反古,用相诟病,独吾友应君季审,见而题之,以为穷古往今来之蕃变以会其通,推天行人事之奥衍以治其究,体裁节目,断然创始,虽未敢言绝后,要当空前无疑也。会应君出宰掖县,有纂修《掖志》之役,遂要余属笔。余感其意,杨柳而往,雨雪而归,跋迟半载,始立体干,大氐用《定海志》之例法,而更损益其间。凡为目大别者五,曰方舆,曰政教,曰食货,曰人物,曰文艺。五大目之中,又各以其所系属者小别之,为小目。方舆之属一十有八,曰沿革、疆界、形势、山林、海洋、河渠、堤防、乡区、村落、市镇、户口、氏族、土质、气候、物产、名胜、营建、局所;政教之属一十有七,曰田赋、杂税、地方税、公有款产、行政、司法、自治、教育、实业、交通、武备、祀典、宗教、职官、史事、风俗、方言;食货之属,不著小目,民生概况,括以表说;人物之属九,曰科贡、仕进、学位、公职、选举、名贤、学艺、列女、方外;文艺之属二,曰箸作、金石。括五大目、四十七小目而成书,是为《掖县新志》。属于方舆者,又有县境图、乡区图、市镇图、海岸形势图、沿海水之深浅图、渔区图,图多不能列一册,别出之于册首。都四册,一图,二方舆志,三政教志,四食货、人物、文艺三志。创始于民国十五年五月,越若干月而书成。慈溪陈某识。"

◎春,先生作《春日登高怀应掖县》:"访石寒同忆旧游,临高念远此时

---

① 《烟台晚报》2008 年 3 月 23 日第 18 版《稿本〈掖县城区详图〉》续曰:"乃于二十一年地方叛扰(即 1932 年韩刘之战),新志稿本全被炮燃,毁于兵。"又,陈训慈《陈君屺怀事略》云:"介乎(《定海县志》《鄞县通志》)两志之间(约民国十五六年间),君又应故人掖县长应季审之约,曾纂《掖县新志》,为此北游齐鲁,立例采访,荟稿杭垣。稿成而应去官,未及刊行。"

愁。沙云海国何迢递,春草天涯尚滞留。却讶东风先上道,每逢佳日一凭楼。知君早有青山约,曷不归来共白头。"①

　　按,该诗既已被收入《圣塘集》,理当作于民国十六年(1927)三月至次年十一月二十一日陈训正首次就任杭州市市长期间。考《北迈集》自序云:"老友应季审长掖县,招修《掖志》。时盗贼毛起,川涂多梗,余乃遵海而北,自夏至冬,凡两渡,得诗词若干首,题曰《北迈》,以当游纪。丙寅,玄叟识。"两相结合,则《春日登高怀应掖长》,理当作于1927年春。

◎四月,先生与陈布雷一道,在杭州拜谒蒋介石,事后作诗以志其事,诗名《蒋仁湖总帅自沪得间来杭,宿南高峰烟霞洞,余于翌晨偕仲弟畏雷过之,遂同游韬光》。

　　按,《陈布雷回忆录》民国三十七年条云:"九月中旬赴海宁观潮,顺道至杭州游览,当至烟霞洞,在临江轩品茗时,回首民国十六年四月间,偕其大哥屺怀谒蒋介石于此,当张静江面蒋公称其文婉曲显豁,善于达意。以此因缘,浮沉政海于兹凡二十一年矣。"

　　陈训正当时所作诗,见录于《天婴室丛稿第二辑》之七《圣塘集》,其辞云:"南山何巉巉,横天高出云。此中有佳气,薜荔忽逢君。君自战地来,兵声隐在耳。所见乖所闻,乃知君自异。惟山出雷雨,鸣施贵有时。天人善变化,于此见清姿。下马揖烟客,上马访仙灶。绝顶一揽鞭,谁谓天下小。茫茫若可扪,海气生襟色。朔雁忽来翔,恐非南风力。老夫意气尽,无以为君重。长啸下山行,袖云聊致送。"

◎5月13日,先生与马叙伦等17人被任命为浙江省务委员会委员。

　　按,《时事公报》1927年4月22日《省务委员会正式成立》云:"杭电,浙江政务委员会,改名为浙江省务委员会,委员为马叙伦,蒋中正,邵元冲,蒋梦麟,朱家骅,徐鼎年,张世杓,黄人望,孙鹤皋,蒋伯诚,周佩箴,程桄钧,周觉,陈希豪,陈屺怀,陈其采,阮荀伯等十七人。"

---

① 《天婴室丛稿第二辑》之七《圣塘集》。该诗后又被陈训慈选入《天婴诗辑续编》。此外,见录于《圣塘集》的《代简寄应三莱州》诗,以及见录于《天婴室丛稿第二辑》之六《吉留词》中的《蝶恋花·寄应三莱子》,亦当作于此期。

又，沙文若《陈屺怀先生行状》云："十六年春，受任浙江省政府委员，与杭马君叙伦、诸暨蒋君伯诚同为常务委员。"

又，陈训慈《陈君屺怀事略》云："十六年春，浙江省政府正式组织成立，君受命为省府常务委员。"

◎晚春，先生雨后游九涧十八滩，并赋诗以志其事。

按，《雨后游九涧十八滩》点明时在"春尽"，《天婴室丛稿第二辑》之七《圣塘集》录其诗云："一雨先人出，山行万翠中。漏天絮晴滴。虚籁答林空。春尽余芳在，山连暗水通。野花徒照眼，作作上颜红。"

◎农历四月二十一日（5月21日），先生连作《送入我门来（四月二十一日赋）》《生查子（同日赋）》二词①。

按，两词明言作于四月二十一日。

◎6月27日，先生出席浙江省务委员会第27次会议。

按，《浙江省政府公报》第44期《浙江省务委员会第二十七次会议录》（六月二十七日）云："出席委员：蒋梦麟、马叙伦、陈其采程鹏代、陈希豪、周凤岐、蒋伯诚、程振钧、阮性存、陈屺怀、邵元冲。主席：周凤岐。"②

◎6月29日，先生出席浙江省务委员会第28次会议。

按，《浙江省政府公报》第48期《浙江省务委员会第二十八次会议录》（六月二十九日）云："出席委员：蒋梦麟、马叙伦、陈其采程鹏代、陈希豪、蒋伯诚、程振钧、阮性存、陈屺怀、邵元冲。主席：蒋伯诚。"③

---

① 《天婴室丛稿第二辑》之六《吉留词》。这其中的《送入我门来》，后又被陈训正选入《天婴诗辑》附录二《词》，第40页。
② 《浙江省政府公报》第44期（1927年7月2日），浙江省政府秘书处，第1页。
③ 《浙江省政府公报》第48期（1927年7月7日），第4页。

◎7月1日,先生出席浙江省务委员会第29次会议①。

　　按,《浙江省政府公报》第49期《浙江省务委员会第二十九次会议录》(七月一日)云:"出席委员:蒋梦麟、马叙伦、陈其采程鹏代、陈希豪、周凤岐杜伟代、蒋伯诚、程振钧、阮性存、陈屺怀、邵元冲。主席:蒋伯诚。"②

◎7月4日,先生出席浙江省务委员会第30次会议。

　　按,《浙江省政府公报》第50期载曰:"浙江省务委员会第三十次会议(七月四日)。出席委员:蒋梦麟、马叙伦、陈其采程鹏代、陈希濠、周凤岐赵南代、蒋伯诚、程振钧、阮性存、陈屺怀、邵元冲。主席:蒋伯诚。"③

◎7月6日,先生出席浙江省务委员会第31次会议。

　　按,《浙江省政府公报》第51期载曰:"浙江省务委员会第三十一次会议(七月六日)。出席委员:蒋梦麟沈肃文代、马叙伦、陈其采程鹏代、周凤岐赵南代、蒋伯诚、程振钧、阮性存、陈屺怀、邵元冲。主席:蒋伯诚。"④

◎7月8日,先生以主席身份,出席浙江省务委员会第32次会议。

　　按,《浙江省政府公报》第51期载曰:"浙江省务委员会第三十二次会议(七月八日)。出席委员:蒋梦麟、马叙伦、陈其采程鹏代、周凤岐赵南代、蒋伯诚、程振钧、阮性存、陈屺怀、邵元冲。主席:陈屺怀。"⑤

◎7月8日,先生以主席身份,出席浙江省务委员会临时会议。

　　按,《浙江省政府公报》第53期载曰:"浙江省务委员会临时会

---

① 该年7月25日,南京国民党中央执行委员会政治会议通过决议,决定将原浙江省政务委员会改组为浙江省政府委员会。7月27日,陈训正与张静江等14人被任命为浙江省政府委员,与此同时,张静江被指定为浙江省政府主席,陈训正、马叙伦、蒋伯诚为常务委员。当时除主席外,由委员会互选三人为常务委员,须经常到省府办公,且省政府对外一切公文均由主席与常务委员共同署名。
② 《浙江省政府公报》第49期(1927年7月8日),第2页。
③ 《浙江省政府公报》第50期(1927年7月11日),第2—3页。
④ 《浙江省政府公报》第51期(1927年7月12日),第10—11页。
⑤ 《浙江省政府公报》第52期(1927年7月13日),第3页。

议（七月八日）。出席委员：蒋梦麟、马叙伦、周凤岐赵南代、蒋伯诚、程振钧、阮性存、陈屺怀。主席：陈屺怀。"①

◎7月13日，先生出席浙江省务委员会第34次会议。

按，《浙江省政府公报》第55期《浙江省务委员会第三十四次会议录》云："浙江省务委员会第三十四次会议（七月十三日）。出席委员：蒋梦麟、马叙伦、陈其采程鹏代、周凤岐赵南代、蒋伯诚、程振钧、阮性存、陈屺怀、邵元冲。"②

◎7月15日，先生以主席身份，出席浙江省务委员会第三十五次会议。

按，《浙江省政府公报》第57期载曰："浙江省务委员会第三十五次会议（七月十五日）。出席委员：蒋梦麟、马叙伦、陈其采程鹏代、蒋伯诚、程振钧、阮性存、陈屺怀、邵元冲。主席：陈屺怀。"③

◎7月18日，先生出席浙江省务委员会第三十六次会议。

按，《浙江省政府公报》第59期载曰："浙江省务委员会第三十六次会议（七月十八日）。出席委员：蒋梦麟、马叙伦、陈其采程鹏代、陈希豪、周凤岐叶焕华代、蒋伯诚、程振钧、阮性存、陈屺怀、邵元冲。主席：蒋伯诚。"④

◎7月20日，先生出席浙江省务委员会第三十七次会议。

按，《浙江省政府公报》第61期载曰："浙江省务委员会第三十七次会议（七月二十日）。出席委员：蒋梦麟、马叙伦、颜大组、陈希豪、周凤岐叶焕华代、蒋伯诚、程振钧、阮性存、陈屺怀、邵元冲。主席：蒋伯诚。"⑤

◎7月22日，先生出席浙江省务委员会第三十八次会议。

按，《浙江省政府公报》第65期载曰："浙江省务委员会第三十七次会议（七月二十二日）。出席委员：蒋梦麟、马叙伦、颜大组、陈希豪、周凤岐叶焕华代、蒋伯诚、程振钧、阮性存、陈屺怀、邵元冲。主

① 《浙江省政府公报》第53期（1927年7月14日），第1页。
② 《浙江省政府公报》第55期（1927年7月17日），第1页。
③ 《浙江省政府公报》第57期（1927年7月20日），第3—4页。
④ 《浙江省政府公报》第59期（1927年7月22日），第7页。
⑤ 《浙江省政府公报》第61期（1927年7月25日），第8页。

席：蒋伯诚。"①

◎7 月 25 日,浙江省务委员会改组为浙江省政府。先生被任命为浙江省政府委员,并出席浙江省政府委员会第一次会议②。同日,省政府主席张人杰签署发布《浙江省政府令秘字第 7339 号》(令所属各机关),在这份文件上共同署名的,尚有蒋中正、马叙伦、陈屺怀等 13 位政府委员③。

◎7 月 27 日召开的佛教孤儿院董事会,特许先生暂时无需负责院务。

按,《时事公报》1927 年 7 月 29 日《佛教孤儿院董事会纪》云:"宁波佛教孤院,因有各种院务,亟待各董事商确,特定七月二十七日,召集董事会开会讨论……议案如下:①孤儿升学办法……②孤儿限年出院……③惩奖孤儿办法……④院长负责院务……院长陈屺怀先生现任省政务委员,禅定和尚现任天童寺方丈,咸因路途较远兼有重大职务,不能如期到院,暂不负责外,当场各董事面恳赵芝宝先生、智圆和尚二院长,订期到院,以利院务;⑤催缴水陆捐。"

◎7 月,先生应请,作《故清封中宪大夫罗君碑阴诏并序》。

按,《天婴室丛稿第二辑·缆石幸草》载曰:"君讳豫昌,字也庭,姓罗氏,慈溪人。……兄弟六人,君最少,有挚性,事亲能尽礼养,生平厚人而薄己,于其族尤亟,力所能为,靡不殚且先。尝有鸠族之志,牒其先世,自罗江始迁祖以下,无疎戚,必谨注昭穆行次、生卒年月而籍之。曰:'吾贫,不能恤族,此戋戋者,或可尽心也。'夫人张氏亦贤明,奉姑谨,相夫持门户有道。……君生道光十八年戊戌七月二十四日,卒光绪十六年庚寅六月十二日,春秋五十有三。夫人生道光二十二年壬寅九月初一日,卒民国八年旧历巳未九月二十七日,春秋七十有八。男子子二,国荣、国华;女子子一,适同邑王某某。……民国十六年七月,国荣兄弟卜葬君与夫人于治西二十里官桥井头村之原,来请曰:'将以垂久,久而志不忘,愿受辞。'遂为铭其碑阴。铭曰:'马嘶西,鸡鸣东,凤翥虎脾郁葱葱。畴幽之宫,曰有长德者罗君,千春万秋宅其中。'"

---

① 《浙江省政府公报》第 65 期(1927 年 7 月 29 日),第 1 页。

② 《浙江省政府委员会第一次会议录》,载《浙江省政府公报》第 66 期(1927 年 7 月 30 日),第 2 页。

③ 《浙江省政府令秘字第 7339 号》(令所属各机关),载《浙江省政府公报》第 65 期(1927 年 7 月 29 日),第 8—10 页。

◎夏,在浙江省民政厅厅长马叙伦的提议下,先生长子建风(孟扶)被任命为某县县长,但先生以其子不堪此任而呈请收回成命,获准。

按,阮毅成《学者从政的典范——回忆陈屺怀先生》云:"民国十六年夏季,有一天中午,先父自浙江省政府出席委员会会议回家,对我说:'陈屺怀先生真是可以敬佩的人物。'他接着说:'今天会议中,民政厅厅长马夷初(叙伦),提出派陈孟扶为某县县长,主席已宣告通过。屺怀先生忽然起立说:刚才没有注意,现在坐在我隔壁的某委员,向我道贺。我才知道,马厅长提案,发表了一位新任的县长,而这位新任县长,却是我的儿子孟扶。马厅长事先并没有和我或与我小儿谈过,但是知子莫若父,小儿孟扶绝对不是适合于担任县长的人才,尚请主席与各位委员,撤销刚刚通过的任用案,收回成命。'先父说:'向例,各县县长的任免案,由民政厅厅长提出,经过宣读后,从来没有不通过的,更没有通过了又撤销的。屺怀先生发言之后,会议席上沉默了一会儿。马夷初本来想讨好屺怀先生,却讨了一场没趣,也就未再起立有所说明。主席乃宣告,原案由民政厅撤回。'"①

◎8月底,先生在任职浙江省政府委员期间②,受张默君汇款案之牵连。

按,《时事公报》1927年8月28日《张默君汇款案之甬闻》云:"杭讯,杭州市长邵元冲夫人张默君,因汇款七万四千二百元至沪,引起各方责难③,兹经邵氏在沪杭各报登载启示声辩云:'……乃因本月十五日为保管江西省政府李主席协和委托之款项及市政府之各局指定事业用费共七万三千四百元,暂且移沪一事,引起误会,阻止兑付。维以此各款之数目性质用途,已先后详细告知省政府各委员,均能谅解,又为表明该款之用途起见,仍复移杭照支。其

---

① 阮毅成:《学者从政的典范——回忆陈屺怀先生》,载《浙江近代学术名人》(《浙江文史资料选辑》第43辑),浙江人民出版社1990年版,第146页。

② 该年8月13日,蒋介石下野;8月25日,国民党中央执行委员会政治会议批准陈希豪、马叙伦、颜大组请辞浙江省政府委员之职,改由庄崧甫、陈其采、斯烈递补,而陈训正与陈其采、斯烈成为新的常务委员,并在斯烈到任之前,短暂代理浙江省民政厅厅长。事详《浙江省临时政治会议及中央政治会议浙江分会会议记录汇刊》(浙江省政府秘书处1928年5月编,第73页),以及茹管廷《国民党统治时期浙江省民政厅见闻》(《浙江文史资料选辑》第21辑,浙江人民出版社1982年版,第117页)。

③ 马振犊:《邵元冲与张默君》,《民国档案》1986年第1期,第117—118页。

汇票二纸（一纸为李君之款，一纸为各局指定之事业费），于二十一日上午，在省政府由浙江省政府代理主席兼戒严司令周委员凤岐，亲于票背写明照付，并署日期盖章，省政府常务委员陈委员屺怀及鄙人，亦分别盖章，由陈委员保存，于二十二日上午，由市政府会计沈君，会同工务局长及教育卫生公用三局科长，各携指定事业费之领收证，经陈委员屺怀验明无误，当将该汇票二纸，交省政府会记唐君，偕市政府会计及各局负责人员，同主中国银行验付，由各局自行保存支用（其李君之款，则另行立户保存），故此事在二十二日上午十一时以后，已完全结束，再无枝节……若必欲罗织鄙人，则周、陈两委员，亦将与鄙人负同一之责也。……兹为纠正谣诼起见，除致函周、陈两委员，请具说明审查及发款之经过外，特此声明，以释群疑。若此后再有此类诬周之举动，一经查得主名，便当诉之法律解决。此启。'"

◎秋，先生作《满路花（赋事）》。

按，《吉留词》载其上阕云："高桐秋作弄，落叶乍哀蝉。是何消息也、怅尊前。前尘似海，望眼欲生烟。几度凭阑处，凉月娟娟，曳风还过虫边。"① 且《吉留词》自序曰："雨过天青，吉留升树，晚风忽来，听之噭然，以名吾词，庶几似之。十六年秋，西田居士客杭州日，始立是册。"② 故系之。此外，《吉留词》所录《满路花（叔麇携玉晖来湖寓，遂偕老妻、求儿、两孙辟尘、明玕同游南山）》，据其文意，亦可确定作于民国十六年（1927）秋。

◎9月10日中秋节，先生作《喜迁莺慢》词："翠涛堆眼。试延睇隔江，越山何乱？萧渡风森，疏秋日澹，弥望草连沙断。暗潮犹作弄浑，不记旧时清浅。溯洄久、渐云随足起，心与云远。　看看。路暗转。无数剩情，万竹参差见。风实霜匀，龙须烟弹，人外午钟初蝉。洒襟凉未透还，认取古樾亭苑。且小坐、问一山业桂，香泛长短？"

按，《喜迁莺慢》副题明言作于中秋日："中秋日，江行至云栖，

① 《天婴室丛稿第二辑》之六《吉留词》，第1页。该词后被陈训正本人选入《天婴诗辑》附录二《词》，且更名为《满路花》。
② 考陈训慈《晚山人集·后记》云："回忆丁卯秋后，伯兄方从政省垣，余来任省立一中教职，承兄命，寄居其贝庄寓中，见其书室案次有稿本，颜曰'我行我素'，乃其公事旁午之余，每有吟咏述作，辄书于此册者。"细究之，可见两说似乎不无矛盾。

— 172 —

万竹娟娟,双榔落落,木犀风来幽香,满院坐而乐之,茶占是解。"

◎约 9 月 23 日,先生作《宴清都(得甬讯,云仁湖总帅自陆来杭。偕省府诸公,至江干迎候。是日大风雨,阻津渡,久迟不至,乃望潮而还)》①。

按,布莱恩·克洛泽《蒋介石传》云:"当蒋的辞职被宣布的时候,他已于 8 月 12 日前离开了南京,踏上了返回家乡奉化的路程,家乡的群山挺拔宁静,深深地吸引了他。他把住所安置在雪窦寺。这是浙江一座山脊上的佛教寺院。……1927 年 9 月 23 日,蒋带着一小队随从离开山里的寺院,到达了上海。"②准此,并衡之《宴清都》的副题,大抵可以确定该词就作于 9 月 23 日。

◎农历九月八日(10 月 3 日),先生作《满路花(九月八日赋)》:"几翻花下局,何处着残思。故山纷落叶、况秋时。一秤秋影,零乱覆猵儿。点检愁中柳,飒飒风微,作寒声在高枝。　不成消遣,琐琐总成悲。寥天存独坐、憺无归。归途香滞,采采欲遗谁? 断艳零芳地。小立迟回,冷萤飞坐人衣。"③

按,该词既已被录入《吉留词》中,理当作于民国十六年秋季以降;事实上,该词已明确交代其作年,亦即民国十六年农历九月八日(1927 年 10 月 3 日)。

◎农历九月十五日(10 月 10 日),先生作《满路花(十五日又赋)》:"故山秋飒飒,最是雨来时。雨深山欲活、听依稀。似鸣孤臆,蟋蟀亦声微。向壁沉沉夕,无限凄迷,人间算汝情痴。　梦中消息,一夜失天涯。萧萧人外路、草何齐。野风喧碧,十里尽烟堆。愁见官桥柳。横绝高枝,忍教枝上鸟啼。"④

按,该词既已被录入《吉留词》中,理当作于民国十六年秋季以降;事实上,该词已明确交代其作年,亦即民国十六年农历九月十五(1927 年 10 月 10 日)。

◎农历九月中下旬,先生作《满路花(坐听秋馆赋此)》:"琐窗愁独掩,风

---

① 原载《天婴室丛稿第二辑》之六《吉留词》,后又被选入《天婴诗辑》附录二《词》,第 44 页。

② [美]布莱恩·克洛泽著,封长虹译:《蒋介石传》,国际文化出版公司 2011 年版,第 109、113 页。

③ 《天婴室丛稿第二辑》之六《吉留词》。

④ 《天婴室丛稿第二辑》之六《吉留词》。

雨晚来多。酿秋声起处、望如何。雁飘蛮泊,寒意逼山河。迢递新霜路,滑滑怜他,忍教梦也轻过。　思边烟语,隐约得来颇。秋坟谁出唱、不成歌。地荒天老,转念剩消磨。作尽凄凉态。落叶庭柯,愁扶鬓影婆娑。"①

　　按,该词既已被录入《吉留词》中,理当作于民国十六年(1927)秋季以降;据其"酿秋声起处、望如何"云云,足以认定该词作于民国十六年秋(大约农历九月十五日至二十九日之间)。

◎农历九月二十九日(10月24日),先生作《满路花(九月二十九日,独坐府中,见庭上木犀盛开,洒洒落地,意甚惜之)》:"无风香自堕,潺潺一庭秋。秋心俱以碎、不成收。但多残意,横出夕阳楼。为是伤心地,那敢迎眸,却来虫语阶头。　晚凉天气,独坐易生愁。隔帘浑不见、听飕飕。带将红叶,零乱逐沟流。纵有余香在。未许长留,坐看落日幽幽。"②

　　按,该词既已被录入《吉留词》中,理当作于民国十六年秋季以降;事实上,该词自序业已明确交代其作年,亦即民国十六年农历九月二十九日(1927年10月24日)。

◎11月1日,先生以代理浙江省民政厅厅长兼任杭州市代市长③。

　　按,顾彭年《四年来之杭州市市政》云:"第二个时期,自邵市长提出辞呈,经国民政府照准以后,经浙江省政府委员会第三十七次会议议决:杭州市市长,未经中央任命以前,由民政厅长暂行兼代。陈屺怀先生以代理民政厅长于十六年十一月一日,就兼代杭州市市长之职。"④

　　又,赵晨《国民党统治时期的杭州市长》云:"杭州市政府于1927年国民革命军光复杭州后建立……首任市长邵元冲……同年十一月,邵元冲另有重用去职,继任陈屺怀也以省府常务委员的名义,兼任杭州市市长。……陈屺怀接任后力持撙节,不但量入为

①　《天婴室丛稿第二辑》之六《吉留词》。
②　《天婴室丛稿第二辑》之六《吉留词》。
③　该年10月5日,国民政府任命蔡元培、何应钦、朱家骅、陈其采、程振钧、蒋伯诚、蒋梦麟、马寅初、阮性存、陈训正为浙江省政府委员,并委任何应钦为省政府主席;由于何应钦未能到任,陈训正在1927年10月10日至1928年11月15日之间代理浙江省政府主席一职(《民国浙江省政府全宗介绍》,《浙江档案》1991年第5期,第36页),但实权掌握在民政厅厅长朱家骅手中。
④　《市政月刊》1930年第9期,第7页。

出，而且还要弥补邵元冲追随'特别市'的亏空。陈是个保守派的人，他接事后常对人说：'不求有功，但求无过。'陈是慈溪人，起用了许多同乡人（宁波府属各县，如秘书主任方聘三、社会科长吴崍等）。一些杭州人讥讽说：'杭州市政府变成宁波市政府了。'"①

◎岁末，先生作《湖居夕望寄彦及》。

　　按，诗云："谲云飘忽起楼头，到眼都成碎碎愁。槛外夕阳一萤死，烟边归鸟万山啾。侧身天地思佳日，负手阑干怅远游。祇为风尘隔苕蒂，端居岁晚有离忧。"②兹据其"端居岁晚有离忧"，确定该诗作于岁末；而《圣塘集》所录诸诗又皆作于1927年3月至1928年间，故系之。

◎冬，先生作《真珠帘（湖居雪望，报春人至，云孤山老梅着花矣）》："开帘失喜孤山路。乍深深、照眼梅花无数。心逐白堤西，带冷香颠舞。几日西风吹不起，便料峭、春寒如许。欲去。怕鹤径依微，探春无处。　有客一笠飘然，道归来刚自，林家祠宇。雪意忒轻盈，拥珑松千树。短短红亭云外倚，偶回首、又成幽阻。看取。莫错认春迟，满天飞絮。"③

　　按，该词既已被录入《吉留词》中，理当作于民国十六年（1927）秋季以降；事实上，该词业已隐约交代其作年，亦即民国十六年隆冬。

民国十七年（1928）　戊辰　五十七岁

◎2月，先生受冯君木之托，将无法立足于上海的沙孟海，介绍到浙江省政府秘书处任职。

---

①　赵晨：《国民党统治时期的杭州市长》，《杭州文史资料》第5辑（1985年），第58—65页。而贺棫庆《十年来之市政沿革》则称"十月间，代理浙江省民政厅厅长陈公祉怀，兼代市长"。详参杭州市政府秘书处所编《杭州市政府十周年纪念特刊》（民国二十六年），《近代中国史料丛刊三编》第75辑，文海出版社，第5页。又，沙文若《陈祉怀先生行状》云："居官务持大体，恤民隐，谓十余年来民力痛矣，故力戒苛扰，不汲汲于兴革，民得休息而政以渐举。"沙氏笔下陈训正的政治形象，与赵晨《国民党统治时期的杭州市长》的描述大相径庭，但未必可信。
②　《天婴室丛稿第二辑》之七《圣塘集》。后又被陈训慈选入《天婴诗辑续编》。
③　《天婴室丛稿第二辑》之六《吉留词》。后又被陈训正选入《天婴诗辑》附录二《词》，第41页。

按，沙茂世《沙孟海先生年谱》1928 年 2 月条云："（沙孟海）先生在上海沾上赤化嫌疑被解职以后，已难以在上海找到工作，幸承他的恩师君木先生转托同乡老友、时任杭州市市长陈屺怀先生的介绍，到杭州浙江省政府秘书处第二科任科员。省政府秘书长双清（止澄）由于屺怀老先生的情面，对先生各方面予以照顾，仅办理一些贺电、唁电、寿轴、挽联等应酬文墨，总算使不得已而步入仕途的先生安下心来。"

◎春，在先生的要求下，沙孟海为杭州中山公园书写匾额。

按，沙茂世《沙孟海先生年谱》1928 年春条云："孤山原来是南宋的行宫旧址，一直到辛亥革命后才辟为公园，但一直无名称。身为杭州市市长的陈屺怀先生决定命名为'中山公园'，他知道先生在沪甬一带书法小有名气，遂命其题写匾额'中山公园'四个隶书大字，因当时年轻未署名，但在文坛有口皆碑。惜此匾额在'文化大革命'中被砸，现在的'中山公园'四字匾额则为一九八一年杭州市园文局请先生重写。"

◎春，先生作《赠弢士》。

按，诗云："羞将白发受痴嗔，犹料回肠贮苦辛。此意不堪持与子，并年更欲语何人。填空心事随云幻，去国天涯得雁亲。悬榻而今为谁下，愿分烟雨两湖春。"①且诗末小字自注："弢士居月湖，余寓西湖烟屿楼，君祖柳泉先生读书处也。"

◎友人徐弢士年将六十，先生作《徐弢士六十诗叙》以赠，既充分肯定徐弢士身处商场而犹博学多识，又借以严厉批评不学无术、滥竽充数之世风。

按，《天婴室丛稿第二辑》之九《缆石幸草》载曰："盖弢士长余三岁，今年六十矣。……余于朋辈中，交弢士最晚。弢士居近市，用废著自殖。余初以为鄘人也，已乃谂知其为乡先进柳泉先生之孙，始稍稍礼敬其人，与之言，叩以所从学，则异于寻常。弢士知古今，善辨析，虽不喜为文章，然其量度体裁，斟酌神理。……夫自文化革命之说兴，儒林中乃有近蹊少年，略识虫鱼，便自谓尔雅，把笔为文章……残文缺画，凭臆而造。人利其易也，以为不必读书温

---

① 《天婴室丛稿第二辑》之七《圣塘集》。后又被陈训慈选入《天婴诗辑续编》，并更名为《赠徐弢士》。

古,而博作者之名,于是前耶后许,相闻道路,众咻一傅,遂成国俗,天丧斯文,匪一朝矣,纵有弢士之聪,顾安所用其鉴识哉!"兹据"盖弢士长余三岁,今年六十矣",加以推算而系于本年。

◎农历二月初四(2月24日)立春,先生作《真珠帘(立春日,雨中望白堤)》:"檐头一夜闻寒响。乍凭看、进入回肠孤荡。濯濯白堤深,带一痕新涨。眼底春青初上柳,犹道是、做愁模样。凝望。更几日东风,华光齐放。

恁地织恨罗愁,问何时消得,弥天烟障?潦草不成春,仵王孙陌上。见说阳鸟原有脚,怕来去、匆匆无状。怊怅。对暗暗山川,佳人天壤。"①

> 按,该词既已被录入《吉留词》中,理当作于民国十六年(1927)
> 秋季以降;事实上,该词业已明确交代其作年,亦即民国十七年立
> 春日(1928年2月24日)。

◎农历二月初四至初七间,先生作《真珠帘(寄仲弟彦及南京)》:"东风尽力将春至。奈春寒、陌上花光犹滞。天末忆佳人,渺沅佥千里。缓缓歌成难寄与,填不尽、空云心事。无已。但目送尘涯,思君《苕霅》。 昨夜梦到江南,漫相逢就我,还商归计。蒲柳入羁年,又青青如此。物自多情天自老,香草外、着愁何地?遥指。问似睡汤山,而今醒未。"②

> 按,该词在《吉留词》中被置于《真珠帘(立春日,雨中望白堤)》
> 与《真珠帘(二月七日赋)》之间。

◎农历二月初七(3月10日),先生作《真珠帘(二月七日赋)》:"东风作意催春暖。纵喧喧、不到羁人心眼。新绿入眉愁,露柳梢一线。咒尽韶光无等等,曲阑外、鸣鸠声晚。凄断。正草长莺飞,江南人远。 望裹落日英英,夜微茫恁地,芳情难遣?玉笛不禁风,送青青河畔。听说春台花雨足,才睡起、海棠宫馆。天半。怕一夕参差,梦痕吹遍。"③

> 按,该词既已被录入《吉留词》中,理当作于民国十六年(1927)
> 秋季以降;事实上,该词业已明确交代其作年,亦即民国十七年农

---

① 《天婴室丛稿第二辑》之六《吉留词》。后又被陈训正选入《天婴诗辑》附录二《词》,第41页。

② 《天婴室丛稿第二辑》之六《吉留词》。后又被陈训正选入《天婴诗辑》附录二《词》,第41页。

③ 《天婴室丛稿第二辑》之六《吉留词》。后又被陈训正选入《天婴诗辑》附录二《词》,第41—42页。

历二月七日（1928 年 3 月 10 日）。

◎农历二月十三（3 月 16 日），先生作《汉宫春（十三日赋所遇）》："天上银蛾，曳春风环佩，妍步珊珊。瞻来万方妙态，不是人间。云璈荡夕，忽尧羊、飘落尊前。齐奉寿，山呼海祝，一时倾倒琼仙。　珠朗玉胰花暖，念辉煌多丽，何处婵娟？生成粉光肉色，雪捏冰抟。当胸带结，结同心、璎珞琅玕。情曷已，金钿遍扣，湛湛芳息犹寒。"①

　　按，该词既已被录入《吉留词》中，理当作于民国十六年（1927）
　　秋季以降；事实上，该词业已明确交代其作年，亦即民国十七年农
　　历二月十三日（1928 年 3 月 16 日）。

◎春，先生作《南乡子（访石屋未遇）》："何处住娥媌？道在银塘第一桥。门外垂杨攀折后。飘飘。春色而今未上条。　风送紫鸾箫，断续余声堕晚潮。都说春腔无怨曲。曲高。奈是思深不任调。"②

　　按，该词既已被录入《吉留词》中，理当作于民国十六年秋季以
　　降；据其"春色而今未上条"云云，大抵可以认定该词作于民国十七
　　年（1928）初春。

◎春，先生作《湘春夜月》："乍愔愔。絮天莺暖楼深。几日不向花间，胡蝶漫相寻。一样惜花时候，怕此时花萼，须借轻阴。奈春皋日暮，芳痕收拾，犹费沉吟。　无人解愔，风僝雨僽，飘乱如今。翠意红情，惟有倩、护幨铃语，传与青禽。新声闹耳，又听过、麦鹑桑鸤。其划恨、算除非撒却，天涯道路，休去登临。"③

　　按，该词既已被录入《吉留词》中，理当作于民国十六年秋季以
　　降；据其"惜花时候""春皋日暮"云云，足以认定该词作于民国十七
　　年（1928）春。

---

① 《天婴室丛稿第二辑》之六《吉留词》。后又被陈训正选入《天婴诗辑》附录二《词》，第
　　42 页。
② 《天婴室丛稿第二辑》之六《吉留词》。
③ 《天婴室丛稿第二辑》之六《吉留词》。该词后又被陈训正选入《天婴诗辑》附录二
　　《词》，第 39 页。此外，《吉留词》中所录的《南乡子（醉花间》《连理枝》《三姝媚（过孤
　　山，见白桃华一枝，临水盛开）》《万年欢（絮天偶近镜阑，见轕轕非复昔态矣，感欢成
　　此）》《梦夫容（题吴丑簃所藏〈隋董美人志〉原拓本，和木公韵）》，亦当作于春日。

◎春,先生作《南乡子(拟稼轩二首)》和《南乡子(拟东坡)》①。

　　按,这三首词皆述及春色、春景或春物,例如《南乡子(拟稼轩二首)》之一:"春夜不须长,未必春魂到妄傍。未必相思能到处。双双。化作丹禽一处翔。　莺语又荒唐,日日楼头唤客忙。料恐风尘容貌改。难详。便见行人说是郎。"

◎先生作《湖上逢项兰叟》。

　　按,该诗既隐约交待他时任杭州市长,又明确表达出其弃官之意:"两岁泛浙江,惭愧浙江水。……忝为鄽下长,刻骏入唐肆。悃悃将有求,衔衔岂其意。嚣尘似浩海,恐非贞履寄。种桃若成源,明当誓去此。所愿要平生,故人今老矣。"②

◎先生再次被推举为宁波佛教孤儿院的居士院长。

　　按,显宗《回忆宁波佛教孤儿院》云:"1928年,组织常务董事会,以沙门禅定、智圆、莹戒,居士张申之、李霞城、蔡良初、周子材、徐镛笙等八人为常务董事,公推张申之为董事长。是年改推陈屺怀为居士院长,安心头陀为沙门院长。"③此事具体时间不详,但据常理,应在11月21日陈训正辞官之前。

◎农历二月十四(3月17日),先生作《春从天上来(花朝前一日,湖壖间望,怀王幼度,依玉田海上回槎体)》词④。

　　按,该词既已被录入《吉留词》中,理当作于民国十六年(1927)秋季以降;又,两浙民间旧俗以农历二月十五日为"百花生日",并名之曰"花朝节"⑤,兹据"花朝前一日",足以确定该词作于民国十七年二月十四日(1928年3月17日)。

---

① 《天婴室丛稿第二辑》之六《吉留词》。这三词后又被陈训正选入《天婴诗辑》附录二《词》,并题为《南乡子(三首)》。

② 《天婴室丛稿第二辑》之七《圣塘集》。该诗后又被陈训慈选入《天婴诗辑续编》。

③ 显宗:《回忆宁波佛教孤儿院》,载《宁波文史资料》第22辑,第218—231页。

④ 《天婴室丛稿第二辑》之六《吉留词》。又有《真珠帘(南山看梅,调铁尊,即用其人日见,和原韵)》,位于《汉宫春(十三日赋所遇)》和《春从天上来(花朝前一日,湖壖间望,怀王幼度,依玉田海上回槎体)》之间,估计该词不是作于二月十三日,就是作于二十四日。

⑤ 例如宋吴自牧《梦粱录·二月望》云:"仲春十五日为花朝节,浙间风俗,以为春序正中,百花争放之时,最堪游赏。"

◎农历四月初十(5月28日),先生作《蓥溪梅令(四月十日赋)》:"夕阳已堕半边山,忽飞还。犹自摇摇沿上。镜屏闲,照人别后颜。 阿谁敲破水晶盘,满湖寒。一半跳波一半。助成澜,忍教愁眼看。"①

按,该词既已被录入《吉留词》中,理当作于民国十六年秋季以降;事实上,该词业已明确交代其作年,亦即民国十七年四月十日(1928年5月28日)。

◎8月下旬,先生应省府僚属赵伯苏之请,为其祖母杜氏(1856－1928)作墓志铭。

按,《天婴室丛稿第二辑》之九《缆石幸草》所录《赵节母杜氏墓志铭》云:"节母杜氏,父某,东阳人。年十七,归同县赵宗丙,又二年,生子观鲁而宗丙卒,母自是毁容居戚,目不窥庭户,教子以长以立,凡十有八年。于是观鲁成诸生,又得孙伯苏……伯苏生未稘,失怙,母厚怜之,躬为鞠养至成人,犹婴倪视,煦煦有加恩,里诵向之,称贞慈焉。清光绪某年,乡人之官于朝者,部郎吴品珩,上其事,有旨建坊以旌。民国十三年,部金事金子直等,复联名为请,奉状襃扬,并颁'妇德纲维'题楔。母以十七年七月十六日疾终,春秋七十有三。……越月,观鲁将祔葬母于某乡原之先阡,命伯苏来请铭。时伯苏任省府秘书,余以府委主常务,僚属中于伯苏最凤,谊当铭,遂为铭曰:'贞固纯洁,惟母之懿;庄静淑慎,惟母之仪;煦仁泽义,惟母之慈;孙孙子子,惟母之遗;千春万秋,惟母之思。惟母之思,归我誄辞。'"

◎秋,先生作《瑶华》,其上阙云:"开帘隐约,铃语流空,与愁天俱阔。苍岚千尺,偏点染、一塔云间突兀。飞虹波动,荡烟渚、风生苹末。披一襟、诗思萧然,已是入秋时节。"

按,该词既已被录入《吉留词》中②,理当作于民国十六年秋季以降;兹据《吉留词》中诸词的排列顺序及《瑶华》"已是入秋时节"云云,大抵可以确定该词作于民国十七年(1928)秋。

◎秋,先生作《征招(省府后园,小具邱壑,公退时,偕双君、止澄过之,草径始蝉,作作吐凉,桐影摇风,打头一叶,当之怆然,因摄影留念,并赋此为

---

① 《天婴室丛稿第二辑》之六《吉留词》。
② 该词后又被选入《天婴诗辑》附录二《词》,第44页。

识,不觉其音之可悲也)》:"回风不卷闲愁去,飘萧乍临秋地。未抵入林深,但略多幽意。一官真似系,怕回首、半垂霜蒂。绕径扶疏,绿沉红沮,树犹如此。 屈指又一年,高梧下、吟虫向人还是。闹乱不平心,坠芳尘俱碎。客途吾与子。几消受、草根情味。者邱壑,不是人间,是梦云真际。"①

按,该词既已被录入《吉留词》中,理当作于民国十六年秋季以降;兹据《吉留词》中诸词的排列顺序及《征招》词中诸如"草径始蝉,作作吐凉""飘萧乍临秋地""高梧下、吟虫向人还是"之类的描述,大抵可以确定该词作于民国十七年(1928)秋。此外,《垂杨(休日,过白堤,望南屏山色而作)》及《法曲献仙音(秋渚败叶中,犹见白莲一枝,扑扑作香)》亦当作于秋日,因为前者谓"柳兜烟眼明秋地",而后者更明言"秋渚败叶中"②。

◎约本年,先生应同僚楼金鉴之请,为作《楼先生飨堂碑》,用以追述乃父楼海漳(1849—1917)生前事迹。

按,《天婴室丛稿第二辑》之九《缆石幸草》所录《楼先生飨堂碑》云:"楼先生海漳,字雅赡,萧山人。……楼氏之族,自义乌徙萧,至先生已三十一传,其属衍甚,奉别子而祀者,或绝或兴,先生接之,亡戚疏,皆一一为尽力起衰宗,恤孤寒,修祀事,殖公田,谨分让胜,称一姓长德,由族而里而乡,先生尽人而予其意,岁时赠赗,不可以偻,故终先生之世,虽悍夫敖子,无有不逊于先生侧者。先生卒于民国六年某月日,春秋六十有九。……子金鉴,明律,习吏事,尝一宰东阳,先生送之曰:"……汝为父母官,当尽父母事,行矣勿忘予言。"已而金鉴果以能爱民闻,大吏礼致之慕,佐治刑事。……先生既殁,里族有余思,金鉴以状来请曰:'愿有所述。'余曰:'如先生者,可以风矣!'遂书之,俾碑于飨堂,以示则后世焉。"据常理,此文既然应在职法官而作,则当作于陈训正辞官之前。

◎大约年底,东阳人陈备三通过同乡赵伯苏来求寿序,以祝其父八十诞辰;先生有慨于陈备三"守己安命",遂答以《送东阳陈备三归寿其父序》。

按,《天婴室丛稿第二辑》之九《缆石幸草》载曰:"自邦政失枋,奸回朋起,士驵而吏猰,借权据势,相逞脂腴之中,焦啼竟野,白骨

① 该词后又被选入《天婴诗辑》附录二《词》,第43页。
② 《垂杨》和《法曲献仙草》两词,后又被选入《天婴诗辑》附录二《词》,第43—44页。

柴立,民萌苦矣,而杀人之术,犹推之而靡有已。彼横剑桀步之雄,无论矣,乃当日与于革鼎,号称志义士者,亦复踵悖比邪……今民国中兴,东南既定,余奉委莅政杭州,与府中人偶谈辛亥往事,深慨群德摧堕、人欲横流,落落十七年中,忽而惠夷,忽而踦跔,人心不可问矣。横盱斯世,用为大憾。赵君伯苏曰:'是殆不可以概,吾乡有人焉,亦吾子所知也。'余亟问其人何如? 伯苏曰:'有陈备三者,非当年袗金挟丸,驰驱沪杭道上,而躬与逐满之一人乎? 今其人老且穷,转转末僚底,博升斗养亲,朝饱而不知夕饥,回顾曩昔所称为同志者,拥娇妾,居华屋,意气隆隆,剧于侯王。天之生材,或有高下,而同功异遇乃如是,得非备三守已安命之过欤?'余闻言,为之竦然曰:'嗟乎,不图于今之世,而得见古之人如备三者,是可敬也!'伯苏因又言备三之世,明备三之清夷卓苦,有其所自受。盖其父恒一翁,以孝弟力田世其家,立名节,寡耆欲,居约安素,勿妄希不可必得之数,躯躯然一老儒也,律已既严,督子弟平平务人道,毋慕骄贵厚富。……以故,备三自学成游宦四方,能以义法自持,虽少日尝与革命之役,功多勿自言,人亦澹然忘之也。今年翁八十,备三将来归寿翁,介伯苏来请辞……遂书此赠其行,且为备三勖其继云。"兹据其"落落十七年"云云,系之于本年,庶几无误。

◎11月21日,先生卸任杭州市长一职;其后,杭城士人致去思辞。

按,顾彭年《四年来之杭州市市政》云:"任命黄伯樵先生继任杭州市市长,嗣以黄伯樵先生不就,又任命周象贤先生继任。周市长于十七年十一月二十二日就职以后……市政府组织方面始初几个月,却没有什么变动。"[①]

而芷芬《陈屺怀先生离杭之去思》曰:"慈溪陈屺怀先生,以一儒生,出任杭州首市市长。平日乡人只知先生之文学优长,而不知先生于政治之循绩,亦有令人钦佩者也。任市长之初,适值清党之后,先生本总理爱人之宗旨以为治,一年以来,令行政举,市民大悦。兹闻先生去任之时,杭州市各区村里筹备会代五十万市民,对先生致去思辞云:'昔史有言曰:所居无赫赫功,而去后尝见思,陈公屺怀殆其侪欤。当公之长杭州市也,值全省秩序甫定之际,市民尚惴惴焉惮于更张,公乃起而嘘咻之,为劳资协争议,为闾阎留元

① 《市政月刊》1930年第9期,第9页。

气。期年以来,士安于学,农安于野,工安于肆,商安于市,此又所谓循良之吏恂幅无华,日计不足月计有余也。今公去已,今公去市长而为市民已,六桥三竺间偶听父老之讴歌,当知去思在人,而为政能至闾里无太息愁恨之声,是亦可为今日之模范已,谨致辞云云。'按先生少时从游于清季名政治家薛叔耘先生之门,研究文课之暇,即从事讨论经济之学。领乡荐后,主持沪报舆论,于各报政治学,亦能遍窥其究竟。今之治杭一载,讴歌四起,得致此龚黄之绩、邵杜之思者,岂偶然哉!"①

◎12 月 29 日,张学良宣布东北易帜,国民党至此完成形式上的统一。先生作《北伐告终,首都有追悼死难将士之会,赋此邮挽》。

  按,由陈训正纂成于 1935 年的《国民革命军战史初稿》,即视 12 月 29 日东北易帜为北伐完成之时:"我海军仍集中待命,拟即跨海而北,为犁庭扫穴之计,贯彻北伐主张,适值我陆军以后方巩固,奋勇前进,势如破竹,河北克复,敌军解体,而辽东三省亦表示服从中央,至此我国遂完全统一矣。"②是故,此诗当作于该日。

◎农历十月三十日,先生作《惜秋华(十月三十日赋)》:"对老秋容。剩西林堕日。斜烘红树。飘叶送尊。离心乱云无处。年时眼熟山川。渺雁景归来能语。愁诉。怕风高阵侧。衔芦心苦。 到念便消阻。伴黄花冷落。萧然情绪。篱下傍人。花又为谁眉妩?而今野色低迷。一半是、新霜耽误。凝伫。谩临皋、晚芳灵路。"③

  按,该词既已被录入《吉留词》中,理当作于民国十六年(1927)秋季以降;兹据《吉留词》中诸词的排列顺序及《惜秋华》"十月三十日赋"的自我交代,足以确定该词作于民国十七年农历十月三十。

◎见录于《圣塘集》但作年不详的诗,尚有《放眼》《揭鲤旗》《一体生两

---

① 芷芬:《陈屺怀先生离杭之去思》,刊《时事公报》附刊《五味架》1928 年 12 月 9 日。又,沙文若《陈屺怀先生行状》云:"十六年春,受任浙江省政府委员,与杭马君叙伦、诸暨蒋君伯诚同为常务委员。……明年秋,罢。"陈训慈《陈君屺怀事略》则谓:"十六年春,浙江省政府正式组织成立,君受命为省府常务委员。后又兼杭州市市长,并曾兼代民厅约一年。次年冬,悉去政职。"

② 陈训正编:《国民革命军战史初稿》卷三,《近代中国史料丛刊正编》第 79 辑,沈云龙主编,文海出版社 1972 年版,第 775 页。

③ 《天婴室丛稿第二辑》之六《吉留词》,第 11—12 页。

手》《甘蒲吟》《独倚》《孤往》《过湖上严氏山庄》《湖楼间望》《山行自湖滨至韬光而还》《田间来》《过灵隐,会却非上人修复飞来峰、翠微亭。亭,故宋韩蕲王所筑。千古英杰,往迹已非,临风涕霤,感会无穷。既与太虚法师登览,久之,各赋一诗而别》《归自圣塘》《诸友垂问近况,赋此以答》《哭荀伯》《题林铁尊〈半樱词〉》《葛岭访姚贞白归,口占即和其〈湖上杂诗〉韵》《偕省府诸公植树凤皇山》《五五节登初阳台杂感四首》《湖兴六首》。

考《圣塘集》陈训正自序云:"十六年三月,莅政杭州。公退有间,不废觞咏,流连景物,辄多比兴,揆之六义,有足存者,遂立是稿。"又,《天婴室丛稿第二辑叙目》称收录于《圣塘集》诸诗,皆作于1927—1928年。尽管如此,这些诗篇的作年还是不能确定,例如《五五节登初阳台杂感四首》,究竟作于1927年的"五五节"抑或1928年的"五五节",仅凭其内容,似乎难以断定。

民国十八年(1929) 己巳 五十八岁

◎1月21日,两浙监运使周骏彦继室方氏病卒;先生为作《周夫人神诰》。

按,《天婴室丛稿第二辑》之九《缆石幸草》录曰:"夫人方氏,奉化人,今两浙监运使周君之继室,民国十八年一月二十一日殁于任所,懿行媺德,于时流诵。周君思之靡已,其友人慈溪陈训正,为作《神诰》,既表嘉徽,亦借渫周君之哀云。"

◎1月,新登陈宝书(1850—1929)卒,先生应其子育初之请,作《新登陈君述》。

按,《天婴室丛稿第二辑》之九《缆石幸草》录其辞云:"陈君宝书,字献庭,新登人。……君生而敏明,读书务求实用。既成诸生,受廪饩,即弃帖括之学,高自期许,于先儒学说,尤服膺姚江王氏。馆于长兰,一时从游者,尽乡邑之良。时浙西岁歉收,民间讹言四起,会临安、于潜匪人结教,谋为乱,声势浸浸及新登、长兰。有侨民某者,为众所疑,告密于县,县令周熙得报,皇骇无措,遽檄团丁往捕,而督君将之行。君友廪生罗荫钧、武生陈锦标、监生沈鸿章,恐君儒弱为所败,率众持械来会。纷扰间,毙侨户一人,而所告事亦无验,令惧获愆,乃假词陷君及荫钧等三人罪狱,具皆遣戍。君在戍所七年,归,浙参将雷某闵君冤,且重其为人,聘君参军事,旋以军功,得叙六品戎职。非所喜也,谢去之……力田之余,则又尽心乡政,有惠于其乡,人皆戴之。……君殁于民国十八年一月,年八十。娶潘氏,前卒;继娶吴氏,生子五人:慎初、复初、赞初、育初、本初。余长杭市时,育初曾供职财政局,于余属也,来谒文,谊不可辞,为刺状,得其大者,述而传之。"

◎约本年初,友人程庆涛年届五十,先生既应其请而作《定海程氏先德记》,尔后又作《贻程庆涛叙》。

　　按,《定海程氏先德记》云:"余友程君庆涛,着儒服,行贾海上,亮风雅志,矫然不群。岁初度矣,凡与君有连者,将徇俗之所为,制屏以为君寿,而征辞于余。时余方旅居湖上,君闻之不悦,趣走杭州,止余……俯然有间,作而言曰:'无已,愿推惠于吾亲。……子如辱况于某,请为某述先德,可乎?'……遂述君先德如左《记》。君先德程翁,讳鸿禧……少孤且贫,给事鱼肆中,体貌伟异,颜如渥丹,两目奕奕有神光。有英侨过舟山,见翁奇之,招之沪,为荐于美国行商,供职于其所谓洋行者。久之,用勤俭,稍稍占业有声,然性澹退寡取,年四十,即谢归,勿复出。居近市,日以饮酒、种花、泛览稗史自娱,间或着绔踦走海滨,寻渔父、野老,与话先朝故事,辄俯仰感叹……年七十三卒。娶阮氏,继娶胡氏。……胡,昆山人,名族之后,性慈惠,娴礼,善自持,笄年遭乱,家人离析,流散莫知存亡。自归程翁,虽处泰境中,亦戚戚若抱痗在身,终日无欢意,年七十卒,合葬于县之某乡某原。"[1]

　　而《缆石幸草》所录《贻程庆涛叙》云:"程君自弱冠成诸生后,即抱其下孝力养之旨行贾,来沪择一业,终身未尝有所浮慕。方沪市奔利风竞之日,君独致力于其邑之文献,执业少间,辄就余商方志体裁,衣冠整洁,步趋优暇,凡始与君遇者,几以为君新自田间来,而不知其为二十余年之老沪商也。生平笃于故旧,事亲者有孝思,年五十,犹往往梦哭其先人,此尤为吾儒者之所难。人言习俗迁染,入市者侈廉,非君子,则于吾程君,又奚说耶!"

◎二月,应考试院院长戴季陶(1891—1949)之请,先生作《戴母述》,评述其母黄氏生平,进而吁请重建"孝治"秩序。

---

[1] 《天婴室丛稿第二辑》之九《缆石幸草》,第10—12页。

按，《缆石幸草》录《戴母述》云："母黄氏，其先黄州人，祖父商于蜀，遂占籍成都。年十六，归同郡戴某。戴为吴兴望族，迁蜀已四世矣。……母四子，其季传贤①，生有大志，未冠即游学国外，事中山先生久，奔走革命，不遑将母。民国十一年，奉命宣抚蜀中将领，始得一至家省母，时母年已七十，不见传贤一十有八年矣。传贤欲终事母不得请，既别去，母念传贤切，乃封手书《孝经》邮付传贤子家秀，且曰：'是余十年前所书也。今益老矣，不复能为此。'……十八年二月，母殁于成都里第，传贤时方以中央委员提举国府考试院，告至，将奔丧，会有鄂豫之变，不克行，乃即首都招魂而祭，举襄三日。既成礼，传贤为撰具母言行本末，属其友慈溪陈训正曰：'谨为述之。'训正不敢辞，遂诠次之如此，且为论曰：'嗟呼！自国俗丧故，士失雅教，浅植之徒，驰骛新异，创为偏激之说，欲尽弃中国旧化……昔中山先生论民族道德，推本于孝，传贤尝诠发其说，以为欲返民厚，莫若用孝，殆证以慈氏之训而益信。夫教化之行，自上而下，传贤居民上，化下之责繫重。然则母之以《孝经》付传贤者，意固不在戴氏一家私也。进法治而为孝治，其由此欤？其由此欤！'"

◎三月初，先生作《舟山丁艤仙先生七十寿叙》。

按，《缆石幸草》录《舟山丁艤仙先生七十寿叙》云："往岁，余纂修《定海县志》，搜访故闻，得一人焉，曰丁翁，隐居行义于其乡六七十年，远近归之。顾其人以肮脏善骂闻，有子八人……八子多殖货海上，以所获助翁行义，独其季艤仙、紫垣二先生，自少治经世之学，务欲以功名显其亲。紫垣尝以举人一宰云南某县，颇颇著治声，而艤仙奉派出洋，留学美洲九年，归，供职江海关几四十年。先是，海关最高职皆条约国人所占，吾国人未尝有被命至税务司者，有之，自艤仙始。人以为殊遇，而不知其所以得之者，公谨廉明有殊乎人者在也。既老归职，侨居沪壖，饮酒乐道，无营无虑，以养天年。岁三月初吉，为艤仙七十生日，乡党重其为人，将醸而为之寿，征言及余。余与紫垣尝同被举为浙江咨议局议员，每期会，至杭

<hr>

① 戴季陶原名良弼，字选堂，号天仇，后改名传贤，字季陶，笔名天仇。作为国民党元老，戴氏先后担任黄埔军校政治部主任、国立中山大学校长、国民党中央宣传部长、考试院院长等职务。

州,居比(含)[舍],昕夕数数过从,紫垣辄为余道其父兄行谊,故余于丁氏之世,闻之独详。……余因述所闻于昔者以归之,惧为长者呵,勿敢有所夸饰也。中华民国十八年三月,慈溪陈训正叙。"

◎三月,先生为临川人双清代撰《王故将军遇难记》。

按,《天婴室丛稿第二辑》之九《缆石幸草》载曰:"故将军王公既殁之七年,其兄伯群改葬将军杭州,并状其志行、功业,谒善文者碑之于神道。荦荦生平,已箸其大者矣,独于遭难时事仅具始末,清以为犹未尽也。清与将军少共学,长共事,其死也,又直清在侧,见其危而不能救,知其雠而不能讨,负吾将军,因追忆当日情状,泣而书之,以志吾憾于无穷。……中华民国十八年三月,临川双清记。"

◎5月11日,先生在上海"宁波旅沪同乡会"参观"宁波市政府成绩展览会"。

按,《申报》1929年5月12日《甬市政展览会昨讯》云:"宁波市市政府成绩展览会,假西藏路宁旅沪同乡会举行。昨为开幕第一日,旅沪宁波人及市各机关人员,前往参观者,络绎不绝,到者均赠以简明统计一份,内容颇为扼要。前杭州市长陈屺怀氏、本市工务局长沈怡氏等,参观各项陈列品,尤为详尽,对于表册等项,经该会招待员分别说明,益饶兴趣,参观名人,多有恳切之批评,大抵属望于新宁波之实现。闻今日为最后一日,适逢星期,各界参观者,当尤为踊跃也。"

◎6月底前,先生作《书魏伯桢五十小象》。

按,《魏伯桢先生五十寿叙》内谓:"魏君伯桢,治律有声。前年奉委提举浙江司法,选属叙官,一以不嗜杀人者为归。既罢政,游沪,出其所素学,为人理讼事,凡有陈乞于君者不概受,惟好为被诉者承其事。其言曰:'……天下有可杀人之法,而无不可生人之仁。……吾力不能于法之外,多予人以可生之机。吾心讵可不于法之中,一求人以无死之方?求人无死而不得,则无憾于吾心。吾责吾心之无憾而已,何忍剚剚抵人为也!'其友陈训正闻言,竦然而兴曰:'此不忍人之心也。有不忍人之心,斯有不忍人之政,使魏君而为政,竟其所仁施,将见天下无不可生之物,而惜乎其以谤废也。'因述其言,而书于象,俾见君之貌者,并以见君之心云。十八

187

年六月。"①

  考《宁波旅沪同乡会月刊》第 74 期所载冯君木《前题》云："余识伯桢十余年……己巳六月,为君五十生日。长君岩寿……乃走私于余曰:'知家君者,唯凤先生。愿得一文,用为临觞慰荐之资,其可乎?'遂就平昔所稔者,历历书之。……是岁六月十九,前伯桢诞生七日。慈溪冯开。"是知魏伯桢生于 1877 年 6 月 26 日,而《书魏伯桢五十小象》之作,亦不当晚于 6 月底。

◎夏,先生应陈旦之请,为其亡父陈绥之作灵表。

  按,《天婴室丛稿第二辑》之九《缆石幸草》所录《陈绥之先生灵表》云:"君讳隆祺,字绥之,姓陈氏,鄞之丰和乡人。……年六十三,偶困于暑,乏甚,自知不起……君既殁,其子旦等来告丧,余以君之竺行,于时为难得,不可以不书也,遂为之表,俾赴于远迩,以风薄俗云。"该文既已被收录于《缆石幸草》,理当作于民国十八年(1929)十二月之前;据其"年六十三,偶困于暑",又可进一步确定该诗作于民国十八年夏。

◎秋,先生作《楼望简回风别后》诗:"天涯蒲柳望中零,人世斜阳几馆亭。山色终朝还自好,鸡声漫夜不堪听。百年每念愁无据,一昔之游梦亦经。孤酒高楼谁与倚,但凭羁眼数流星。"②冯君木随即答以《湖楼感赋次天婴韵》:"任使湖山万卉零,纷红骇绿遍林亭。恼人灯火弥天沸,如鬼车声带梦听。百计销金浑不解,一生蓄眼未曾经。清凉办取须臾适,坐倚高空看晓星。"③

  按,《缆石秋草》自序云:"一年不事谣咏矣,积感不能无吐,既吐不能自已。山居无憀,则又非此不能遣长日。于是朝眺夕揽,湖山发我以情。情长景短,汲汲顾之,慨慷当歌,日衰成恹,题曰《秋草》,志其时也。玄翁识于湖上缆石山房,十八年十月。"

---

① 陈训正:《书魏伯桢五十小象》,载《天婴室丛稿第二辑》之九《缆石幸草》,第 18 页。近者,宁波市鄞州区档案馆在全文引用时,题作《魏伯桢先生五十寿叙》,详参《近代鄞县史料辑存》,天津古籍出版社 2013 年版,第 474 页。

② 《天婴室丛稿第二辑》之八《缆石秋草》。后又被陈训慈选入《天婴诗辑续编》。

③ 诗末陈训正注:"时西湖有博览会之举,主其事者,专崇淫饰。电火照耀,明如白昼,汽车往来,入夜繁□,盖会场中杂伎始作也。闻是役,用费百余万,故回风和予诗云云。"

又,张任天《西湖博览会纪事》云:"西湖博览会原定一九二九年三月开幕,后来因为筹备时间来不及,展期到六月六日开幕,至十月十日闭幕,时间是四个月,每天开放时间从上午八时至下午八时。"①两相结合,可以确定《楼望简回风别后》作于1929年秋。

◎张原炜(字于相)年将五十,好友胡君海(飘瓦)赋诗祝寿;先生次韵继作,遂有《荮里五十,飘瓦以诗为寿,次韵继作》及《用飘瓦均再寄于相》②。

　　按,前诗名为《荮里五十,飘瓦以诗为寿,次韵继作》,后诗亦有"愁海浮沉五十年"之说,兹据张原炜(1880—1950)生卒年及《缆石秋草》收录原则加以推定。

◎秋,先生作《偶述(二首)》。

　　按,首诗云:"三年羁宦住杭州,一日身轻尚苦留。岂有烟霞肯容我,况当蒲柳已经秋。青山没脚添新骨,落叶无情点白头。何事不归还自解,西溪深处访安邱。"③陈训正自1927年4月任职省府以来,至今近三年,此其一;其二,"经秋""落叶"云云,明显指向秋日;其三,该组诗被收录于《缆石秋草》。

◎秋,先生作《柳》:"柳亦多才思,无人解惜怜。为诗助萧瑟,与梦做缠绵。得露眠曾起,因风舞辄颠。至今秋路畔,犹自曳残烟。"④

　　按,"至今秋路畔,犹自曳残烟",既是诗人某日心态的外露,也可以理解成为秋日这一特定时间点上的景象。

◎有人见先生所作咏柳诗,断言:"《天婴集》中无咏物诗;有之,乃骂人耳。"先生闻其言,遂作此诗:"自谓文无害,谁言物有真。茝兰岂君子,萧艾

---

① 张任天:《西湖博览会纪事》,《浙江文史资料选辑》第21辑,浙江人民出版社1982年版,第9页。
② 《天婴室丛稿第二辑》之八《缆石秋草》。两诗后又被陈训慈选入《天婴诗辑续编》。陈训慈在甄选时,特在《荮里五十,飘瓦以诗为寿,次韵继作》诗名下标注:"荮里,张于相别号。"
③ 《天婴室丛稿第二辑》之八《缆石秋草》。两诗后又被陈训慈选入《天婴诗辑续编》。《偶述》(一)诗末小字自注:"饥岁,流民为患乡里,有家不得归矣。杭人言西溪自昔未被兵祸,隐者居之。余亦有往从之意。"
④ 《天婴室丛稿第二辑》之八《缆石秋草》。该后又被陈训慈选入《天婴诗辑续编》。

亦佳人。草木原多态,潜飞不可群。唯心各殊念,那敢与深论。"①

　　　　按,此所谓"客有见余咏柳诗者,谓人曰"云云,应该只是陈训正自设的场景,此诗理当作于《柳》成之后。

◎先生作《答四弟叔谅自金陵寄书数种》:"知我无娱老,书成为寄来。眼昏难卒读,意乱与俱堆。对酒思当日,看云惜此才。弟兄皆四海,盼得几潮回。"并在诗中自注:"去年,弟依我住圣塘。……时五弟游欧洲未返,六弟在沪。稚者数人,亦负笈远方。惟二弟长浙教厅,同赁居湖上。"②

　　　　按,陈训慈《晚山人集·后记》:"回忆丁卯秋后,伯兄方从政省垣,余来任省立一中教职,承兄命寄居其贝庄寓中……其后,余去南京,时或以与友人所辑《史学杂志》及当时国学图书馆新刊书寄奉,伯兄贻诗为答,有'对酒思当日'句,更感于诸弟分散四方,故结句云:'弟兄皆四海,盼得几潮回。'当时五弟去法游学已三年,余在南京,六弟以次则犹在沪甬求学中,兄视诸从弟不啻同怀,而蒿目时艰,已不胜家国之感。"据《陈布雷回忆录》,可知五弟陈训恕于1926年仲夏留学法国,下推三年,正是本年秋。惟《答四弟叔谅自金陵寄书数种》自注"去年,弟依我住圣塘"中的"去年",当改为"前年"。

◎秋,先生赋诗感怀,作《嘲陶潜》:"生平颇笑陶元亮,有此田园不得归。谋醉未能还止酒,遣愁无术始驱饥。门前柳弱腰常折,篱下花黄色亦微。至竟桃源何处是?《山经》读罢一歔欷。"③老友李详遂作《再和玄婴嘲陶潜》相唱和:"公田秫酒未沾唇,岂有桃源可避秦?九域甫通规欲往,五男失学运终屯。甘将褴缕从人乞,无计弥缝令俗醇。殷铁经过虚此愿,空闻一遇尽殷勤。"④

　　　　按,《缆石秋草后记》明言《缆石秋草》所录诸诗,皆作于1929年秋,且《嘲陶潜》诗内又提到"篱下花黄色亦微"。

---

① 陈训正:《客有见余咏柳诗者,谓人曰:"〈天婴集〉中无咏物诗;有之,乃骂人耳。"余闻其言,赋此示意》,《天婴室丛稿第二辑》之八《缆石秋草》。该后又被陈训慈选入《天婴诗辑续编》。

② 《天婴室丛稿第二辑》之八《缆石秋草》。该后又被陈训慈选入《天婴诗辑续编》。

③ 原载《天婴室丛稿第二辑》之八《缆石秋草》,后又被陈训慈选入《天婴诗辑续编》。

④ 李详此诗原亦见录于《天婴室丛稿第二辑》之八《缆石秋草》,后又被陈训慈选入《天婴诗辑续编》,并更名为《和玄婴嘲陶潜》。

◎入秋后,杭州已经连续三月不曾不雨,先生身处其中,有感而发,先后写成十诗。①

　　按,《缆石秋草后记》明言《缆石秋草》所录诸诗,皆作于1929年秋,且诗名中明言"秋来不雨三月",故该诗必当作于深秋。

◎10月11日,先生作《双十节后一日赋》诗。

　　按,《缆石秋草》录曰:"如何老去逢佳节,对尽斜阳一句无! 往事凄凉共谁语,生平哀乐与人殊。乱行雁至多惊影,落帽风高已剥肤。亦欲当歌托微感,尊前醉倒不成扶。"

◎见录于《缆石秋草》且作于1929年秋的诗篇尚有《滞居湖上感事寄(风回)[回风]并示仲弟》②《次韵答飘瓦》《湖山杂讽一十九首》《杭市连夕被火》《有府中小吏被逐,谒余,自述非罪,怜而赋此》《四送君海均却寄》《五送前均寄于相》《六送前均寄叶叔美浦口》《胡飘瓦书来,屡述归隐之意,诗以招之,时胡佐津浦路局》《诫小鸟》《竟夕钟声,不知发自何寺,居者闻而相疑,以为吴山火警也》《老黄归余已三年,甚驯,知人意,良犬也。今老矣,赋二诗闵之》《种豆无所获感作》。

　　按,《缆石秋草后记》明言《缆石秋草》所录诸诗皆作于1929年秋,且上列诸诗中时有对秋景秋物的描写。

◎11月,浙江省西湖博物馆成立于文澜阁原址,先生受聘为西湖博物馆的首任馆长③。

　　按,陈训慈《陈君屺怀事略》云:"十八年夏,浙省府举为西湖博览会。会后,以博览会所征得诸文物标本为初基,筹设省立西湖博物馆。君受聘为馆长。既莅事,厘定编制,确定分历史文化与自然科学二部,各聘专家征集文物与动植、地矿标本,实奠斯馆之基础。"

---

① 陈训正:《秋来不雨三月,湖上风物俱非,日夕游瞩,感叹成咏,先后得十首》,《天婴室丛稿第二辑》之八《缆石秋草》。其后,内有六首(即第一、二、三、五、九、十首)被陈训慈选入《天婴诗辑续编》。

② 《天婴室丛稿第二辑》之八《缆石秋草》。此诗后又被陈训慈选入《天婴诗辑续编》。

③ 西湖博物馆在1929年11月开馆之初,直属于浙江省政府,至1931年3月,改隶浙江省教育厅,并更名为浙江省立西湖博物馆,陈训正大概也就在此时辞任,而由王念劬继任馆长。详参《浙江日报》1943年10月3日洪焕椿《记浙江省立西湖博物馆》。

又，沙文若《陈屺怀先生行状》云："十六年春，受任浙江省政府委员……明年秋，罢。又明年，受聘为西湖博物馆馆长。"

◎冬，先生应邀撰《鄞西南乡治河记》。

按，《天婴室丛稿第二辑》之九《缆石幸草》录其辞曰："盖西南水利之失修者，二百余年矣，其乡之贤者忧之。民国十三年，乡人会而议于社，佥曰治之宜。于是制章约、明职责……以张君申之主其事，周君炳文、施君某某副之。凡再会而议定。……是役也，先后用金十六万有奇，而某某等输最多，致功凡六年，而某某等力尤多。于是乡人之被其利者，议即其乡永镇祠辟二室，为尸祝之所，并树石纪其功，而属余文之。余谓永镇祠者，清时故贤令周犊山先生之神之所主也。……当时之建是祠，固以尸祝有功，非为一人之爱，虚其左右，实有待于将来，其意远矣。美其先，劝其继，异日者，其复有慕张君之为功而踵之者乎？请识吾言以俟。祠旧有田若干亩，今益增至若干亩，于例宜附书。民国十八年冬记。"①

◎冬，应老友张传保之请，先生为撰《张君生圹志》。

按，《天婴室丛稿第二辑》之九《缆石幸草》所录《张君生圹志》云："治鄞之政，莫急于治河。河之有始功，相传唐鄮令王元玮实启之。民不忘其惠，为立庙它山，而以其乡贤之有功农田者袝焉。余尝游它山，谒其庙，归，笑谓吾友张君：'他日者，或当位置君于其庑下。'盖其时，君方有意于其乡之政，水利固君所先也。今又十余年矣，君所治水利亦于时始竣功，来告曰：'愿毕矣！余将图其可老。余有地在凤山寺前，辟之营之，以为余长眠之所。子可无词以餍我意乎？'余曰：'善乎君之所自处也！凤山去它山不一里，庙与寺皆古之所谓社，乡人尸祝之地也。而君又有功德于其间，向余所欲位置君者，今君已自为之矣，乌可无志？'志曰：君名传保，字申之……君当事谨廉，不好为矫矫绝俗之举，与人无忤而持己独严。君子敬之，小人爱之，皆以为张先生贤者也。圹成于十八年某月，同其穴者，妻某氏。铭曰：'藏身于山林，藏名于人心，可以无死，可以无生，惟君之贞。'"结合《鄞西南乡治河记》所载，可以确定《张君生圹

---

① 又可见《鄞县通志》第四《文献志》第七册戊编下《艺文三》，第 2403 页。施某某，《鄞县通志》谓施竹晨。

— 192 —

志》作于本年冬。

◎12 月,先生作《缆石幸草自序》。

按,《缆石幸草自序》云:"余既废居伏湖上,稍稍董理旧业,不与世通謦欬,世亦与我渐忘矣。顾世之忘我者,其人,而其人之文,常发光焰而照天壤,固犹是挈挈焉,不能遂忘也。于是介而来乞者,趾相错,踵相接,若曰:"其人虽贱,其言可传也。"余亦好事者,苟我求,罔不一一予之。意既借此博闲矣,且以谂二年来簿书之耗吾业,不知犹有存乎哉!星月荒荒,又将岁晚,心计此一岁中,为人诵生哀死,无虑百余事,其斋憧所收,敝篋所弃,完篇未毁者,检之犹得三之一,亦云幸矣。既裒成册,因署其端,曰《缆石幸草》。童生藻孙为属写人清之意,可感也。十八年十二月,玄翁识于湖上圣唐路寓楼。"

◎约本年,先生既为人代作《故处士镇海刘君暨其夫人王氏墓志铭》,又撰《故处士镇海刘君墓表》(两文并载《天婴室丛稿第二辑》之九《缆石幸草》,其内容大同小异)。

按,《故处士镇海刘君暨其夫人王氏墓志铭》云:"处士讳咸良,字立三,姓刘氏,镇海人。……父殁,处士乃挈妻之沪,用医自给,稍有赢,又以资贫病,于是仁医之名振,而其穷乃益奇。……晚年应人益繁,精力稍衰,尝于沍寒风雪中,视疾十数里外,往返徒步,劳甚,遂病不起,卒年五十有三,时光绪二十三年丁酉十一月十六日也。……夫人讳皈雍……处士既殁,子灏犹未成立,教养所费不赀,夫人……日惟为人唪经取直,资灏游学。灏学成,有大志,数从四方豪杰游,而于余及吴兴张人杰交尤深。……民国十三年十二月三十一日,夫人以疾卒于沪寓,年七十有五,距处士殁,已二十七年。又四年,灏始克葬其父母于慈溪香山狮峰之阳,以孙同翊、同福从。……铭曰:行义而贫难,贫而行义尤难。处难若易,夫惟其贤,两世隐德,吾信之天。天下不废善,君子万年。"

◎约本年,先生作《镇海耆德王君传》,大力表彰"有数数可富之遇,而临财不惑,卒持义自见"的镇海人王予坊;借题发挥,表达对世风的不满,无疑是先生撰作此文的重心所在。

按,《天婴室丛稿第二辑》之九《缆石幸草》载其辞云:"王君予坊,字海帆,镇海人。……年七十有七,卒于沪邸。归丧之日,远近来会者数千人，皆咨嗟君非晚近所有云。陈训正曰：嗟乎，世尚趋进矣，而人心向利无已，一市之众，各奋其私智以事侥幸，纵无少假牵彷之缘，亦将蹈空而起。人人自以为百万之雄可以术篡，得志崇朝，终身安富，惨惨人世，安复有礼让之士哉！王君有数数可富之遇，而临财不惑，卒持义自见，谓非异人之量之识，而能若是乎？先哲恒言：'让者，礼之宗，德之主也。'君何惭焉！若夫君之行义，其鸣施于一乡一邑者，在人为难能，而于君乎奚重？故不著。"该文既已被收录于《缆石幸草》，理当作于民国十八年（1929）12 月之前，但具体写作时间，似难质究。

◎在作成《缆石秋草》后，先生就寄予兴化李详，求序于这位久未谋面的好友；其后，李详答以两诗以代序①。

> 按，《缆石秋草》末所录李详来信云："玄婴先生寄视诗词，不见已十年矣，互通笔札，有若再生。所箸皆去官之作，芬芳悱恻，情兼哀怨，当以刘彦和书《隐秀》（笔者按，即《文心雕龙》卷八《隐秀》篇）名之，即题二诗于上，以代序言。兴化李详。"陈训正何时寄出《缆石秋草》，李详又何时回复，似乎难以质究。

◎约《缆石秋草》成册后不久，先生弟子有曰寒同者，便作《缆石秋草后记》，称先生虽"三总常务，两权民政"且曾兼摄杭市，实则傀儡，进而认定《缆石秋草》诸诗，折射出当时先生进退失据的内心苦痛。

> 按，《缆石秋草》录曰："此先生十八年秋所作诗也。仆时闻比兴，粗解指归。歌以当哭，知阮籍之途穷；笔而为笺，愧任渊之材短。先生自十六年春莅政浙府，至十七年冬去职，凡十有八月……三总常务，两权民政。又以杭市草创，同在都会，不别置长，兼以摄行。……彼方谓饰乌灵而事鬼，不必责其似人，奉木偶以登场，所贵牵之由我，而先生不知也。放慈航于人海，时触逆潮；休嘉荫于学林，又逢恶木。心如止水，何来覆水之忧；利欲断金，反实烁金之口。此先生之所以去乎？在先生，行藏早定，岂待倚楼，功业未成，

---

① 其一："群雄竞逐起风尘，误信玄婴作贵人。地窄未容双袖舞，诗多满贮一囊新。湖山管领宁非福，仕宦蹉跎合署贫。老去茂先研博物，餐霞吐纳付闲身。"其二："天遣回风倡和多，相逢铜狄对摩挲。分投名士如唐季，入奏新声半楚歌。南国美人诒绣段，中原故鬼泣蓬科。宛如辛白篓前叟，况似奇觚两鬓皤。"详参《天婴室丛稿第二辑》之八《缆石秋草》，第 10 页。

徒悲载道。惟此日无边，风物又到残秋，大好湖山，已非乐土，此《缆石诗草》之所由成乎？仆闻之："欲读其人之诗，当知其人之世。"敢本斯旨，以述是篇。文不求深，惧推敲之见罪；事惟存略，惩穿凿之害辞。后有览者，当自得焉。寒同记于石埭旅次。

民国十九年（1930）　庚午　五十九岁

◎1月15日，两浙监运使周骏彦母葛氏（1846－1930）病卒，先生为撰《周母葛太夫人灵表》。

> 按，《天婴室丛稿第二辑》之九《缆石幸草》载其辞云："母葛，奉化人……年十九，归同邑周氏……生五男一女……第三子骏彦，今浙江省政府委员、两浙监运使，兼陆海空军总司令部经理处处长……十九年一月十五日，母微感不适，遽告厥凶……寿终八十有五。有美意而不获延年，天鷖之谓何。爰述哀辞，用扬懿德。"

◎农历二月，弟子童第德偶见先生旧作《末丽词》，如获至宝，遂请人抄录。

> 按，陈训正自述："乙丑岁暮，余手录《（未）［末］丽词》，藏诸篋者，又四年矣。今春，童生藻孙第德过我缆石山房，见而喜之，为倩写人别录一通，而请原稿以去。童生之勤，亦童生之痴也。庚午二月识。"①

◎春，先生赋词26首，并皆收录于《缆石春草》之中：《金缕曲（雪阻）》②《解连环（望梅）》《满江红（雪后感事）》《浪淘沙》《一萼红（雪中孤山）》③《临江仙（雪夕守寒）》《望江南（前词意犹未尽，复占三解）》《虞美人（观儿童戏雪球）》《望江南（雪初霁凭窗有作）》《卜算子（见有跑冰者超湖面而过）》《浣溪

---

① 《天婴室丛稿第二辑》之三《末丽词》，第1—2页。

② 《缆石春草》录其辞云："冻雨瞒春至。尽霏霏、趁将风力，欲低还起。岁晚惊心犹莫定，而况欠天尺咫。数山色、都无晴意。欲上高峰看天日，怕高峰高处寒加厉。行不得，雪深矣。　归来坐彻晶慊底。度高歌、冰弦自拥，指僵难理。历乱双蓬争色相，禁得清清长此。怨檐响、宵来未已。料识明朝门前雀，纵飞来没个张罗地。居不易，且谋醉。"尔后，兴化李详答以《读玄婴〈雪阻〉词再题》："琼楼玉宇不胜寒，兴至乘风大是难。积雪满山行径塞，有人当此独凭阑。"李诗详参《天婴室丛稿第二辑》之八《缆石秋草》，第11页。

③ 《金缕曲（雪阻）》《解连环（望梅）》《满江红（雪后感事）》《浪淘沙》《一萼红（雪中孤山）》五词，后又被陈训正本人选入《天婴诗辑》附录二。

沙(乍晴又雪,至此三见矣)》《瑞鹤仙(岁暮过放鹤亭)》《八六子》《六丑(月夕)》《探芳讯》《蓦山溪》《绛都春》《琵琶仙》《金盏子》《绮寮怨(雪初霁,客中感赋,用清真韵)》《兰蕙芳引(即事依海绡韵)》。

按,陈训正《缆石春草》自序云:"玄父十九年春所作词,都二十有六首。"且事实上,这26首词确也表现出春色、春景、春物,甚至直接点到春时,例如《解连环(望梅)》:"暮寒吹彻。正凝云絮幕,乱山香发。付眼前、如此冰天,冷得到成春,也称芳节。回念宵来,阻幽梦、曾同风雪。待瑶华自朗,说与玉人,肯许攀折。 横波乍承素靥。度温馨细细,都入情热。甚觯烟、欲吐还休,又郤怕分明,向人唐突。知汝多愁况愁绝,更无言、说任那时。夜深夜浅,但来伴月。"

◎3月,先生在整理《天婴室丛稿第二辑》之四《炎虎今乐府》时,特在卷末述及南海人叶玉虎对其杂歌谣的推崇(可见此时先生心态已经变老,使得其诗词创作再也难获进步)。

按,其辞云:"右杂歌谣尝为弟子辈篡去,登于报端。南海叶玉虎见之,抵书仲弟畏垒,询炎虎何人?盖诒为奇构也。余曾赋《哨遍》答之。今年,玉虎复来书索词稿,云将辑《后箧中词》,而与余始终未晤也。感其意,为志数语于此。十九年三月,玄父书。"

此所谓"余曾赋《哨遍》答之"中的《哨遍》,显系《天婴室丛稿第二辑》之五《紫荑词》所录的《哨遍(有见余今乐府者,问"玄翁"何人?戏拈是阕答之)》:"吾贱莫名,呼作马牛,吾亦应之唯。何取乎、老到百无称。烂生施、此生已矣。谚有之:一黑不能重白,哀吾墨墨今如此。尝自比子云,生平一部,玄经稍解奇字。便会得僭易号人师,又焉敢妄将素王希!人以兹名,玄之又玄,用存吾志。谁!不用多疑。纵能知我亦无谓。名落人海底,漫道呼之能起。问措大生涯,除却署券,人间何处著名氏。认罗雀门前,飘摇五柳,先生何许近是。甚豹交、自惜苦留皮。笑吾道犹龙画奚为。只年来、未拼名累。眼中不少突兀,孰是平生意?顾天假我余光学易,完了太玄玄理,曰吾玄者乃如斯,若夫夷白又其次。"

◎12月29日,先生再度就任杭州市市长。

按,陈屺怀《杭州市政府二十年一月至六月施政方针》首句,就自称"市长于十九年十二月二十九日接事"①。

又,沙文若《陈屺怀先生行状》云:"十九年冬,沔阳张君难先来主浙政,复以先生为杭州市长。维时杭州益繁盛,民力既苏,则着手营缮,而于劝学敦俗,尤三致意焉。"陈训慈《陈君屺怀事略》云:"十九年(一九三〇年)十月,沔阳张难先来主浙政,举君再任杭州市长。"②此外,贺棫庆《十年来之市政沿革》称陈训正于民国二十年一月复任杭州市市长,似误。

民国二十年(1931)　辛未　六十岁

◎4月26日,宁波中等工业学校决定从8月起创办附属初中部,同时推选先生等7人负责筹集经费。

按,俞光透《鄞县私立正始初级中学》云:"为确保学校生源,1931年4月26日,经宁工校友大会决议,于1931年8月起附办初中部。推选陈训正等7人负责筹集经费,于年6月27日报请鄞县县政府转呈浙江省教育厅备案核准,先后两次招收初一新生37名,于8月25日正式开学,是为宁工附中成立之始。"

◎5月,五弟训恕(行叔,1905—1931)病逝于巴黎。

按,《陈布雷回忆录》民国二十年条云:"五月得留法友人来电,五弟行叔以肠疾殁于巴黎。……四弟方任教于中央大学史学系,得电后邀之来寓,以凶耗告之,四弟闻而大恸,以道远不能归骨,乃电托邵鹤亭、毛无止君等为葬于巴黎,此余毕生一大憾事,亦毕生一最大伤心事也。"③

◎5月18日,冯开(1873—1931)病卒于上海。冯氏卒后,先生又作《悲回风》以志哀;《天婴诗辑续编》所载《哭木公六首》,就录自作于1931年的《悲

① 《市政学刊》1931年第4期,第1—18页。
② 详参杭州市政府秘书处所编《杭州市政府十周年纪念特刊》(民国二十六年),《近代中国史料丛刊三编》第75辑,文海出版社,第5页。
③ 陈玲娟《悼四哥忆往事》云:"五哥早年病逝于巴黎,其博士论文《香港经济发展史(1927—1931)》是三十年代初留稿,四哥笃念手足之情,屡思刊行,因需筹款而未果,他为此深表遗憾。五哥在法逝世之年,正是(四哥)他第三子诞生之岁,为了纪念,他把三子取名思佛。因为当时法国的中译全称是'佛兰西',思佛即意为怀念在法国去世的同胞手足。"详参浙江省图书馆所编《陈训慈先生纪念文集》,1996年,第74页。

回风》。

　　按,袁惠常《冯回风先生事略》云:"先生讳开,字君木。初名鸿
墀,字阶青,有文在其手曰开,故更名。慈溪冯氏,学者称回风先
生。……晚岁讲学海上,当世名宿,若归安朱孝臧古微、兴化李详
审言、临桂况周颐夔笙、安吉吴俊卿昌硕、杭徐珂仲可、湘潭袁思亮
伯夔,皆与友善,朝夕往还甚乐也。自谓吾之词得朱、况商榷而后
成。况、吴前卒[1],咸遗言必先生志其墓。……吴君墓表甫具稿草
而殁,成绝笔矣! 年五十有九,是中华民国二十年五月十八日也。
乌呼! 自先生殁,朱、李亦同年殂谢,东南耆硕,凋零殆尽。圮怀先生
哭先生曰:'天丧斯文,国无人矣!'又为《悲回风集》以志哀。……民
国二十一年五月,门人奉化袁惠常敬述。"[2]

　　◎5 月 19 日,友人李详(1859—1931)病卒[3],先生受托为撰《兴化李先生
墓表》。

　　按,《兴化李先生墓表》云:"先生讳详,字审言,世为江苏兴化
人。……父讳某,少遭家难,迁盐城西鄙居焉。取赵氏,生子二,先
生其次也。……民国二十年某月某日,告终里第,春秋七十有三。
少日自字白药生,亦号愧生,晚更称辉叟。……先生既殇之某月,
将葬,其嗣承佑承其先命,书来诔文。呜呼! 天丧斯文,不憗子遗,
拓落人寰,灵光尽矣。泣而书之,用诔当世,悠悠行路,又畴述焉。
友人慈溪陈训正表。"[4]

---

① 沙文若《僧孚日录》谓况蕙风因患赤痢,病卒于 1926 年 8 月 24 日(农历七月十七日)
夜;但包括郑炜明《况周颐先生年谱》在内的更多文献,皆称况氏病卒于 1926 年 8 月
25 日。至若吴昌硕先生之逝,则时在 1927 年 11 月 29 日(农历十一月初六)。

② 袁惠常:《冯回风先生事略》,见《民国慈溪县新志稿》卷十八《艺文(二):外编》,第
126—128 页。当时,沙孟海既曾为乃师撰写挽联,又著有《冯君木先生行状》一文。
事详沙茂世《沙孟海先生年谱》,第 42 页。

③ 按,陈训正《招都良过玉晖楼,谋编刊〈回风集〉。时值深秋,俯伏多感,既伤逝者行,
复自念,喟然赋此》诗中自注:"审言殁,仅后木公一夕。"而袁惠常《冯回风先生事
略》,则又明言冯君木病卒于 1931 年 5 月 18 日。

④ 《民国人物碑传集》卷九,卞孝萱、唐文权编,团结出版社 1995 年版,第 646—647 页。
张美翊《菉绮阁课徒书札·致朱百行 30》:"李辉叟名详,字审言,扬州兴化人,老贡
生,骈文为江左第一,其他诗文俱成家。志节孤冷,心折吾乡全谢山之学。"详参山西
画院《新美域》2008 年第 2 期,第 51 页。

◎农历四月,先生辞去杭州市长一职。

按,陈训慈《陈君岊怀事略》云:"十九年(一九三〇年)十月,沔阳张难先来主浙政,举君再任杭州市长。次年四月,辞去。"

又,赵晨《国民党统治时期的杭州市长》云:"1930年年底陈岊怀再度接办,他驾轻就熟,老班底大都保留。这时的省政府主席是张难先。张老成持重,朴实节约,对陈岊怀的作风极为赞许;但陈也为某些人所不喜。有一次蒋介石到杭州来,适逢筹办自来水,马路上正在挖沟,埋放水管,泥土堆满人行道。有人乘机对蒋说:'杭州市政搞成这个样子,垃圾堆满马路。'蒋说:'岊怀只配著书考古,不宜办新事业。'那人就推荐周象贤复任,蒋有允意。事为陈岊怀所知,就向张难先辞职。张慰勉有加,劝陈打消辞意,但陈去志颇坚。"

◎先生返甬期间,奉化人袁惠常慕名前来请教,先生告以多读韩愈、曾巩之文,方可革其作文弊病。

按,袁惠常《赠陈君叔谅序》云:"闻行叔游学法兰西将成学而归,乃喜。既又闻其病殁海外,则为之大戚。是年,冯先生亦捐馆舍。惠常落落无所向往,乃从鄞张苓里先生问古文义法。闻陈天婴先生至自杭,则持文求正,陈先生曰:'子之文病弱,宜多读昌黎、南丰两家,半山峭折绝伦,不善学之,或失之枯。'陈先生者,冯先生之执友,而君欸彦及先生之从兄也。其文章有奇气,工于铸词,古奥似读周秦诸子。"①

◎农历五月间,先生时任国民政府文官处参事②,与从弟陈布雷、胡君海同游南京鸡鸣寺。

按,《陈布雷回忆录》民国二十年条云:"余是年在京,意常不乐,每思引退,重作记者,或教书自给……及蒋主席辞职,乃决心共同引退,遂我初愿……于十二月二十一日浩然返沪矣。计自去年十二月二十二日接教部事,迄离京之日适满一年,可谓巧合,先是

---

① 袁惠常《赠陈君叔谅序》,见《民国慈溪县新志稿》卷十八《艺文(二)·外编》,第125页。
② 沙文若《陈岊怀先生行状》称民国二十年(1931)"夏,任民国政府参事";陈训慈《陈君岊怀事略》系其事于农历六月。

农历五月间,大哥在京任国府参事,某日约同君诲先生啜茗于鸡鸣寺,余偶求得观音签问何日可辞官归里,签语有'一朝丹篆下阶除,珠玉丰余满载归'之句,签解又有'官非宜解'之语,余先阅签解,嗒然若丧,意谓'官不宜解'则无解官之望也,大哥曰不然,曷不作三句读,即官、非、宜解,岂非即遂汝所愿乎。余乃恍然曰:'得之矣;所谓满载归者,殆即满一载乃许汝归耳。'"

◎8月23日(农历七月初十),先生与朱强村、王一亭、张寿镛等人联合发起公祭冯君木的活动,并任主祭之责。

按,《申报》1931年8月25日孙筹成《冯先生不朽》云:"慈溪冯君木先生……本年五月十八日告终沪寓……月之二十三日,朱古微、王一亭、陈屺怀、张咏霓等发起公祭,其门弟子陈布雷、吴经熊等臂缠黑纱,为其服心丧,而莅会者数百人。推陈屺怀主祭,因陈君与冯先生交最深,请其报告冯先生之经历。陈谓'鄙人与冯先生系总角交,悉其十四岁由松江回慈溪时,已文辞烂然。盖先生生有嘉表,聪远韶纯,群经百氏,遇目能识,若有天授,当时前辈均目为神童。人皆知先生和蔼可亲、与世无争,不知渠少年时,所发议论亦甚激烈,酒后兴之所至,所著文章,目空一切。旋因在杭教读,为当道所注意,家人恐其贾祸,托言其太夫人病,电召回里;渠纯孝性成,接电后,不问曹娥江潮流之顺逆,冒死赶归,于二十四小时内抵家。交友不以贫富易操,不以生死殊节,唯对于文字之讨论,虽遇至友不肯示弱。自奉甚约,对于亲族贫苦者,称力荐拯,唯恐不及。少年承学,善诱善导,薄微片能,辄称誉勿置,先博其趣,然后勉进艺业,故弟子敬爱先生,犹敬爱其父兄'云云。……冯先生遗著有《回风堂文》若干卷、诗若干卷、词一卷、札记若干种皆未刊,若任其散佚,殊为可惜,故推陈屺怀等八旧友暨弟子代表陈布雷、沙孟海等主持刻印冯先生诗文集,并由门弟子筹组回风社,每年于冯先生忌日开会设祭,俾联同门感情,追念先生盛德云。"

◎9月,友人黄侃应邀作《陈玄婴先生六十寿序》,充分肯定先生在文学史上的地位,对先生所编纂的《定海县志》及其史才,更是推崇备至。

按,《天婴诗辑》载其辞曰:"四明文章之士,立言粲盛者,自任中丞后,于宋则攻媿,元则剡源、清容,全谢山所称'吾乡文雄'是也。易世而起,谢山以湛园当之,后二百余年而至玄婴先生,又湛园之县人也。近代古文正宗,咸曰桐城,祖述其法者盈天下……非之者未始乏人,唯先生之言镌切最甚。……得先生之说,不独可以救桐城末流之失,即近顷薄古而逞臆者,亦不至溃决冲陷而无所止,则信乎先生为今日谈文者之司南,宜其克绍西溟而殆欲过之者也。数年前,侃始得读先生所撰《定海县志》,观其编制条例,迥异于向来郡书地里之为。……盖昔之方志,畸于考古,而此则重于合今;昔之方志,质者则类似簿书,文者又模袭史传,此志详胪表谱,位置有方,综叙事实,不华不俚;昔之方志,无过乡间之旧闻,此志则推明民生之利害。使域中千余县皆放此而为之,不特一革乡志国史之体制,实即吾华国民史之长编。……如先生者,能为乡史示准绳,即能为国史成型范,此则在位者所未宜忘者也。(公元)十二月八日,为先生六十生辰,门人鄞童第德先期告侃曰:'子于玄婴先生悦服夙矣,曷不因此时而有言,既以昭子之所怀,亦以为先生娱?'侃不敏,常以文史诲后生,于桐城之文,有所未学,而无所非,独时时称说先生所谓'法上而不嫌于创者',虽不能至,心向往之。爰从童子之言,辄为此文,以当请见之贽。若夫铺叙生平,妄谈作颂,则先生集中屡有厌鄙之辞,侃不敢以进也。中华民国二十年九月蕲春黄侃鞠躬谨撰。"

◎深秋,先生与冯都良商议编纂乃父冯君木遗著《回风集》,并作诗以记其事。

> 按,诗名《招都良过玉晖楼,谋编刊〈回风集〉。时值深秋,俯伏多感,既伤逝者行,复自念,喟然赋此》,并云:"淡晴天气入残秋,怅触茫茫起积愁。几辈青山老诗骨,连宵旧雨洗荒邱。亦知后死无逃责,欲遣余生奈寡俦。独抱遗篇对荑菊,分明情事记前游。"[1]

◎深秋,先生作《南山桂发,客来竞谈,满觉垄之胜。忆昔年,曾偕木公及弟子童次布、沙孟海辈,自赤山埠步行至烟霞洞,访碑经垄,憩丛桂下,木公举小山故事,用相嘲谑,雅尚高致,至今犹傻然山水间,而清言不可复闻矣!追感成咏,并示当日同游诸子》诗。

---

[1] 此诗乃陈训慈整理《天婴诗辑续编》时自《悲回风》中录出。其小字自注:"六年前,余曾于九日过修能学社,木公方校读寒庄遗文,指庭菊谓余曰:'寒庄文有菊之致,无菊之色,故人鲜赏之者。'间又曰:'今人赏菊,以希种为贵,色耳不知,何言风致?此寒庄之所以死也!'今余编木公文,亦同此情概。"

按，诗云："宾秋述游事，人夸南山胜。香觉开满垒，午风静中定。烟流翠欲滴，雨深青如孕。山色依然还自好，看山不足人已老。我昔携侣出访碑，曳杖曾于此中到。丛桂虽残堪充隐，坐石剔薜愗谈笑。木公意气老犹颠，恨不生当千年前。与君同赋小山篇，或附鸡犬随登天。笑言未竟悲歌续，跫然足音空在谷。穷途日薄天如菽，诗肠终饱饿鸢腹。及时花发胡不乐。"[1]

◎10月，鄞县工校拟举办二十周年校庆；先生身为老校长，应邀作《书工校廿周纪念册》。

按，《书工校廿周纪念册》云："甬之有工校，于兹二十年矣。当十年前，余主是校时，曾为会纪念，余有言，譬诸鲧之治水，虽勿成而治之，已故可以遗禹之念。今继余长校者，为王生思成，是能纠鲧之失而致其治者，其犹禹矣乎！风雨既久，漂摇益甚，胝手胼足之劳，亦有过于余。王君能维系至今日，已为不易矣，况其精神所被，易瘝而良，俨然有可诵者乎！余衰矣，流浪道路，不得归而与共桑梓之义，因益晞吾王君之能率底厥功也！书此祝之。维民建国之二十年十月，陈屺怀书。"[2]

◎先生辞去国民政府文官处参事一职，从此隐居西湖。

按，陈训慈《陈君屺怀事略》云："十九年（一九三〇年）十月，沔阳张难先来主浙政，举君再任杭州市长。次年四月，辞去。六月，任国府文官处参事。居首都数月，以不乐闲职，即谢归。自是遂息影湖上，以读书著述自娱。"

◎先生署名"陈训正玄夫"，在11月1日《四明日报临时增刊》上发表《宁波渔业概述》一文，内分"渔区"和"渔船驻泊地与各洋面之路线里距表"。此文其实节录自《民国定海县志》册三甲《渔业盐志第五》"渔业"目。

按，《四明日报临时增刊》载其辞曰："渔区天生利菽，无界限可言。惟渔船出入捕鱼，其路线所经里数，犹可迹求。自镇海关起计，东尽国界，与日本海线相（距）[交]，约一百九十六海里。南至象山南田，与台州海相（距）[交]，约五十八海里。西至乍浦洋面，

---

① 此诗乃陈训慈编辑《天婴诗辑续编》时，自《悲回风》中录出。
② 《鄞县县立高级工科中学二十年纪念册》，1931年12月刊行，浙江省宁波市鄞州区正始中学图书馆藏。

约四十四海里。北至马鞍群岛，约六十二海（岛）[里]。综计渔区方里二万八千八百海里。渔船驻泊地与各洋面之路线里距表（略）。"

◎12月，鄞县县立高级工科中学全体师生敬献《陈前校长六十寿言》，恭祝先生生日快乐。

按，《陈前校长六十寿言》云："班孟坚《汉书》次《循吏》于《儒林》之后，其传《循吏》，言孝武之世，少能以治化称者，惟江都相董仲舒、内史公孙弘、兒宽，居官可纪。三人皆儒者，良以自来循吏，未有不由于儒林，非进于儒者，不足以仁于为政，以上顺公法，下顺民情也。循吏既出于儒林，而儒者未有不好学，故其所在，常以兴学为心，子产之于郑，文翁之于蜀，其著也。至如黄霸、召信臣，诸人之往往能以卿相而享大年，是则非独其仁能寿，亦天之所以报施之，欲久其身而布其泽于天下也。慈溪陈屺怀先生，以儒学名当代，为文章出入于两汉魏晋之间，为海内文宗。其长浙江民政厅、杭州市也，除弊以利，革故以新，而尤以兴学为务，贤声噪于众口。其立而官于朝也，士民莫不欲攀辕以留其行，为诗歌以纪其事。共和之初，先生尝长本校矣，以经费之无常，措置之不易，夙夜匪懈，不名一钱，至卖文以给不足，甬上之人，至今称之，此先生行事之荦荦大者，而揆之于古人，固已出入于儒林、循吏之间，则先生今日之登朝，亦将以兼善天下，而弥永其年矣。今年十二月为先生六十初度，朝之士大夫，与夫亲朋故旧，必有弘文清制以寿先生者，而本校师生则窃以是说而进质焉，未知先生亦以为然否耶？中华民国二十年十二月，鄞县县立高级工科中学全体师生恭祝。"[1]

◎十二月，先生将作于1925年初至1930年之间的诗文，汇为《天婴室丛稿第二辑》。

按，《天婴室丛稿第二辑叙目》云："前辑之刊，沱于十四年一月，计四册，凡为名者九，除《无邪诗存》《无邪杂箸》二种出自手定外，余皆诗文杂录，且未经去取，故曰'稿'。日月忽忽，不期又七年矣，稿之积者与年俱高。今年十月之晦，为余六十生日，宾朋来会

---

① 《鄞县县立高级工科中学二十周纪念册》附录（二），1931年12月刊行，浙江省宁波市鄞州区正始中学图书馆藏。

者皆以续刊各稿请,且为谋集印赀。余亦以人事不可知,即此散乱覆瓿之物,不能不有一结束。因取庚午以前各稿,仍如前例拉杂成之,为《天婴室丛稿第二辑》。至其他专论、特撰之著作,则不入此印。既竣,识其缘起,并附列稿目,便检览焉。二十年十二月,玄婴。"

◎大约本年,先生作《拾遗词》九首(载《晚山人集》卷二)。

按,《拾遗词》序云:"于故牍背检得《蝶恋花》词九首,题曰'感某事而作'。此作当在七年以前。余固善忘者,回忆前尘,茫然无复留影,弃之不忍,遂录于此。"从《晚山人集》所录情况来看,这九首词也并非同时所作。

◎在选辑《晚山人集》时,先生又从废纸篓中检得未名诗5首、《蝶恋花(别后)》词6首,遂将之编入《晚山人集》卷二,同时题作《又诗五首词六首亦得自弃纸中者》。

按,据其部分诗句,例如"流落人间六十年""六十年光剩龑蓬",推断这十一首诗词大抵作于本年。

民国二十一年(1932)　壬申　六十一岁

◎1月,陈布雷再度出任浙江省教育厅长;始住葛岭路乐庐,入夏后,迁入小莲庄,与先生同住。

按,《陈布雷回忆录》民国二十一年条云:"一月赴浙接任教育厅长,寓葛岭路乐庐。……是年夏仍迁入小莲庄与大哥同住。大哥是年遣眷回慈而独留杭州,兄弟晨夕过从,四弟任省立图书馆馆长,亦常来谈,最得骨肉相聚之乐。惜余忧时感慨未能从大哥商讨文艺为可惜也。"

◎5月,先生被推选为宁波中等工业学校附属初中部董事会的主席校董。

按,俞光透《鄞县私立正始初级中学》云:"1932年5月,成立宁工附中董事会,陈训正、林端辅、赵芝室、冯度、马涯民、冯蕃五、屠士恒、刘元瓒、冯莼馆、张崇祉、张屏庵、曹孝蔡、王诗城、戚才敏、周嘉后、范履吉、王诗塘、姜韬、王兴邦、周维畅、吴理卿等人为校董,推选陈训正为主席校董,冯度、冯蕃五、王诗城、戚才敏、周嘉后为常务校董。"

◎夏,先生奉蒋介石之令,纂修《国民革命军战史初稿》。流传至今的档案材料与既有的相关研究成果皆表明:蒋介石自从1930年中原大战以来,就以中央集权作为政府改革的基本方向,而在1932年初重新上台后,其集权意愿更趋强烈①。《国民革命军战史初稿》的编纂,理当是蒋氏用以树立个人权威的例证。

> 按,陈训慈、赵志勤《热心兴办宁波地方教育的陈屺怀》云:"1932年夏,应蒋介石之请,修纂《国民革命军战史初稿》。"②

民国二十二年(1933)　癸酉　六十二岁

◎1月,先生被聘为《鄞县通志》总纂。

> 按,《鄞县通志编印始末记》小字注引陈训正《编印鄞县通志缘起》云:"鄞志自光绪间重修,迄今六十年矣。时直国体改革,掌故散零,不为搜辑,久益无征。县人士方以为忧,姜君炳生奋然曰:'徒忧奚为哉! 不如亟图之。'众曰:'如此巨制,计非九万金不足集事,将奈何?'姜君曰:'若仅此数巳也,余愿承其半。'众大喜,张君申之、赵君芝室即据以告县长陈君冠灵。陈君嘉姜君之志,毕诚相助,期以必成,乃为招要阖邑绅富闻族,会议进行事务。于廿二年一月成立县通志馆,当推张、赵二君主馆事,而以纂修之役属余。余与二馆长商订条例,厘定节目,分聘硕学,从事纂辑,遂逾三载,始克断手(按:出样本时,仅初稿大致就绪,非完成也)。全书类分为六,曰舆地志,曰政教志,曰博物志,曰文献志,曰食货志,曰工程志。各志自具体裁,不相比袭,总六志而一之,则曰《鄞县通志》。

① 详参《蒋介石言行录》,上海新民书局,1933年,第42页;《蒋介石日记》(手稿本)1932年6月30日、8月18日、8月31日,美国斯坦福大学胡佛研究所藏;《蒋介石与中国集权政治研究(1931—1937)》,刘大禹著,浙江大学出版社2012年版,第86—90页。
② 陈训慈、赵志勤:《热心兴办宁波地方教育的陈屺怀》,载《浙江文史集萃》(教育科技卷),浙江省政协文史资料委员会编,浙江人民出版社1996年版,第180页。

其书取便流通，故可分可合。"①

又，《鄞县通志编印始末记》云："民国二十一年，鄞邑人士……群议重修邑志。当是时，张传保服务于上海宁波旅沪同乡会，与邑人之侨寓者接触频繁，乃集议发起兹事。姜忠汾毅然以编印资费自任，厥事乃成。公推张传保及赵家荪为正副馆长，聘慈溪陈训正任总纂，于民国二十二年一月一日（公元一九三三年），设立鄞县通志馆于中山公园之薛楼。"

又，沙文若《陈屺怀先生行状》云："二十一年二十五年间，撰《鄞县通志》若干卷。鄞，大县也，事文独繁颐，先生博搜志材，辑为舆地、政教、博物、文献、食货、工程六志，可分可合，故名《通志》。盖先生之学，未可以一方，体其著之于书，足为后世法式者，文辞而外，惟诸志为超逸无俦云。"

又，陈训慈《陈君屺怀事略》云："至二十二年，甬人士议重纂《鄞县志》，县人张传保任志馆长，佥议推君任总纂。君以鄞为大县，志材繁富，乃深思熟虑，厘定为《舆地》《政教》《博物》《文献》《食货》《工程》六志，而名全书曰《鄞县通志》，荐聘马瀛为编纂主任，乃与共商义例，拟定程序计划。马君驻甬馆，多司初步编事，而稿荟于杭，君则往来杭甬间。先后五载，全书大部草成，而抗日战起，时已印成书者，仅《舆地》《博物》等三志，合十三册及图一函。战火既亟，君与马君筹商，将写成而犹待理董之稿本与资料运存密藏。待胜利时，君已谢世，马君继志述事，整理编印，鄞人士续筹印资，历尽艰辛，续出后三志十九册而未竟。解放后，赖军管会之主持，续印《文献志》后三册与首册，至一九五一年四月，全书始告完成，计共六志、五十一编、三十六巨册，体例内容在现代编成之方志中，弥为时论所推重。"

---

① 《鄞县通志编印始末记》录陈训正《鄞县通志草创例目》曰："方志之作，与时俱进，无义例可守，且各县地方性未必尽同，人民特殊风趋，今昔迁嬗，往往而异，故志之体裁、节目，当随时地为增损，不能划一。余主修《定海》《披县》两志，体裁虽同而节目繁简不少出入，良以此也。《鄞县》钱、董二志，以志例言，在昔最为谨严，然由今观之，其所著录，狃于旧闻，偏以文胜，未能备具文物嬗进之迹，欲借是考见一县民生社会今昔之状况，则有所不能。余于志事，不敢薄古，尤不敢废今，兹选内部所定通志事例，而参以中外地志应有之常识，定为《鄞县通志》节目如次。……右各略目凭空臆拟，疏漏必多，俟采访小具端绪，当更为审正。至采访表例，则当详细分别调制，此犹其轮郭云。"

◎4月18日①，老友洪允祥病卒，先生遂作《洪先生述》。

　　按，《洪先生述》云："洪先生允祥者，慈溪人。初名兆麟，允祥其字也。既以字行，乃取名之音近者自号樵舲。家世业商，潜德隐约，至君父始以医振闻乡间。生三子，君居长，自少受业于其舅氏镇海郑先生。……学既成，出应乡举试，顾屡试不得一第，而同列占毕下士反骎骎取高科、致显位，意不能平。性故豪迈，至是益狂放……尝游沪上，乡先达蔡元培方提举南洋公学，君以其学谒，为所识拔……既而游日本，研求哲理象数之学。三年返国，历聘南北各大学任史地教授。当满清季年，汤寿潜、陈训正等创设《天铎报》社于上海，延君主言论，戴传贤、陈布雷副之。以发扬民气为标识，执义敢言，绝无顾虑。国中舆诵一时易响，论者谓辛亥革命之役，《天铎》大口宣舌与有功焉。君自东游归，得朱舜水遗书，遂益务阳明之学，后又潜心藏典，得其精旨，君则以为此佛矢也，用以自字。既老，则事台宗僧谛闲修净土，喜为人说法，然其饮酒善骂如故也。……年六十，以病酒卒，时民国二十二年四月十八日也。君一生力学，能尽耳目之责，于史事尤赅，贯常籀历代治乱兴衰之故，举以为教，得其学者多所成就。为文章不喜缚束义法，訾桐城末学为优孟弟子，虽具衣冠非人伦所贵。诗宗晚唐，日吟哦甚苦……呜呼，孰谓君狂者？观其不亟亟于外务，吾有以信其内美矣！为著生平，以讦当世。"②

◎夏，先生回乡祭奠其祖母叶太夫人百年冥诞。

　　按，《陈布雷回忆录》民国二十二年条云："夏回慈溪，为先祖姚叶宜人祝百龄冥诞，三家子弟咸集，约留一星期而归。"

民国二十三年(1934)　甲戌　六十三岁

◎先生作《国民革命军战史初稿叙》，自述其难以快速成书之三因。

　　按，陈训正《国民革命战史初稿叙》："仁湖蒋公，缵述宗哲遗志，提师出疆，声讨有罪，正义所昭，阴晦咸豁，东征北伐，所至底

① 奉化人袁惠常在其作于1944年11月的《洪先生传》中，称其老师卒于4月17日。该文可见《民国慈溪县新志稿》卷十九《艺文(三)：内编》，第128—130页。
② 陈训正：《洪先生述》，可见《民国慈溪县新志稿》卷十九《艺文(三)：内编》，第145页。

功,诸不率者,以次敉平。蒋公于是命其属,各以所部战绩汇而入告,规厥成事,传以故犊,勒为一编,曰《国民革命军战史初稿》。初稿者,明非已藏之书,犹史料云尔也。是稿多采自各师部之报告及其行军日记,属草非一手,体裁非一律,节目疏谛,质量缛□,容有所不比。因又命训正据此稿本理而董之,别为战纪,以附信史。训正自维学浅,非三长之选,承命皇惧,不敢草率,业业两载,未克断手。核其所以,有三难焉。一曰体制。纪载战争,古无是作。……今欲撰集战纪,于古无征,实为创作,发凡定例,颇需斟酌,其难一也;二曰文字。……纪事之作,要以文不亡质、朴不失陋为责;战史者,将以张皇伟绩,俾后人追慕而兴起。为行远计,不可入俚语;为通俗计,不可使奥辞。此中自有光明涂径,未可轻易涉笔,其难二也;三曰甄采。同一书告而详约各殊,等是□牍而冗简大异。且所谓详者,未必尽备,所谓冗者,未必无漏,所谓约者、简者,未必少芜而悉当,据是以为属笔之资,少不经心而疵累百出矣。况初稿之取材,非一时一地一人之所为,体制文字,互有长绌,搜罗裁节,更少碻定。修史之道,尤重甄采,取舍轻重,全在识力,非特善文,便称呼能事,其难三也。有是三难,属稿益不可轻掉,涂乙增损,至再至三,稽时累日,迟迟未竟,良以此也。虽然革命军之功烈昭然人间耳目,而其弘谋硕画之所在,实荟萃于是编,此尤吾国人所欲亟睹者,则不能不有以厌其望也。爰取初稿,先印行世,以当正编之先河云。慈溪陈训正识。"①

◎先生所撰《定海县志·例目》,以《定海县志序目》为题,发表在《浙江省立图书馆馆刊》第三卷第四期(1934 年 8 月);责任编辑虽对其内容构造不无异议,但仍推崇有加。

　　按,篇首编者按:"《定》志编于民国十二年,为慈溪陈屺怀先生所主纂,而《方俗》《物产》二志,则出定海马涯民先生(瀛)之手,其他体材亦多经其商讨。全志体例,大较师法近刊宝山钱《志》,去取录最,不泥旧例:如《交通》《财赋》《礼教》《渔盐》《食货》《方俗》诸志,均能独运匠心,别创新格。《方俗》一志,详考方言风俗,不舍鄙俚,所以彰民隐而移民俗,甚足为后来取法。至如《舆地志》第六目"分区"项之阙《各区村落》与《居民民族表》,及第九目"土质"一项

---

① 陈训正编:《国民革命军战史初稿》,第 1—4 页。

之全付阙如等，则皆由采访未周，未足为累，列目待补，尤足彰其启后之效。全志于列表一道，可谓畅乎其用，惟偏重太过，于人物不免阙略，于《列女》亦列表不立传，以为'贞孝之德，大都从同'，实则世俗贞烈节孝传略，固多千篇一律，且率出俗手，鄙俚无当，然节烈事迹，倘能择尤纪载，要足以存信史而昭激劝，似未可以概从简省也。至于谊例之精要，载笔之简絜，要足为后来方志学家之楷模。读者第先讽籀是篇，然后更进诵原书，当更能有所体会也。"

◎8月5日，先生被推选为正始初级中学校董会成员。这所新近从宁波中等工业学校独立出来的学校，之所以定名为"正始"，完全是为了感谢先生长期以来对宁波中等工业学校的关心和支持。

> 按，《鄞县通志·政教志》云："民国二十年八月，宁波工校校友会发起附设初中，由校友陈训正等负责筹集经费，经教育厅核准开办。二十三年八月，因工校改归省立，不能沿用附设名义，遂分离独立，改名正始。成立校董会，另行呈请立案，经教育部、政教教育厅核准。"①

> 又，俞光透《鄞县私立正始初级中学》云："1934 年 4 月 29 日，浙江省教育厅发文，宁波高工收归省立，不能继续附办初中，宁工附设初中部面临夭亡的危险。为此召开全体校董会第三次常务会议，决定将附设初中部与高工分离，单独建校，定校名为鄞县私立正始初级中学……8 月 5 日，另组校董会，由陈训正、赵芝室、周宗良、张申之、俞佐宸、俞佐廷、魏伯桢、张莼馥、朱昌焕、冯度、冯蕃五、刘元瓒、王诗城、阮葭仙等 14 人组成……学校定名'正始'，是为了纪念宁工附中主席校董陈训正(字屺怀)先生。1934 年 7 月出版的宁工附中第三期校刊中，王诗城校长《由工校附中改组为正始初中》一文记载：'本中学由工校而产生，工校之得以艰辛维持迄于今日，胥由陈校长训正屺怀先生之力，吾人饮水思源，不能一时或忘。此次本中学独立以后，定名正始，盖即所以纪念陈先生也。凡吾工校校友以及正始诸君子均应知此命名意义，时时体会，并应以陈先生之办学精神为精神，以陈先生爱护工校之热心来热心维护工校与正始，使两校校务共同发展，两校校誉共同光大，两校规模共同扩充，以告慰陈先生。'"

---

① 《鄞县通志》第二《政教志》第五册，第 1107 页。

◎先生将此前所作诗文编为《天婴室丛稿》,共二辑六册。

按,陈训慈《陈君屺怀事略》云:"君为学通博,期以经世,既薄制艺,亦不规规为词章家言。辛亥革命以后,海内多故,专力教育,无意用世。中年感慨,每寄吟哦,酬酢有作,不自珍惜。洎再至沪上,主办新闻事业,更与海内文人学士游,如桂林况周颐(蕙风)、吴兴朱孝臧(疆村)、同邑冯开(君木)、兴化李详(审言)等,时有唱酬,并应聘主修《定海县志》,自是益致力著述。晚居武林,丹铅益勤。及避寇浙东南,不废述作,成书浸多。最早曾辑印《无邪诗稿》一卷,民国廿三年间,乃自编次所为诗文词,印成《天婴室丛稿》二辑,凡六册。晚岁,更自删整成《天婴诗辑》与《天婴文存》二种。"

◎冬,先生在杭州巾子峰寓舍作《天婴诗辑自叙》。盖自本年起,先生开始自辑《天婴诗辑》。

按,《天婴诗辑自叙》云:"余少耽荒嬉,不知学问,好听里讴野唱,尤喜俗所谓丑噱者……年十七,始从竹江袁先生受诗。……其时,余虽好诗而不喜自为诗,间有所感,即目成咏,十八九无题也。……甲戌冬日,慈溪陈训正屺怀书于杭州巾子峰寓舍。"

民国二十四年(1935) 乙亥 六十四岁

◎1月,时任浙江省立图书馆馆长的陈训慈,创办了浙江省第一家省级学术刊物《文澜学报》。先生在该刊第一期,不但发表了《甬谚名谓籀记》《慈溪冯先生述》《洪先生述》三文,而且特地撰写了发刊词《弁言》。

按,陈训正《弁言》云:"文化为发展人群之本,而蕴崇其本者,则必有道焉。图书为宣扬文化之器,而运用其器者,则必有术焉。道与术不一端,而阐幽存古,其急也。浙之有图书馆,已逾三十年。自来主馆事者,类多好学深思之士,所以谋其道以培其本,讲其术以利其器者,未尝不尽心而务之。口舌之不逮,则传之以文字。目有录,善本有识,比岁又会两月之见闻而有馆刊,所贡献于人群者,数数且备矣。馆之同人,犹以为未尽阐幽存古之旨,于是复有《文澜学报》之作。文澜者,清代庋藏赐书之阁名,而我浙最著之文府也,用以楬橥,盖以明乎趣指之所在,其殆所谓阐幽存古之急欤!例以年为卷,凡专家之论箸,孤篇之表扬,及夫馆士讲贯所得之记述,胥于是乎会焉。作者不必皆浙人,而取材则以本省为主;体裁不限于一格,而内蕴则以文献为归。证斯薪响,以发扬我两浙今昔之文化,庶群士有所观感,不至流浪无畔,陷溺于盲谈痛说之中,其成就殆难限量。率欣然为弁数言如此。中华民国二十四年一月陈训正题。"①

◎春,先生纂成《鄞县通志》中的《博物志》。

按,《鄞县通志编印始末记》云:"鄞本为宁波府附郭之县,自五口通商以后,推为浙东巨埠。又邑人足迹遍海内外,抗日以前,因畸形繁荣,多坐拥巨资建设交通,颇呈好景。其习俗、文化、政制、社会繁复纷杂,几与沪杭相埒,欲缕述之,非数十帙不能尽容,而又值九一八后,日本鲸吞中国之谋愈急,全国人民潜备抗战,如不终日。陈训正知此巨著殆非战事爆发以前所能结束,于是商同马瀛,将鄞志区为《舆地》《政教》《博物》《文献》《食货》《工程》六志,各自为书,各有起讫,各载序目,使一志编成,急付诸剞劂,庶不致全功尽废。……陈训正时兼任杭州博物馆馆长,乃径付《博物》一志之调查、采集、化验、编辑等事于博物馆技术人员吴炳、钟恢观、盛莘夫三人,而自总其成。又自负编纂《文献志》中人物、选举、职官、故实四编之责,悉付甬馆编纂之事于马瀛。至民国二十四年春,《博物志》一册先成。"

◎6月,先生在应邀为蔡寒琼所画《石荒图》题词时,既详尽交代了沙孟海又名石荒的来龙去脉,又谓《石荒图》实未表现出"石荒"的本意。

按,《沙孟海先生年谱》插图"陈训正先生为石荒图题词"云:"沙生孟海,能文章,工书,尤擅古籀篆,间为人治石,颇颇有古意。尝客海上,以其师回风先生介,得事缶庐老人。老人,吾国金石名宿也,见生所作印,惊曰:'此子英英,出手便欲无老辈,可畏也!'生自是研索益勤。回风惧其玩物丧志也,因取石荒二字字之以惕行。久之,宾朋用相字呼,误以为生隐居敦志之地。南海蔡君为作是图,非石荒本意也。余恐生忘其师命名之义,为识其所自始云。廿四年六月,玄婴。"②

◎先生纂成《国民革命军战史初稿》。该稿后来成为台湾方面编纂《北

---

① 陈训正:《弁言》,《文澜学报》第一期,浙江省立图书馆 1935 年 1 月。
② 《沙孟海先生年谱》,沙茂世编撰,西泠印社出版社 2010 年版,第 46 页。

伐简史》的蓝本。

　　按，陈建风等《陈训正行述》云："北伐成功，寰区统一，武德彪炳，震烁古今，宜有所述，以昭来兹。府君夙与主席蒋公同郡相善，遂以编纂相属。乃搜集掌故，广求遗佚，较核定正，埋首著作，凡三年，成《北伐战史》若干卷，文笔简洁，辞义严整，论者比之王湘绮先生之《湘军志》云。"①

◎先生所作《哭朱彊邨先生》两诗发表于黄萍荪主编的《越风》第1期（1935年10月16日出版）②。

　　按，《哭朱彊邨先生》诗云："天意无东北，臣心有岁时。山河余涕洎，风雨失襟期。捧腹曾同痛，伤心惄一遗③。至今出春浦，何处觅芳篱。（其一）　没世同词客，此心多苦辛。愁长争白发，意短怯缁尘。一卷余生泪，百年全死身。不须蹈东海，歌哭老孤臣。（其二）"④

◎徐震在《浙江省立图书馆馆刊》第四卷第五期（1935年10月31日出版）发表论文《与陈屺怀先生论文书》，既充分表达了对文学的理解，更对先生的文才佩服得五体投地。

　　按，《与陈屺怀先生论文书》云："往在都中，得见尊著《天婴室丛稿》，披览一过，仵仰靡已！……震尝谓文无间于今古，要以真意为质；辞无间于单复，要以醇雅为先。所谓真意者，持之有故，语必由衷也；所谓醇雅者，出言有章，不失体要也。于此有合，方克自立。若夫貌为醇雅而质不存，无得于内，徒求诸形骸之外，纵极工美，土木披绮绣而已。惟其无得于内而徒求之于外，乃有流派之争，是丹非素，纷纭不已，自有识者观之，直如蚊虻之过乎前也。尊箸用南雷黄氏例，文辞诗歌相杂。震于先生之古文辞，好之尤深，以为笔曲而气昌，骨重而体峻，语奇而理正，排奡而一归于妥帖，悲

---

①　《民国人物碑传集》卷一，第24页。
②　朱彊邨即浙江归安（今湖州）人朱祖谋（1857—1931），光绪九年（1883）进士，官至礼部右侍郎，乃晚清四大词家之一。详参沈文泉《朱彊村年谱·前言》，浙江古籍出版社2013年版，第1—3页。
③　小字自注："自去年五月会哭回风后，即闻君病。"兹据冯君木生卒年（1873—1931）推算，可以确定《哭朱彊邨先生》诗作于1932年。
④　小字自注："时溥仪窃号东北，遗老中独君以为不然，其识高海藏（即郑孝胥）多矣。"

愉欢戚，咸出于肺俯，使人如睹肝膈，信乎茂于质，又工于辞也。自韩退之揭橥古文，唐人学韩者李习之、孙可之为善，李平实，孙倔奇。北宋欧、曾、苏、王，并推崇韩氏，而欧、王两家得于韩氏为多。永叔近李，介甫近孙，才皆过之，规模亦视李、孙为大，然朴厚尚逊焉。斯则唐宋之辨也。自元明迄有清，作者多从北宋人出，明之何、李、王、李，志攀秦汉而学不逮，清代则汪容甫之溯原东汉，刘申受之规橅西京，张皋文之力追杨、马，曾涤生之取径班、韩，胡稺威、朱梅崖之专学退之，龚定庵、魏默深之宗法晚周诸子，皆欲轶宋人之樊，途辙不同，各有擅胜。先生之文亦原本韩氏，而时出于晚周诸子间，盖在可之、介甫、稺威、梅崖、定庵、默深之外，自为一格。鄙见如斯，未审有当焉否耶？"

◎先生所作《倭变后慰问应季沪上》《题岁寒图寿人》两诗，发表于《越风》第2期（1935年11月2日出版）。

其《倭变后慰问应季沪上》云："曾共艰难逐流水，只今旅草与徘徊。狂风一夕生春路，落日千长门劫灰。倦眼犹应支物变，老怀宁复向人开。江湖涕今泪余几，莫道襟痕上袖来。"《题岁寒图寿人》云："冷淡山河里，艰难岁月深。百年消热眼，一卷老冬心。"

◎先生所作《哭田桐》诗发表于《越风》第3期（1935年11月16日出版）[1]。

其辞云："卅年梦太平，鳏鳏托醒眼。寐寐不能到，来日诚大难。恶声塞天地，长夜何时旦。光星熬有几，摇落天板板。我哀田夫子，高论起群诞。抵掌无古今，扪胸得治乱。于世称巨人，知君吾见罕。曹学百辈兴，丑博德曲撰。童牙出名理，横口无忌惮。君独抱幽忧，端居发深叹。空山思吾党，责材及猥散。同在气感中，生平希一面。垂死抵吾书，纸闻何所劝。君业况等身，吾屏实颜汗。久久未敢报，腹痛起无旋。忍泪读遗策，斯人今不见。孤朗浴昏海，泉途凄以远。知君未死魂，朝朝犹竦看。"

诗末又载先生自注云："君有《太平策》十六篇，将次刊行，闻余小有著述，介友属为录寄，病中犹手书张余，以为治平之道在是。

<hr>

[1] 田桐（1879—1930），湖北蕲春人，民国十八年（1929）在上海主办《太平杂志》，连载政论性著作《太平策》及史料性笔记《革命闲话》，未及完稿即病逝于上海。

余与君无一日雅，徒以文字往还，猥承推信，可谓生平知己矣。于其死也，能无恫乎？"

◎先生所作《哭黄季刚》诗发表于《越风》第 5 期(1935 年 11 月 16 日出版)。

其辞云："自闻声欬到而今，牢落人寰共此心。荣学如君委蓬颗，胖修于我失灵襟。遥天日薄凋颜色，空谷风寒闷足音。满眼青山待泉客，从知泽畔断行吟。"

民国二十五年(1936)　丙子　六十五岁

◎先生为悼念亡友效实学会会长李霞城(1867—1932)而作的《哭李霞城》诗，发表于《越风》第 7 期(1936 年 2 月 2 日出版)。

《越风》载其辞曰："卅载琴尊感若何，向晨星气已无多。老来心魄皆秋蒂，蘦落愁途又一过①。一样丹沙种蒲柳，宁知仙李望秋零。故人腹痛年来惯，惆怅城南不敢经。② 眼中落落几神交，意气平生孰久要。井上而今少完李，蠕蠕满地有饥蟧。盐车自昔困神足，谁惜喷鸣下阪难。合沓风尘一肩重，竟教垂首去人间。"

◎2 月 8 日，陈布雷在读先生诗文集时，认定先生所作悼逝怀旧之文寓意深刻。

按，《陈布雷日记选(1936 年 1 月—2 月)》2 月 8 日条云："读大哥诗文集，于其悼逝怀旧诸作，弥觉低佪百转，世徒以恢奇傲诡誉大哥，非深知之者也。"③

◎2 月，先生被聘为慈溪县重修县志委员会总编辑。

按，《时事公报》1936 年 2 月 6 日《慈县重修县志聘陈屺怀为总编辑》云："慈溪县政府，昨开重修县志委员会成立会，出席杨省斋等，主席戴时熙。决议：①推定洪左湖、孙辛墅、冯孟颛、秦润卿、杨省斋、杨宝甫、陈谦夫、沈筱汀、朱清奇、姚足一为常务委员；②推杨省斋为修史馆馆长、秦润卿为副馆长兼经济组主任，推陈屺怀为总编辑，陈谦夫、朱清奇为事务组主任；③决定以宝善堂为馆址；④修

---

① 小字自注："徐弢士、陈蓉馆皆先君二月病殁，钱伯鹓则先君五日。"
② 小字自注："君与徐、陈、钱之殁，皆在鄞城南。"
③ 《陈布雷日记选(1936 年 1 月—2 月)》，《民国档案》1988 年第 1 期，第 27 页。

志馆定四月一日正式成立。"

◎5月，先生应沙文若兄弟之请，为其亡父撰墓谒文。

　　按，《沙晓航先生墓谒文》云："甬上自五先生兴于宋，承风之士，前邪后许，相趋于冥学之途，鄙弃事功而不讲，士习敝矣，而功令又束而□之。衍至清世，博野颜先生起，天下始知空谈性命之不可以救国，稍稍变其旧尚，然犹汩于章句俗学之流风，未能舍口耳而事手足。鄞士之陷溺较深于他县，独沙君晓航服膺颜氏之学，奋于清季，虽穷而在下，未克遂其用世之志，而出其末艺，犹足以起废疾而针膏肓，此与习斋生平有同焉者。不幸年未四十，积劳以殒。蕴奇一生，无所于渫，是可哀已！君讳孝能，字可庄，晓航其号也。世居鄞之东鄙，父讳忠喜，力稼殖材，小立田宅，始令君执儒业。君生有异秉，善读书，一时里师以神童目之。尝道出，两遇瘈狗，几殆而获救。既长，体屡多病，然神明不耗，为学益劬，六艺之文，靡不讲贯，尤精灵素之术，为人疗疾，应手辄治，求者踵属，无少惬息。邻里踵有奇苛莫起，则不俟招要，亲往视之，虽疾风甚而勿避也，用是身益困。或劝节劳，毋自苦，君曰：'仅此区区而勿援，学道之谓何？'则君之素抱可知也。君以民国二年八月六日卒，年三十九。取杜氏，无出，继取陈氏。子男五人，曰文若、文求、文汉、文威、文度。君于学既宿无所发抒，则壹意于著述，有《晓航读书杂记》《诗文集》若干卷。殒后十四年，家被盗，所存稿尽毁于火。二十五年五月，文若兄弟将葬君黄公岭之麓，以弟子礼来乞文，用采所闻，叙次之如右。词有其质，无取于华，从君志也。"[1]

◎应先生之请，柳诒征先生于农历四月为《鄞县通志》作序。

　　按，柳诒征《鄞县通志序》云："玄婴先生曩辑《定海县志》，诒征尝为之跋，顷先生修《鄞县通志》成，复以例目邮视，属为弁言。省其义例，视《定海县志》又进。综为一书，析为六志。曰舆地、曰政教、曰博物、曰文献、曰食货、曰工程，分之则通古今，合之则通人物，故曰通其详择，近切实用，犹《定海县志》也。清修《鄞志》，康、隆、咸、光嬗述者四，竹汀、郎潜，考证淹洽，互市权舆，廑具模略。兹志所载，囊括前修。补苴丛残，既益翔实，而近数十年鄞人之以

──────────────

①　陈训正：《沙晓航先生墓谒文》，见沙茂世编撰的《沙孟海先生年谱》，第149—151页。

一县光被天下，及其吸翕世界学理政术施之一县者，经纬万端，粲乎大备焉。知鄞人之繁乎近世政教财艺之巨，即知斯志之系乎近世政教财艺之巨，抑微斯志亦无以考镜其所系之巨之迹，演进之迅且富若是也。诒征尝谓吾国史志，质量繁伙，世莫与京，以其所函广轮宙禩言之，累朝正史克当暂人之所谓世界史，郡邑志乘亦当彼之国别史，寖续寖阔，与世俱永，要删沾益，罔非实录。世苟取吾史志衡之，它邦当信吾言之非夸诞，第腹里郡邑，不足倡率天下者，即巨儒宿学，秉笔修志，或尚不能侪彼大邦，惟鄞视之，则诚骖靳无愧耳。先生抱用世之才，沈冥文史，挫廉逃名，不以诒征之无似，猥使小文附巨著以行，回溯十许年中，龙血玄黄，人间何世，幅员所削，百数十县，暗汶敓攘，名存实亡者，尚难偻计。东南州部，民物凫号浩穰，近亦外怵兵冲，内痗商瘵，视听攸接，罔不戚然，有祸至无日之惧。而吾侪被服儒素，宅无可以自效，惟是湛淫毫翰，宣写邑里，以寄其翼植国土之思，此尤诒征所为累欷私惕，不能已于言者，先生闻之，其谓之何。丙子夏四月。"①

◎先生着手重修《慈溪县志》，并为此拟定"例目"与"采访示例"，惟因次年日寇来犯而中辍。

> 按，陈训慈《陈君屺怀事略》云："方鄞《志》未成之前一年，同邑陈夏常以慈溪县志亦久失修，与君谋发起重修。君慨然允任主纂，即经始草创例目（凡九条，拟综为《舆地》《政教》《文献》《工程》四志四十五编），并草'采访示例'。次年，抗日战起，事竟中辍。然君方志之业，垂老而不遗桑梓，虽未成书，亦不可不述云。"

民国二十六年（1937）　丁丑　六十六岁

◎5月11日刊登于《时事公报》的一篇题为《陈屺怀与宋子京》的短文，对先生好用奥字僻字和古书的行文风格不无异议。

> 按，《时事公报》1937年5月11日《陈屺怀与宋子京》云："乡先辈陈屺怀先生之为文也，好以奥字僻字以及古书，掺杂文间，使人读之，觉其拮倔磨牙，难以卒诵，故往往甚浅近之文字，而以文中之多用古字故，觉无限深奥，其义转晦。为善为病，固否具论，因忆宋

---

① 《柳诒征劬堂题跋》，柳曾符、柳定生编，华正书局1996年版，第119—120页。

代宋子京焉。与陈屺怀先生，可以后先辉映。"

◎6月13日，卢洪昶卒；稍后，先生作《鄞隐居卢君传略》。

　　按，《鄞隐居卢君传略》内谓："君讳洪昶，字鸿沧，本鄞东戎氏子，生三岁，父遽病殁。……（其母朱氏）乃以钱九缗，忍痛券于同县卢氏，遂冒姓为卢后。……君以孤童子，起仄微，用自力，冒猛进，不二十年，克自树立，为世用。虽其间曾蹈缁河，几遭迁染，而君能猝葆贞履，以争上游。其志坚卓，其心光明，其性又伉爽，好直言，见人有过，若己受之，必痛绳切戒，使同不失为世善人而后已，以是君子敬之，小人忌焉，誉与毁亦因之而纷论……及辛亥革命，君时任汉口交通银行行长，当兵起，南北汹惧，解付频繁，皆商款也，而与君有睚眦者，则指为输助满政府，诬告破坏革命。正嚣呶间，突闻宁波光复，首发难者，为君长子成章及其所教育德子弟也，群言始息。君自是尽谢所职，归隐西湖仁寿山下……八十有二，感疾不起，时六月十三日也。……君与夫人合葬杭县瓶窑山云。"①

◎夏，先生与陈布雷相别于杭州，此后终身未尝再见面。

　　按，陈训正在作于1938年夏日的《暑雨经旬未绝，出门远望，颇念行者，即日成咏，用漼我悲》诗末，自注："去年暑雨中，仲弟别我西上，今则劳燕分飞，更不能以道里计矣。"（《晚山人集》卷二）

◎11月底，在弟子倪绍雯的劝说下，先生离杭返乡②。到后，将所撰《鄞县通志·文献志》中的人物、选举、职官、故实四编原稿，藏于老家菜园内的空坟中。

　　按，《鄞县通志编印始末记》云："迨日寇登陆金山卫前一月③，

① 陈训正：《鄞隐居卢君传略》，可见前揭《近代鄞县史料辑存》，第514—516页。而卢成章等所作《先严行述》，更明言乃父卒于"丁丑六月十三日"。
② 按，《晚山人集》卷二《闻倪生绍雯惨死建德，诗以哭之》云："当汝别我去，云是出避难。余亦辞荆棘，遄归实汝劝。汝言事难知，春秋无义战。山河既失盟，大祸踵亦旋。谓师已迈年，作计慎勿缓。"
③ 《陈布雷回忆录》称日寇于1937年11月上旬登陆金山卫，而陈鼎文《杭州沦陷时期群丑录》则云："一九三七年秋日本帝国主义疯狂入侵，企图鲸吞中国。日酋松井石根在十二月二十一日统率寇军，于金山卫全公亭登陆，分遣土桥沿原京杭国道，经吴兴直扑杭州。"两相比较，当以后说为是。果如此，则陈训正离杭时间，应在11月底。详参《浙江文史资料选辑》第21辑，浙江人民出版社1982年版，第199页。

总纂陈训正方由杭返其慈溪二六市之故乡,恐浙东沦陷后,其自撰之人物、选举、职官、故实四编原稿散失,无从补辑,乃商诸马瀛,取去藏于其家菜园殡坟空穴中(惟不久启视,纸已潮润,红笔所改之字亦沁晕,因仍取出)。"

又,陈训慈《陈君屺怀事略》云:"廿六年(一九三七年)七月,抗战军兴。十月,浙省府迁永康。君先离杭返乡。"据陈鼎文《杭州沦陷时期群丑录》,可知浙江省政府于 12 月 21 日夜撤离杭州,故《陈君屺怀事略》系时有误。

民国二十七年(1938) 戊寅 六十七岁

◎自 1 月起,先生将所作诗文编入《晚山人集》之中。

按,《晚山人集》卷一自注云:"辟乱北山,有溪绕万象岗,西下十数里,界溪一桥,虹然而长,溪旁山石台立,可登眺落日。每过之,辄有所会。短咏长谣,积时成什,题曰《晚山人集》。析字见义,冀有所免也。民国二十七年一月,句阳陈伯子始立是稿。"

又,沙孟海《晚山人集题辞》云:"此《晚山人集》,皆抗日期间退居家乡及避地浙南时伤乱之作。"

又,陈训慈《陈君屺怀事略》云:"以廿七年以后所得诗,别为《晚山人集》四卷。"

◎初春,先生连作《山居杂兴(六首)》《入春大雪,三日夜不止,道路积深三尺许,穷天一白,阴晦都消矣》诸诗。

按,在《晚山人集》卷一所录《山居杂兴》六诗中,时有诸如"眼追春水阔""春树有秋意""春青动故枝""早晚见春融"之类的语句,而《入春大雪,三日夜不止,道路积深三尺许,穷天一白,阴晦都消矣》,其作时为明确。

◎春,先生与马涯民、远觉同游五峰寺,期间作《与涯民、远觉游五峰寺》(载《晚山人集》卷一)。

按,诗内有"地辟春难老"句,故疑该诗作于春日。五峰寺坐落在掌起桂家岙南端五峰山麓,始建于唐元和年间,原名五峰院,宋大中祥符年间扩建后,被赐名为五峰广福庵,解放后被拆,目前重建中。

◎春,先生作《暮经相岙望东北诸峰》诗(载《晚山人集》卷一)。

按,诗云:"溪柳参差碧,岩花踯躅黄。"

◎春,先生作《抉眦望天末》①。

按,诗内有"逃死既无地,偷生讵有辰?烈火穷所至,徂秋忽又春"句,故系之。又,其《再赋抉眦望天末》诗当作于稍后。

◎春,先生作《感愤和放翁均》(载《晚山人集》卷一)。

按,诗内有"头白坐争闲日月,春青怕抱旧山川"句,故系之。

◎2月14日,先生游慈溪五磊寺,作《游五磊寺述所经卅二均》诗②。

按,诗中提到"春立已十日",而该年2月4日立春,故推定该诗作于2月14日。

◎4月5日清明节,先生雨中游北山,作《清明日北山雨中寻胜》诗。

按,如题,该诗作于清明日。《晚山人集》卷一载曰:"穷天失时节,迟日度清明。山色半烟视,松风一壑鸣。岭高足犹胜,峰乱意难平。弥望青无际,归途可放晴。"

◎约春末夏初,先生作《闻徐生失身于贼,既耻其行,复悲其遇,赋此渫恨》(诗载《晚山人集》卷二)。

按,诗末小字自注:"生为杭州某名德之子,能诗好客,誉满三江。"又,陈鼎文《杭州沦陷时期群丑录》云:"'维持会'的组织形式,采取干事制,'干事会'设秘书处……秘书长:徐曙岑(行恭,杭州市人,浙江兴业银行经理,曾任北洋政府财政部科长、司长等职)。……一九三八年大约是三月初……'维持会'结束,即成立'杭州市自治委员会'……'自治委员会'暨所属各单位的主要人员:……秘书长:徐曙岑(行恭),……杭州市检察局首席检察官:陈秉钧(兼)。"③

◎农历四月间,故交冯良翰病故,先生特作《哭冯舅》一诗加以悼念(载《晚山人集》卷一)。

按,诗序云:"舅名良翰,字友笙,鄞人,余三十余年故交也。久

---

① 诗载《晚山人集》卷一,诗末小字自注:"时诸弟及儿孙属,多于役远方。"
② 诗载《晚山人集》卷一,小字自注:"时春雪初霁。"
③ 《浙江文史资料选辑》第21辑,浙江人民出版社1982年版,第203—206页。

客沪上，经岁病肺，倭变起，感愤日深，遂不治。时沪甬断航，得赴，未能往吊，以诗哭之。闻耗入春已奄奄无生气，逾三月，始绝，故首四句云云。"又考该诗前四句曰："正月雪花大，山川忽严妆。四月雨花稠，道路无余芳。"是知冯氏卒于四月，故系之。

◎农历四月间，先生作《山村羁夜》《林居书感（四首）》等诗（见录于《晚山人集》卷一）。

按，《山村羁夜》内有"山村四月溪菁活，科斗初肥苗水阔"句，而《林居书感》亦明言"细雨黄梅四月天"，故系之。

◎约6月初，先生得知弟子倪绍雯在建德死于日寇之手，遂作《闻倪生绍雯惨死建德，诗以哭之》。

按，《晚山人集》卷二录曰："当汝别我去，云是出避难。余亦辞荆棘，遣归实汝劝。……及余到故乡，汝书来自建。……汝别逾半载，消息渺天汉。天底有沟壑，汝竟先我填。凶问忽飞来，惊泪湿襟满。忆汝及我门，前在廿载远。平生要勿忘，于予独款款。及老复来依，时时相勖勉。常谓生也直，厥终亦当善。岂知伯强怒，苛殃乃汝先。身死仇未灭，知汝目不瞑。作诗寄夜台，广意为汝遣。"考陈训正于上年11月归故乡，由此下推半年，则倪生当死于6月初。

◎安心头陀圆寂①，先生特作《闻安心头陀归真，感抚生平，赋此志哀》加以悼念（诗载《晚山人集》卷一）。

按，周克任《陈屺怀轶事三则》云："安心头陀（1863—1938），俗姓傅，名宜耘，法名寂定，自号安心头陀，又号八指头陀（编者按：此说显误），鄞县人，……头陀圆寂后，陈屺怀作《闻安心头陀归真感抚生平，赋此志哀》诗，曰：'此心于汝究何安？口燥唇干亦大难。知有灵台依净土，誓从苦海障回澜。澹灾起废仁无让，入地超天道自完。愿了欢然便撒手，应留慈谥在人间。'原注云：'生前南海康长素，号君曰慈喜。及殁议谥，余以为慈喜二字足概君生平。余又撰一联寄题其神龛曰：万物有情皆我与，一身无累是天人。'"②

---

① 《鄞县通志》第四《文献志》第二册甲编中《人物二·方外纪略》，第620页。
② 周克任：《陈屺怀轶事三则》，《宁波文史资料》第8辑，第69页。

◎夏,先生作《郊望闻鸟》《河步夕望》《西江引》《夕望写所得》《青青河畔草(二首)》《田居》《月夕》《晚过枫阡》《霪雨乍霁,偶涉故园有感(三首)》《闻蝉托兴(三首)》《蛙》《暑夕大风塘闲步》等诗(皆见录于《晚山人集》卷一)。

按,诸诗中时或可见对夏日景象的描写,部分更以蝉、蛙等夏季特有动物为题,故谓诸诗作于夏日,庶几无误。

◎6月下旬,先生作《食杨梅有忆》。

按,诗云:"雨熟杨梅上市初,美人天末想何如。酸风过处知乡味,怅绝今朝有报书。"在宁波,每年6月下旬杨梅初上市,故系之。①

◎约6月末,先生思念仲弟陈布雷,作《暑雨经旬未绝,出门远望,颇念行者,即目成咏,用渫我悲》(诗载《晚山人集》卷二)。

按,陈训正于诗末自注:"去年暑雨中,仲弟别我西上。今则劳燕分飞,更不能以道里计矣。"

◎先生有意抽印《鄞县通志·文献志》中的《人物编》,为此在7月间,特作《抽印〈鄞县通志〉人物编缘起》加以说明。

按,《鄞县通志编印始末记》云:"二十七年(公元一九三八年),日寇向西亟进,浙东军事稍纾,陈训正与马瀛谋将《文献志》中《人物》一编抽出付印(《列女传》及《节妇录》暂不印)……然因沪甬交通时断时续,印刷材料购运不易,无有敢承印者。陈训正乃撰《抽印人物编缘起》,预付马瀛,己则时时预备内避也。是年夏,浙东仍未沦陷,人心转定,最后宁波七邑教养所附设华丰印刷局负责人林德祺始代为承印。"

《鄞县通志编印始末记》所录陈训正《抽印〈鄞县通志〉人物编缘起》云:"《鄞县通志》自民国二十二年开始纂辑,至二十五年,初稿始克断手。时余适于役杭州,为便利厘校计,每一志脱稿,即属省立图书馆附设铅印所排印。全志凡六类,类各为志,每志又各以类分编。两年来,已印成者《舆地》《博物》《食货》《工程》四志而已。《政教志》印未半(按:谓第一册)而沪变突起,战氛西渐,杭垣

---

① 诗载《晚山人集》卷一。见于《晚山人集》卷一但写作时间似难以确定的诗,尚有《官澉候潮》《溪步月》《过草所庵》《前溪曲(二首)》《三赋抶眦望天末》。

告警，印所遂停工解散，余亦避乱归乡。《政教志》稿幸有副墨别藏，虽未工竣，尚有续印之望。惟《文献志》因稿最后完成，未曾录副，又是志中《人物》一编，尤为县人士所属目，同人惧孤稿或亡，搜辑不易，乃有抽印《人物编》之议。商得馆长同意，委托七邑教养所附设印刷局承其事。计《人物》一编，凡十一门，曰儒行、仕绩、文学、武功、忠烈、孝义、节概、遗侠、方闻、义行、学术。原稿编末，本尚有列女及旌表、节孝、姓氏录等目，以稿冗多，且于现时代无所繫重，今略之。至抽印是编，例取单行，故自立格式，不与已印各志相缀属。曰《编》者，则以《人物》于《文献志》，原为七《编》之一也。民国二十七年七月。"

◎夏，先生至金川探望病中的养女俞冰，并作《至金川视冰儿疾》（载《晚山人集》卷二）。

按，诗内有云："负曦冒暑行，暑云满天涨。"

◎夏，先生作《林下杂感（五首）》（载《晚山人集》卷二）。

按，其第三首起首便谓："炎风喧落日，暑气失回潮。"而第四首小字自注更为明白地交代了写作时间："仲儿舍前今夏忽产异萱多本，花皆四重瓣。"

◎夏，先生作《暑夕》（诗载《晚山人集》卷二）。

按，如题，此诗显然作于夏日某晚。

◎7月24日，长子建风次子毋霸早夭，先生在痛心之余，作《哭殇孙匡孺》诗（载《晚山人集》卷二）。

按，《晚山人集》卷三《哀匡篇》云："是什不尽为匡发也，而题云云者，余悲未渫，即景即物，在在有吾匡悬心目中。余老矣，诸孙列列，尚有通敏笃实如吾匡者乎？非所及见也。匡名毋霸，长儿建风次子，五岁就傅，八岁遽殇，计此短短三年中，朝攻夕复，依书为命，虽未足与吾玄要，不愧儒门后也。匡死，余复何望？识曰《哀匡》，正自哀尔。廿七年七夕，匡殇之第十日，书此以当纪念。"

◎夏，先生作《次韵叶叔眉〈海墙见怀〉之作，并答其兄伯允》及《迭前韵述感寄海上诸友》（载《晚山人集》卷三）。

按，《迭前韵述感寄海上诸友》小字自注："当乱亟时，戚里劝我去乡，以哀未果。……时阿匡初殇。"据此，又可知先生当时仍身处慈溪老家。

◎夏，先生相继作《过向阳亭，有触于心，为改署夕阳，赋示守亭者，并以警行路焉》《倒用前韵，即景赋夕阳亭》两诗（载《晚山人集》卷四）。

> 按，《倒用前韵，即景赋夕阳亭》云："沉陆半神州，何地是乐土？雀跃不见喜，蛙声亦含怒。病禾满焦垄，饥鸟何所慕。……撷植且归来，昏野多歧路。"

◎秋，先生作《再迭前韵并寄伯允、叔眉》（载《晚山人集》卷三）。

> 按，《再迭前韵并寄伯允叔眉》小字自注："时秋霖为患。"见录于《晚山人集》卷三的《三迭前韵简远公邀同和》，大抵作于稍后。

◎秋，孙陈毋霸葬日，先生又回想起五十年来的伤心往事，不禁感慨万千，遂作《瘗匡枫阡西偏地，少日曾种茜于此，余词所称茜亩者，是也。五十年来，幢幢影事结束于"伤心"二字中，余不忍复过大枫塘矣！积惨在怀，未有宣泄，乃诗以声之》（载《晚山人集》卷三）。

> 按，诗云："而今江汉秋方惊，那意汝骨先秋冷。……幽幽弱魄难再起，幻作青萤上秋皋。"

◎秋，先生作诗三首，题作《秋夕杂兴，用太白〈感秋〉韵》（载《晚山人集》卷三）。

> 按，如题，此三诗必作于秋晚。

◎友人王远觉寄来诗篇："溽暑难为居，移榻箫寺里。……到眼山气尽，侧耳听流水。"秋，先生作《次韵答远觉》（两诗皆载《晚山人集》卷三）。

> 按，《次韵答远觉》诗云："今年失时节，秋孕炎伏里。……秋声撩耳起，万虫喧四野。……同在人海中，敢谓不濡水。"且其小字自注："伏中凉雨凄风，俨如深秋，俗称伏里秋，盖入伏数日，即立秋也。"

◎秋，友人王远觉又寄来诗篇："贪看夕光过夜半，秋坟月上鸟啾啾。……桐影忽移新月上，夜凉如水觉衣单。"先生答以《和远公山寺杂感韵》四首（两人所作诗篇皆载《晚山人集》卷三）。

> 按，王远觉来诗中有"秋坟月上鸟啾啾"句。

◎国学大师马一浮(1883－1967)寄来《泰和古樟行》一诗①。秋，先生收悉后，答以《古樟行和蠲叟韵》(载《晚山人集》卷三)。

> 按，《古樟行和蠲叟韵》云："赣中诸流多乌樟，独有西昌樟称王。……山自青青水自碧，凭社养寿春复秋。……知君早计名山藏，南矣吾道孰与张？横经树下足娱古，忍抛讲林行凉凉。"

◎秋，正在泰和讲学的马一浮又寄来诗篇："乘雷驱电乍相侵，度岭随流每独吟。宫燕焚巢军国计，溪鱼分膳乱离心。初忘静躁犹观化，并遣成亏不鼓琴。比乐师忧齐一贯，行歌长望入林深。"先生随即答以《次韵和马蠲叟避地述怀之作》且自注："时叟讲学泰和②，将逾岭入黔。"(两诗并载《晚山人集》卷三)

> 按，《次韵和马蠲叟避地述怀之作》诗内有"弥天虫语乱秋心"句。

◎秋，先生作《田居观物十首，用苏子由〈园中草木诗〉韵》(载《晚山人集》卷四)。

> 按，第一、四、六首中，有"况兹丁肃秋""秋潦行将及""勿嫌秋圃冷""坐对秋光老"等诗句。同时也可见这十首诗显然并非作于同一时间。

◎秋，先生作《又一首，即事寄叔眉、远觉》(载《晚山人集》卷四)。

> 按，诗云："单凤孤雨作秋寒，衰草斜阳相映残……记否年前湖上路，萧晨萧寺与游观。"且诗末小字自注："去年秋日，偕二君曾住烟霞洞。"

◎秋，先生作《窗外有夜夜红一丛，临秋盛放，余以"羞阳"名之，且宠以

---

① 《晚山人集》卷三录其辞云："西昌古县多古樟……老夫观树心常寂……每因抚树念行藏，五月炎风似寇张。使汝儿孙覆天下，遍与道路生阴凉。"

② 据考，马一浮与外甥丁安期、弟子王星贤及其家人僮仆共计十余人，1938年3月20日自衢州出发，3月29日抵达江西泰和，4月3日中午正式受聘，到当时已迁至泰和的浙江大学开办"国学讲座"；不过，马先生其实更渴望避难四川，惟因浙川两地路途遥远又年老力衰，复有丁、王两家随行，这才就近入赣(详参宫云维《马一浮主讲浙江大学"国学讲座"始末》，《齐鲁学刊》2010年第1期，第46—50页)。又据郑光立回忆，马先生后来随同浙大迁移到贵州遵义(详参《绍兴文史资料》第2辑郑光立《怀念师兄马一浮先生》)，而非拟议中的"逾岭入黔"。

诗,仍次退庵感事韵》(载《晚山人集》卷四)。

按,如题,即知该诗作于秋日。

◎秋,先生作《野望绝句(十三首)》(载《晚山人集》卷四)。

按,《野望绝句》十三首中,有不少明确记载秋日风景的诗句,例如第四首的"路草无名碎碎红,缀点秋光剩晚枫",又如第五首的"霜浓日淡晚秋天",第十二首的"无边暝色结秋坟,衰草荒原正夕曛",第十三首的"秋来即目皆凄楚",且这十三首诗所作时间不一。

◎约10月下旬,先生作《寄仲弟布雷》。

按,《晚山人集》卷二载其诗序曰:"时布雷随节武昌,战事方烈,所务又重要,体素屏弱,至是益感委顿,家书断绝,几四阅月,其劬苦可知矣!阅报,知敌机数数犯汉,弥婴予念。长言莫尽,传以短咏。然通轨已断,邮寄不易,未知何日得达也。"据其"家书断绝,几四阅月"及"敌机数数犯汉"之言,同时旁参《陈布雷回忆录》的相关记载[1],大抵可以确定《寄仲弟布雷》作于本年10月下旬[2]。

◎深秋,先生作《次韵戏和何秋茶》诗,赠与友人何其枢(字旋卿)。

按,《晚山人集》卷三所录《次韵戏和何秋茶》,内有"秋尾风光漫欲阑"句。此所谓"戏",该诗小字自注言之甚详:"秋茶有宠妾住德星桥北,其故居在桥南,畏妻悍,不敢恋妾所,终日度桥,忽南忽北,情殊可怜,故后四句云云。"[3]

◎深秋,先生作《初霜即事》(诗载《晚山人集》卷四)。

按,诗云:"初霜时节虫专夜,衰草郊原雨洗秋。到耳渐悲生意索,系怀谁觉别情稠。犹思梦里寻欢聚,且借闲中作醉谋。自是老来新活计,亡何聊与一苏愁。"

◎深秋,先生作《秋原即目》(诗载《晚山人集》卷四)。

---

[1] 《陈布雷回忆录》民国二十七年条,谓10月21、22两天,"敌机终日盘旋"于武汉。

[2] 见录于《晚山人集》卷二但写作时间难以确定的诗词,尚有《有忆》《晚登枫唐》《钮园感成(三首)》《忆女青衡阳》《食瓜有感》《独客》《闻远觉寄居西郊护龙寺,其孤冷况味甚可念也,赋此寄慰》《墓木》。

[3] 见录于《晚山人集》卷三但作年难以确定的诗文有:《杂书所感(七首)》《人间(六首)》《感余》《远觉〈次韵答叔眉诗〉,有"酬诗惟报此时安"句,喟叹不置,因复次和一首》。

按,诗中有云:"日来风物似深秋,洗眼郊原触处愁。"

◎农历十月三十日(公历 12 月 21 日)乃先生六十七岁生日,其《薄薄酒,和东坡》诗二首,当作于生日那天。

按,《晚山人集》卷四载其辞云:"薄薄酒,且自寿。照杯早已成白首。……薄薄酒,为君寿。"①

民国二十八年(1939) 己卯 六十八岁

◎3 月 13 日,第一届浙江省临时参议会,在浙江省政府和国民党省党部的妥协下成立②;先生与徐青甫(1879－1961)等 40 人被"选派"为正式议员,并任职副议长。③

沙文若《陈屺怀先生行状》云:"二十八年春,受任浙江临时参议会副议长。"

◎先生在公务之暇,既删存旧作以待刊,又撰成《论语时训》一卷。

按,陈训慈《陈君屺怀事略》云:"至廿八年春,浙省临时参议会成立。时君已去乡至永康,即被任为副议长(时议长为徐青甫,徐后即去渝)。其在议席,务持大体,虽寡言说,而岸然持正,有扬善抑恶之效。自构小筑,颜曰'岁寒寮'④,会事之暇,更肆力著述,或删存旧作以待刊。……避居永康时,以《论语》为孔子微言而义解离析,乃吐其积疑,纠谬表微,成《论语时训》一卷。"

考《晚山人集》附录柳诒征《陈君屺怀传》云:"读《论语》,阐天人之大原,橥先圣之弘旨,哀烝人之蔽于本,而肆私智小术,封殖培

---

① 此外,见录于《晚山人集》卷四但作年难以确定的诗文有:《国难中,道见蜂采苦连感赋(二章)》《和遁庵〈海外示友诗〉韵》《寄叶玉虎香港,即次其〈示友诗〉韵》《感时和遁庵韵》《感时和遁庵韵》《忍见(五首)》《杂讽(四首)》《有以诗法书法来叩者,口占一绝示之》《永康旅次贻孙宾父》《为徐寿城题威海卫环翠楼〈望海图〉,有感甲午倭人沈碑事》《落花八首,次韵寒柯,和茧庵之作》。

② 施养成:《中国省行政制度》,上海人民出版社 2015 年版,第 128 页。

③ 参见《国民政府令(一)》《国民政府令(二)》,载《浙江省临时参议会第一届常会会刊》,1939 年 6 月,第 6—7 页,浙江图书馆藏(索书号:325.5124.3239.2)。

④ 陈建风等《陈训正行述》云:"抗战军兴,省会南迁,府君亦避地永康,于城郊凤山之麓,筑岁寒寮以居,歌咏自若,有终焉之志。未几,被选任为浙江省临时参议会副议长。"

刻以病国族,而劫于邻戎。反复籀绎,垂泣诒导曰:'孔子之学,仁学;道,仁道。万物之生,此为其元元,犹仁也。欲使天下含生之论,尽纳于其仁怀之中。'又曰:'仁者,人也,谓人道也。孝弟乃人道之始,故仁为为人之本,而孝弟又为为仁之本。今人徒以一己之私,而忘其本之所在。譬之植木,其本既拨,生理绝矣。'故君所斥谪,并世不仁之人、毒螫偷渫之状,与初衷覆满振汉、昌阜民生之鹄枭违戾者,痛切著明,皆其深悲至仁、旁魄蕴郁而不忍不言者。"此段引文,部分是柳氏对《论语时训》文意的檗括,部分则是《论语时训》原文。

◎先生为浙江省主席黄绍竑代撰《浙江省抗敌阵亡将士纪念碑》文,7月7日,纪念碑被树立在省会临时驻地永康方岩的桃花峰下,用以缅怀抗日阵亡将士,激发民众团结抗日之气。

> 按,《浙江省通志馆馆刊》载其辞曰:"呜呼痛哉! 东夷不率,侮我神胄;怙强而逞,机毒以时。盲风刮海,思蠥其邻;眚火烧原,用赤我土。会我东疆失理,侻畀匪人;一隙未弥,百坚俱裂。豻突狼奔,遂为所践;兽欲张矣,人理莫夺。胆食骎骎,及乎贵国;于时乃有芦沟桥七七之变,呜呼痛哉! 大盗凭陵,山川震惧,漫天萤雾,不周山破;撑地白骨,无定河咽。神皋陆沈,华壤涂炭。同化之族,乃成不共之仇;乐生之众,起誓忘归之矢。祛金以出,裹革而还;血飞溅兮雨沐,骸成尘兮星零。呜呼痛哉! 我国府元公,遭兹横逆,怒彼凶顽;援礼义为戈橹,厉智勇为鼓桴;出赤心以号众,告黄祖以誓师;前踣后作,与敌相觭,日绌岁盈,必胜乃已;不计一时之得丧,惟图百年之树立。转战三载,视死如归;万口一声,无忘此日! 谁谓我弱,柴骨亦已成林;毋曰人强,舆尸奚止成阜! 虽光光化日,曾被翳于阴霾;而落落人伦,终不同其沉澄;此其志矣! 夫畏何哉?! 绍竑奉命东抚,当莅政两浙之秋,正祸连三府之日;铁弩三千,莫杀灵胥之怒;湖山半壁,难掩伽蓝之羞。呜呼痛哉! 抚戚俞之往迹,愧我匪比;创亶夷之遗孽,期在必诛。树兹贞石,铭幽所以教忠;告尔有众,洗辱当先明耻。中华民国二十八年七月七日浙江省政府主

席黄绍竑谨志。"①

◎11月间,先生与王儒堂等人发起成立庄崧甫(1860－1940)八十寿庆筹备处。

> 按,《申报》1939年11月17日《庄崧甫八十庆寿　王儒堂等发起恭祝》云:"奉化庄崧甫先生历任浙江省府委员、国府立法委员、导淮委员会代理委员长等要职,布衣蔬食,热情毅力,政绩斐然,极为朝野人士所推重,近年息影故乡,专力于农田水利,今岁十二月二十六日为先生八十寿辰,时贤王儒堂、褚慧僧、俞飞鹏、陈屺怀诸氏以先生耆年硕德,功在党国,往昔在乡曾因兴学毁家,在沪主持《新学会社》,编辑农业书籍,余杭临安组织大规模林牧公司,提倡垦殖,卓著成效,有远识而勤于事,足为后学楷模。因在本埠交通路中国农业书局成立庄寿筹备处,并广征诗文,以申庆贺而资表彰。"

民国二十九年(1940)　庚辰　六十九岁

◎秋,先生次子建雷溺亡。

> 按,陈建风等《陈训正行述》云:"亡弟建雷,夙所钟爱,不幸廿九年秋,惨遭灭顶"。

民国三十年(1941)　辛巳　七十岁

◎1月14日,奉化朱孔阳(1885－1941)病逝。稍后,先生为作《奉化朱孔阳事略》。

> 按,《奉化朱孔阳事略》云:"君讳孔阳,原名鹤年,字守梅,姓朱氏,奉化人……毕业县之凤麓学堂,转入省立两级师范,学既成,归乡,肯肯一心以教育相鸣。施久之,不克如所期……因念山县生产,竹植最丰……乃创议设立平民习艺所……凡所治器,日新而月异,四方争求之。……远近闻君之行者,以君抱生人之愿,能毕诚力赴,收利济之效,虽曰小试,其致用实弘也。先是,君读书于凤

---

① 陈训正:《浙江省抗敌阵亡将士纪念碑》,原刊《浙江省通志馆馆刊》创刊号(1945年2月15日),第104页。今可见《浙江省通志馆馆刊合订本》,杭州古籍书店1986年4月影印。

麓,实与今总裁蒋公偕,蒋公知君深,既从事革命,有所举,必招君为助……倭变起,沪淞、苏嘉,先后陷敌,受伤军士运杭州者,日以万计,当道檄君主办救济事宜。君受命即行,负责贷款百万,旬日间成立辅助医院十数所,接待荣誉军人,矜恤周挚,为列省最。其时敌氛甚张,杭垣旦夕将陷,省府内徙……既定居永康,浙西义民,携幼扶老,相率来归者,无虑数万人,省府谋所以安辑之,既设所收容其老弱妇女,而于壮者则别设工厂,督以艺事;众念君有志逮群,又推君总董会,则君之见重于时可知其概矣。……廿九年春,母以思子故,竟病终异乡,自是益伤君心,久之,积哀成疾。会其年,浙境大旱……君忧之殷,疾乃大渐,蓐处经旬,入冬忽呕血数升,索笔书痛心痛心而绝,时三十年一月十四日也。春秋五十有七。……呜呼!如君者,有美意而不获延年,天道云何也?!后死友慈溪陈屺怀泣述。"①

◎王焕镳(1900—1982,柳诒征弟子,陈训慈同门)在收到先生所寄赠的《论语时训》后,回复《与陈玄婴先生》一文,内称《论语时训》实乃发于恻隐之心以哀刑政之苛、阐时措之宜的伟著。

> 按,《与陈玄婴先生》云:"玄婴老丈先生侍座:往在杭垣,曾望见颜色,想公已不记其人矣。丧乱以来,良无好怀,于四方耆宿不敢以芜辞通问。惟杖履动静辄因叔谅兄而知之,未尝不深仰慕之私也。乃者我公不遗在远,赐示尊著《论语时训》两册。盥诵再三,窃喜瞿铄犹前,著述不辍,匪仅道德文章冠绝当代,即精神气力亦有非后生新进所敢望者。至于伤人伦之废,哀刑政之苛,箴俗学之陋,阐时措之宜,又无一不本乎恻隐之深衷,与世之怀铅握椠但敷陈训诂而已者,固貌同而心异也。《易》曰:'富有之谓大业,日新之谓盛德。'又曰:'可久则贤人之德,可大则贤人之业。'皆以德业病重;乃知有体无用与夫务用忘体,均非孔门之旨明矣。然则居今世而忘孔子之道,舍公《时训》之义,将奚归乎!假中有湄潭之行,裁答少迟,幸勿罪。谨录近作杂文二首,乞赐绳削。秋深惟尊候

① 陈训正:《奉化朱孔阳事略》,原刊《浙江省通志馆馆刊》第 4 期(1945 年 11 月 15 日),第 69 页。今可见《浙江省通志馆馆刊合订本》,杭州古籍书店 1986 年 4 月影印。

万福。"①

◎农历十月，先生在答复阮毅成邀请担任浙江省史料征集委员会主任委员时，建议如欲重修省志，则需训练调查人员并将之派赴各县。惟因时局艰难，此一建议未能实现。

> 按，阮毅成《学者从政的典范——回忆陈屺怀先生》云："民国三十年十月，浙江省政府拟设立浙江省史料征集委员会，以为重修浙江省志的准备工作。我因屺怀先生在民国初年所主修的《定海县志》(五卷，首一卷。民国十三年铅印本)与余樾园(绍宋)先生在民国初年所主修的《龙游县志》，皆属体例新颖，内容完备，可以为重修浙江省志的模板。所以想请他们两位，担任征集会的正副主任委员。因两位当时既同在浙江省临时省参议会议事，又皆住在永康，与省政府所在地的方岩相邻近。公务接洽，至为方便。结果是余先生答应了，而屺怀先生则来信谓：'……辱书，知省府有搜纂史事之议，谬承诿諈，申具只见，以备参考。窃念兹事体大，非具有史德史识史才之士，不足以任责。屺何人，敢参与其议？犹记十年前，蒋委员长曾电张主席(按：指张静江)，纂辑省史，属屺为主任。当时提出会议，而骝先厅长(按：指朱家骅)以非科学中人，不克成此弘业。是语虽对人而发，然与屺素所主张，八九相合，盖以往史事，侧重静的方面，属笔者又不足当三长之称。故纪事纪言，徒以人物为质。其所成之书，无异一部点鬼录耳！私意省府应先成立方志总局，先训练一班方志调查人员，六个月后，派赴各县工作。一年之内，可以完成各县新志(旧有志书无一可存)。如此进行，较为实在。所谓史料者，尽在是矣。……吾公以为然否？'屺怀先生所说的先训练方志调查人员，派赴各县，于一年内完成各县新志，在步骤上系属正确。但是，工作尚未开始，而敌人于三十一年五月，进攻浙赣路。浙江省政府仓皇撤退，以致屺怀先生的建议，未能实现。"②

◎先生七十岁生日前，亲友集资拟刊印其所有未刊稿，终因日寇进逼、

---

① 王焕镳：《因巢轩诗文录存》，上海古籍出版社 2005 年版，第 212 页。王焕镳子女在整理《因巢轩诗文录存》时，明言《与陈玄婴先生》作于 1941 年 10 月。

② 阮毅成：《学者从政的典范——回忆陈屺怀先生》，《浙江近代学术名人》(《浙江文史资料选辑》第 43 辑)，第 149—150 页。

时局动荡而未果。

> 按，陈训慈《陈君屺怀事略》云："其成稿未刊者，有《倪林》二卷、《读礼籀记》若干卷、《孟子学说》三卷、《泽畔吟》一卷。别有《庸言》《性天论》《原情》《人学》诸篇，荟为《岁寒述学》四卷。凡兹论著，皆在抗日战争晚期先后写定，当君七十岁时，亲友为酿金，拟印诸待刊书以为寿。已购致佳纸，倭军忽进逼，仓皇南避，纸亦沦失，事遂未果。"

民国三十一年（1942） 壬午 七十一岁

◎5 月，日寇发动浙赣战役，沿浙赣铁路进逼金华，南犯衢州、丽水；浙江省政府始则被迫迁往松阳，旋因衢州、龙游失守，又迁至云和，在 6 月 24 日丽水沦陷后，又流亡到景宁、龙泉、庆元一带。此后，国军反击，至 8 月底，击退日寇的图谋，浙赣战役结束。而在此期间，先生辗转避难于浙江丽水、福建南平。

> 按，陈训慈《陈君屺怀事略》云："三十一年五月，寇自金华逼永康。君仓皇走丽水，后复避至闽北之南平。"又，作于 1943 年 11 月的《陈训正行述》亦云："去年五月，敌寇南侵，金华、永康，相继沦陷，府君弃家，随省府移于云和。比松、丽不守，浙南震动，会垣再迁，府君亦西入福建，憩于南平。"

◎10 月 15 日，浙江省临时参议会第一届第六次大会在云和县孔庙大成殿举行。因议长徐青甫已赴重庆，由先生代行议长职权，担任大会主席。尽管先生因身处南平，未能及时赶到云和而错过开幕典礼，却不但主持了大部分议程，而且在 10 月 28 日闭幕典礼上致了休会词。

> 按，其休会词云："本次大会，今天宣告结束。本席对于会务很抱歉，事变以来，自己远在千里之外，不能到会主持，事后早想回来，又因交通工具缺乏，迟至开会后才到，对本省党政双方及本会同人均觉惭愧！本次大会举行事变以后，可以说是非常时期中之非常会议，开会意义比以前几次大，所以同人责任也大。这次许多同人是从沦陷区或道经沦陷地区而来，异常艰苦，但是精神却很奋发，所有提案，也都切合实际，不说空话，都是应该办的善后事宜，

希望政府方面能尽量采纳,不负同人等期望。"①

◎夫人魏氏病卒。

　　按,柳诒徵《陈君屺怀传》云:"原配魏氏,先一年卒。"又,沙文若《陈屺怀先生行状》云:"配魏氏,慈惠勤劬,处约若素,先先生一年卒。"又,陈训慈《陈君屺怀事略》云:"君娶同邑魏氏,恭俭淑仁,以风疾,先君一年卒。"

◎11月10日,重庆国民政府行政院公布第二届浙江省临时参议会参议员名单;先生名列其中,且因原议长徐青甫已离浙赴渝,遂被行政院指定为议长。②

　　按,阮毅成《学者从政的典范——回忆陈屺怀先生》云:"在浙赣路战役之时,永康迅即沦陷,(临参会议长)徐青甫先生离开浙境,辗转而到了重庆。屺怀先生则也在匆促中,退到了福建。三十一年十一月十五日,省临时参议会在浙东战役的残破之余,勉强在浙江省的新临时省会云和集会,适奉行政院令,以浙省临参会第一届任满,应成立第二届。省政府以徐议长一时无法东来,遂呈请以屺怀先生任议长,而以余樾园(绍宋)先生副之。"③

　　又,沙文若《陈屺怀先生行状》云:"二十八年春,受任浙江临时参议会副议长。三十一年,任满改选,迁议长。在议会,广延宾客,询民疾苦,年七十矣,未尝懈于职守,立言持正不阿,动关民生,浙人士倚为喉舌。"

　　又,陈训慈《陈君屺怀事略》云:"十月,浙局复定,省参议会复集于云和,再推君为议长。"

民国三十二年(1943)　癸未　七十二岁

◎春,据说先生将长子建风托付给阮毅成。

　　按,阮毅成《学者从政的典范——回忆陈屺怀先生》云:"三十

---

① 《陈副议长休会词》,载《浙江省临时参议会第二届第一次大会会刊》所附第一届第六次大会会议辑要,1943年5月,第175页,浙江省图书馆藏(索书号:060／3320)。

② 参见《浙江省临时参议会第二届第一次大会会刊》(1943年5月),第11页。

③ 阮毅成:《学者从政的典范——回忆陈屺怀先生》,《浙江近代学术名人》(《浙江文史资料选辑》第43辑),第150页。

（一）［二］年春，屺怀先生，自福建南平，回到浙江，住在云和黄水碓，主持议会。他对我说：'我已七十二岁，身体不好，不能不有家人在旁照料。思将小儿孟扶相托，在民政厅任一职员。此子笔墨尚可，人品亦佳，当可对兄有所帮助。我向不愿以私事干人，但与兄谊属世交，可谓有通家之好者，故敢奉商。'我说：'自当如命，先派为民政厅视察。'他说：'兄尚未知其人，当嘱其日内先行奉访。'我说：'我于十五年前即已知其人了！'他乃大为诧异，坚问究竟。我乃引述民国十六年先君所言之事。他乃笑着说：'当时确有其事，我今日所欲奉告兄者，仍系十五年前之一语，即此子断非百里之才，兄切勿命其为县长。'他又说：'令尊与我素属知好，彼能将老朽当年发言，归以转告，诚属教子有方也。'"

◎4月28日上午六时半，云和县孔庙大成殿，先生以议长身份，主持浙江省第二届临时参议会第一次大会，并在开幕典礼上致辞①。

按，《浙江省临时参议会第二届第一次大会会刊》所录《陈议长开会词》云："环顾本省现状，残寇依然负隅，同胞犹在水深火热之中，善后复兴的工作，还待继续努力，艰苦的时日正伴着时代巨任向我们的肩上累积，则又深凛本会当前责任的重大。本省因为地处海滨，迫近前方，已为抗战建国进程中重要的一环，因此，也为敌寇流窜思逞的区域……这一年来整个的战局，已跨进了最后胜利的阶段，建国工作，也因分途并进，而奠定了百年的基础，因此，我们的措施，已不仅是消极防止金兰残敌的再度流窜，而必须积极的准备肃清省境寇氛，同时促进一切建设事业，使迎头赶上，配合整个局势的进展……本席以为在目前状况下，地方兴替业务，千头万绪，而其重心则有两点：第一，在固结人心，人心是群力的源泉，有了固结的人心，才能真正动员全体民众，而固结人心的根本，在于澄清吏治，树立廉洁的政风，地方亲民的官吏，一定要廉勤自励，艰苦不移，与人民共甘苦，同进退，视民如赤子。……第二，在充裕民力，现代的战争，是国家财力的总决赛，有了一致的人心，还必须有充裕的财力，以为配合。……上述两点，都是本省应该继续促进的要政……本席年力衰迈，再度滥竽议席，深惧没有建树，还希望各

---

① 阮毅成：《学者从政的典范——回忆陈屺怀先生》，《浙江近代学术名人》（《浙江文史资料选辑》第43辑），第150页。

位多多指教。"①

◎5月11日上午，浙江省第二届临时参议会第一次大会闭幕。在闭幕典礼上，先生抱病致休会词。

> 按，阮毅成《学者从政的典范——回忆陈屺怀先生》云："五月十一日上午六三十分，仍在云和大成殿举行休会典礼。屺怀先生致休会词。"②

◎10月19日，先生病逝于浙江云和。

> 按，沙文若《陈屺怀先生行状》云："议会初集于永康，三十一年夏，倭寇自金衢南侵，先生道云和、龙泉而迁寓于闽之南平，暮年远役，备尝艰苦。迨寇退，议会复集于云和，于是体力日衰，以三十二年十月十九日告终云和寓次，年七十二。"

> 又，陈训慈《陈君屺怀事略》云："三十二年（一九四三年）十月中旬病疟，卒以高热引起心脏麻痹症病，三日而逝，时十月十九日也，享年七十有二。"

> 又，陈建风等《陈训正行述》云："府君状貌端严，望之可畏，性实和易，即之而温。恕以御下，恩以慈幼，呵斥之声，不闻于庭，则又光风霁月，不副其表。秉赋强健，未尝大病。自遭丧乱，亲罹艰屯，家国沦胥，骨肉离散，以古稀之年，仓皇避地，再度播迁，千里闽峤，往返跋涉，山城荒僻，营养失常，创心劳体，遽呈衰象。亡弟建雷，凤所钟爱，不幸廿九年秋，惨遭灭顶，孤嫠嗷嗷，时萦于怀。去年永康之役，只身南走，子孙东西，不知消息。先妣久抱痼疾，需人扶持，失所依赖，迫返故里，间关困顿，至于大渐，家园在望，中道殂落，府君闻讣，以白首伴侣，未获一诀，临风恸哭，不能自已。去秋猝中恶疟，虽幸占勿药，而元气已亏，弥觉不支，今年入夏以来，时发高热，屡至昏迷，精神日就委顿，不孝等虽心焉忧之，犹不虞其有他也。十月十五日，又发高热，至十七日晨，热微退，稍进饮食，乃未几，热度骤增，昏迷不复言语，医者针药迭进，均未奏效，延至十

---

① 《陈议长开会词》，载《浙江省临时参议会第二届第一次大会会刊》，第1—2页。阮毅成《学者从政的典范——回忆陈屺怀先生》亦加以全文收录，仅个别文字有所差异。例如将"黄主席"改为"省政府"。

② 其休会词又被题作《陈议长休会词》，载《浙江省临时参议会第二届第一次大会会刊》，第137页。

九日晨一时,遂弃不孝等而长逝矣。享寿七十有二。"

◎据说先生卒前,将生前所作诗文托付给诸子和孙宾甫。

按,张原炜《陈无邪墓志铭》云:"临殁,以稿付诸子及奉化孙宾甫,曰:'为我存之。'"

◎先生卒时,膝下有子三、女一、孙十、孙女十二。

按,陈训慈《陈君屺怀事略》云:"生子四:建风(孟扶)、建雷(仲回)、建斗(叔受)、建尾(季微)。女一:汲青,适吴兴郁永常。建雷在抗战中早卒。孙男十人,孙女十二人。"

又,张原炜《陈无邪墓志铭》云:"子四:建风、建雷、建斗、建尾。女一:汲青,适郁。建雷先殁。孙男十有一人:辟尘、昌扈、力萌、道用、伏嗣、干三、久旸、公牧、曼多、金吾、可久。孙女十有三人:明玗、明犟、明楞、昌披、贞萌、安持、柔兆、明纾、寅持、明穉、道平、宜持、容持。曾孙男三人:元发、丹路、仪发。曾孙女一人:丹波。"

又,柳诒征《陈君屺怀传》云:"子男四:建风、建雷、建斗、建尾。建雷前卒。女一:善,适郁。孙男十一,女十三。"

◎10 月 25 日,国民党总裁、国民政府主席兼行政院长、国防最高委员会委员长蒋介石电唁陈训正家属,表示哀悼。

按,《东南日报》1943 年 10 月 25 日刊其辞曰:"屺怀先生,党国耆贤,勋德兼茂,文章学术,矜式群伦。近岁主持议政,尤多贡献。方幸老成贞正,造福乡邦,遽闻溘逝,良深惊悼。特电致唁,惟希节哀。"①

◎11 月 2 日,正在常山巡视的浙江省主席黄绍竑发来唁电。

按,《浙江日报》1943 年 11 月 2 日《黄主席电唁陈故议长》云:"屺怀先生,因病作古,邦失贤士,民失导师,南望云和,怆怀无已。缅念屺老,功在党国,德在斯乡,年来主持本省议席,献替特多。方期长享遐龄,共图复兴,遽尔西归道左,悼痛奚如!"

◎先生病逝后,浙江省临时参议会致电陈布雷与先生三子,表示哀悼。

---

① 同日,《浙江日报》亦刊出监察院院长于右任的唁电:"屺怀先生,洛社耆英,儒林宗范。比年主持议坛,扶翊民治,正言谠论,海宇同钦。遽闻殂谢,痛悼曷极。"

按,阮毅成《学者从政的典范——回忆陈屺怀先生》云:"屺怀先生以高年而遭逢战乱,益之以议长的重任,遂使其衰弱之躯,终告不支。而于民国三十三年秋季,在云和逝世,享年七十三岁。老成凋谢,浙人皆为哀悼。浙江省临时参议会即致电陈布雷先生报丧:'重庆美专街一号,陈布雷先生赐鉴:令兄屺老,履贞抱道,乡国仪型。方期领导,献替省政。遽捐馆舍,朝野同悲。大会同人,尤深痛悼。敬电慰问,并候政祺。'又致电屺怀先生的三位公子致唁:'云和黄水碓陈孟扶、叔受、季微先生礼鉴:尊翁屺老,履贞抱道,乡国仪型。方期领导,献替省政。遽捐馆舍,朝野同悲。大会同人,尤深痛悼。敬电慰问,并候孝祺。'"①

◎11月,先生诸子谨作《陈训正行述》,对于乃父的学术成就,最推崇其方志之学。

按,《陈训正行述》云:"尝以友人之介,游于登莱之间,成《掖县志》若干卷。定海集群岛而治,为鱼盐之乡,通商以后,海运频繁,隐为重镇,顾县志简略,芜秽不称,邑人亟谋兴修,请主其事。府君独具别裁,订为新例,成《定海县志》若干卷,图表厘然,读者称便。鄞县自董《志》以后,年久失修,主者又以相属。府君乃删烦最要,广采博访,凡三年,成《鄞县通志》若干卷。盖方志之学,昔人所难,非擅三长,不堪其任,章氏而后,继起者希,府君三志,世无间言,方之实斋,斯无愧色。……卅二年十一月,不孝男建风偕弟建斗、建尾泣血谨述。世愚弟余绍宋填讳。"②

◎11月26日前,陈训慈受托写成《陈君屺怀事略》初稿,以便重庆各界追悼先生之用。

按,陈训慈《陈君屺怀事略》:"谨案先伯兄玄婴先生于抗日战争胜利前二年殁于云和客次。时家属亲友多分处后方,而以在重庆者为较多。渝各界举为悼祭,事前为悼会中拟分送行状,须有家属先提供事略。诸任皆在浙东,余乃受托,据仲兄及叶德之表兄、胡良箴先生等回忆、口述,写成事略稿以为应。"③

---

① 阮毅成:《学者从政的典范——回忆陈屺怀先生》,《浙江近代学术名人》(《浙江文史资料选辑》第43辑),第154页。

② 陈建风等:《陈训正行述》,载《民国人物碑传集》卷一,第24—25页。

③ 陈训慈:《陈君屺怀事略》,附录于《晚山人集》。

◎11 月 26 日,包括于右任、虞洽卿、徐青甫、傅斯年在内的重庆各界及在渝亲友、同乡共计 300 余人,汇聚中央图书馆以悼念先生。先由戴季陶主祭,然后由褚辅成代表浙江旅渝同乡会主祭。

> 按,《中央日报》1943 年 11 月 27 日所录戴氏祭文云:"呜呼先生,抱道履贞,孝友天性,哀乐至情。约己以礼,接物以诚,仁及庶类,义济群生,讷言敏事,至德无名,积学通务,识权达经,旷览古今,洞彻玄冥,研几探颐,采华撷英,知致物格,取精用宏,为民先觉,为士作程。五十服官,公廉有声,休养生息,厥治蒸蒸,商安市廛,农乐蚕耕,湖光含碧,山色凝清,去思载路。遗爱在民,文章华国,轶刘超嬴,破寒着花,剖璞耀瑛,发如电激,止若渊渟。摩天拔地,炳日烂星,光芒作作,夺人目睛。东夷猾华,侵邑略城,烽火弥天,金柝时鸣,公主议席,扶危持平,大言炎炎,动关民生,浙南闽北,处不遑宁,殷忧尽瘁,景命以倾。呜呼哀哉,军兴以来,寒暑迭更,我壮敌老,指日澄清,耆龄长德,乡国仪型,何意俎谢,永判幽明,昊天不吊,夺我老成,为位蕙哭,涕泗交零,灵如不昧,歆此凹觥。呜呼哀哉,尚飨。"

◎11 月 28 日,《中央日报》副刊不但刊发沙孟海所作的《陈屺怀先生行状》,而且刊登了一首由成惕轩所作的悼念诗。

> 按,《中央日报》副刊录曰:"德望姚江著,觥觥一代豪。文心契班马,诗笔薄风骚。郡国从兴利,丘园尚习劳。千秋仰山斗,天目倚云高!"

◎12 月 5 日,国民政府明令褒扬。

> 按,阮毅成《学者从政的典范——回忆陈屺怀先生》云:"民国三十三年十二月五日,国民政府明令褒扬:'前浙江省临时参议会议长陈屺怀,性行清正,学识闳洽。早岁致力教育,宣扬革命,具著绩效。嗣参浙江省政,勤求治理,遗爱在民。迩年主持浙省议坛,匡济时艰,允孚物望。平生究心文史,翼扶世教,著述宏富。乃以撄心国难,遘疾逝世。追念勋勤,深堪悼惜。应予明令褒扬,以重耆贤,而资矜式。此令!'"

◎沙文若写成《陈屺怀先生行状》,在简述先生生前主要行迹之余,既充分肯定先生的学术成就,又极力推崇先生的人品:"浙东学者自宋元以来,率尚义理制数,或专精史事,鲜有以文辞名家者。先生雅好古文诗歌,早岁与县人冯君开、应君启墀、洪君允祥齐名，有'三病夫一狂夫'之目。……四人者，各有其专诣……先生则风力遒劲，器业过人。文近子长、子云，为深博无涯涘；诗词取径与冯君略同，而硬语盘空，独似鲁直。要其博涉群书，探综道要，吐词为经，足以自成家数。……先生既饱学多闻，病近世方志因袭旧体，无当于实用，则创为新例，多列图表，旁行斜上，幅短而事赅。……盖先生之学，未可以一方体，其著之于书，足为后世法式者，文辞而外，惟诸志为超邈无俦云。……天怀耿介，不妄取与而在官廉正，不遑问家人生产。讷于言辞，顾质无夸阿，恒面斥人过，人初恚之，终则感而谢焉。内行甚笃，事寡母，尽孝五十年如一日。"

按，沙茂世《沙孟海先生年谱》1943 年条云："本年，著《桂林重刻石曼卿题名跋》《陈屺怀先生行状》（刊于《晚山人集》《忍庐老人行义录》）。"

民国三十三年(1944)　甲申　卒后一年

◎2 月 18 日，浙江省各界在云和县社会服务处召开追思陈训正大会。会议中，省政府主席黄绍竑、国民党浙江省党部主任委员罗霞天、浙江省临时参议会代表分别宣读祭文。

按，《浙江日报》1944 年 2 月 18 日载曰："丁邦国之珍瘁兮，嗟昊天之不吊。肃秋气以中人兮，乃不憖遗夫一老。仰四明之高山兮，钟英灵而毓秀。衍慈湖之学派兮，溯传人而代有。维先生诞降兮，绍乡长之宗风。幼岐巍而长徇齐兮，读楹书而贯通。登乙科而显名兮，慨浊世而思济。慕孟博之揽辔兮，展澄清之素志。经沧海而难为水兮，游圣门而难为言。秉大笔而立说兮，振天铎而传宣。思王鲁而改制兮，佐总理而创业。歌光华而复兴兮，拯烝民于饥溺。平天下而先修齐兮，刷政治以日新。治文书而有余暇兮，披往籍而指迷津。勤著述以继开兮，兀穷年而满家。纂战史以扬我武兮，视鲸鲵其如虾蟆。历六年余之抗战兮，幸胜利之接近。琢贞珉以铭纪兮，待橘藻以舒愤长。议席而摅谠论兮，方造福于扮榆。奈避地而忧勤兮，感影之日哺。婴小疾而暂成病兮，怅医药之罔效。弃馆舍而永逝兮，眇云𫐉而贵渺。检遗篇而思前徽兮，永启佑于后人。循几席而传耆旧兮，徒感慨夫音尘。尚飨。……菊残秋老，鸿雁既宾。蓬断草枯，风悲日曛。乌虖先生，溘然辞尘。音容遽杳，黯兮伤神。先生为学，格物穷理。渔猎百家，肴核经史。虑周一室,心追万里。浸淫衍溢,宁有所止。发而为文,振玉锵金。禀经酌雅,咀华含英。扶道翼教,明德新民。浩然独存,磅礴充盈。早拾青紫,掷若敝屣。鼓吹革命,甄陶多士。既襄省政,两长杭市。以正以廉,民物齐轨。乡之师儒,国之老成。领导议会,丕著休声。求治之道,民视民听。群情既洽,政乃修明。国难方殷,烽烟未已。燎原之后,精华尽毁。风雨同舟,艰危共倚。期待复兴,与民更始。胡天不吊,遽遣巫阳。讴吟下招,返彼仙乡。斯文道丧,士庶彷徨。曷不少留,我涕为滂。渧钦盛德,流泽孔长。赫然典范,史乘有光。鲜花一束,以羞我餴。在天之灵,来格来尝。尚飨。……呜呼先生,志行高洁。学绍慈湖,气渊识密。吏治儒修,兼擅毕绝。始创革命,觥觥巨笔。共和既肇,退治学术。左经右史,等身著述。宏开讲舍,牖启才杰。出膺民治,化洽两浙。迨乎军兴,两主议席。孰兴孰替,以咨以决。维我同人,尤资提挈。翊赞抗建,昭宣鸿烈。德荫遐庇,方期耄耋。岂意投荒,梁木忽折。遗规不逮,清芬莫挹。怀仰耆勋,沉痛曷极。及兹将陨,谨□馨香。风车云马,来格来尝。呜呼,尚飨。"①

民国三十四年(1945)　乙酉　卒后二年

◎5月,先生遗稿《湖上绝句》,刊发于《浙江省通志馆馆刊》第一卷第二期。

其辞云:"闭门天子归朝后,插翅将军破壁来。当日人烟过百万,只今剩有未寒灰。海外未寻新大陆,天城犹说旧杭州。谁知故国销金地,此日何曾半壁留!陌上花魂不可招,钱王艳迹黯然销。而今铁弩无才思,日日江头逐野潮。飞飞一雁日边来,自背高云下水隈。打动芦花秋意思,衔寒还趁夕风回。年深石色半凋昏,往事悠悠那可论。今日岩头齐下拜,更无人解怨扬髡。对面相看不相识,痴心犹道认非真。须臾日出烟消尽,依旧青山是故人。西冷桥下打船过,几队惊鱼出浅波。记得前游春水足,青钱满眼是新荷。红泥亭畔夕风凉,隔坐犹闻说藕香。烟重败荷翻不起,池头波冷到鸳鸯。"

---

① 浙江省临时参议会议长陈公屺怀治丧委员会编:《陈故议长追悼特刊》,刊《浙江日报》1944年2月18日。

按,《浙江省通志馆馆刊》第一卷第二期出版于本年5月15日。

民国三十六年(1947)　丁亥　卒后四年

◎4月20日夜,奚谷作《记陈玄婴先生追悼会》一文,详细报导追悼会的情况。

按,《宁波日报》1947年4月22日载曰:"陈玄婴先生,他以艰苦的革命精神,坚忍的创学毅力,感召着后代的继起。他逝世虽已三年多了,但他的精神不死,千万个人,为着他伟大的胸襟,不辞劳瘁助人的好心,以及创立事业的精神仍怀念不已。三十六年四月廿日。(波)[宁]波工业学校,效实中学,正始中学,佛教孤儿院等四团体,趁先生灵柩自杭州径回原籍,将于四月廿三日举行安葬时,特发起追悼会,假效实中学大礼堂举行,参加者除发起的四团体外,有赵芝室、张申之、陈佑华(王秘书代)、沈明才、汪焕章、冯莼馆、于凤园、王诗城、张于桐、释显崇、江觉斋、焦震、冯度、陈积骅、周受殷诸先生等二百余人。……挽对挂满在礼堂的四周,正中是蒋主席的'人伦坊表',旁边是高工的挽联:'兴学化英才雨沾岂惟我校,居官持大体仁风自是乡贤。'其次是效实的'人之云亡邦国瘁,魂兮归来旌旗扬',再次是正始的'坐春风沐化雨甬□难忘侍杖日,蓄道德能文章四明痛失老成人;著作养身一代咸推大匠,哀荣备至后生顿失人师。'佛教孤儿院的'发菩萨愿现居士身极千百失怙儿同离苦海,存平等心行方便事度万亿颇罗堕共出迷津'。其他还有于右任的'早为人类争平等,晚以词宗老战场',陈佑华的'白苏政绩湮祀千载,李杜文章光焰万丈'。追悼会开始了,先由佛教孤儿院和尚上供,后由赵芝室主祭燃香,由陈书茳读祭文,……继由周嘉俊先生报告今天纪念陈玄婴先生的意义及生平事略,分革命、创学、为政、抗战、著作五项,现简述如下:先生于光绪十九年入县学,廿八年举于乡,鉴于外患内乱,结社讲学,创办《天铎报》,宣扬革命,提倡民族平等,旋又创立平民共济会,主办《生活杂志》,阐扬民生主义……满清末时,废科举创新学,先后组织群学会,立通社,译东西科学名著,任宁波教育会副会长,民国元年创工校、效实、佛教孤儿院及正始中学。当先生任浙江省政府常务委员兼杭州市长代理民政厅长时,居官务,持大体,恤民隐,力戒苛扰。自抗战后,先生任浙江临参会副议长,由永康而至云和、龙泉、南平,途

中备尝艰苦。议会后集于云和,终以体力日衰,以卅二年十月十九
日寿终于云和寓次,享年七十二岁。先生雅好古文诗歌,撰有《定
海县志》六卷、《鄞县通志》若干卷、《论语时训》《孟子学说》等——
由此可知先生所处的正是一个多难的时代,外有帝国主义的侵略,
内有封建专制的统治,流氓的横行,官僚买办资本的垄断,在在使
先生不能安心著作而只好从事政治工作。后来,由陈玄婴先生的
公子致答词,并表示谢意。末了,由警察局军乐队奏哀乐,……是
的,先生是不再复活了;然而他的事业将永远地予后来者以不灭的
模楷。综合先生的一生是为中国革命而努力,是为正义牺牲一切
以争持。最后,我要说:先生的时代并未过去,后来者真需要继续
努力!三十六年四月廿日夜于宁波。"

◎4 月 24 日前,友人张原炜应陈建风兄弟之请,为撰《陈无邪墓志铭》,
将先生比作屈原、贾谊之俦。

> 按,张原炜《陈无邪墓志铭》云:"日本既熸之三年,吾友陈无邪
> 之丧,始克归慈溪本籍,葬于大枫塘之原。先期,厥嗣建风兄弟来
> 言曰:'维我先子,昭奠风节,不涅不挠,忧世愤时,卒以劳殉。今葬
> 有日矣,敢请铭!'……君为学穷究天人本原,治小学精,动依古训,
> 下笔若不经意,及文成,见者叹为扬、马复生。生平感喟,一抒于诗
> 及长短句,所著众……君之殁,于今五年矣,世人不察,动以文士目
> 之,不知其寄负宏远,惓惓家国,庶几屈大夫、贾长沙之伦。……其
> 友张原炜为之铭曰:鸡山一皓,民之先觉,牖兹群昏,有铎在握。靡
> 郁勿宣,靡幽勿烛。玄文垂世,永完贞璞。铭以永之,庶几无斁。"①

◎4 月 24 日,先生葬于慈溪大枫塘。

> 按,柳诒徵《陈君屺怀传》云:"君生于清同治十一年十月三十
> 日,卒于民国三十二年十月十九日,以三十六年四月二十四日葬其
> 乡之大枫塘。"②

> 又,《宁波日报》1947 年 4 月 22 日《陈屺怀灵枢归葬　今自杭
> 专车运慈》云:"慈溪耆宿党国先进陈屺怀先生,于民国卅二年任浙
> 江省参议会议长时,病殁于云和临时省会,其灵枢于今日由杭州专

---

①　张原炜:《陈无邪墓志铭》,附录于《天婴诗辑》,陈训慈整理,1988 年抄本。

②　据此,可以断定柳诒徵《陈君屺怀传》撰成于 4 月 24 日之后。

车径回原籍,明日在家(慈溪西乡官桥村)设奠成主,并请陈氏生前老友魏友枋先生点主。后日安葬,宁波工业学校,效实中学,正始中学,佛教孤儿院四团体发起,曾于本月廿日在效实中学大礼堂开会追悼。团体各界到会者三百余人,仪式简单隆重,各团体各界分班祭奠后,由周嘉俊报告先生事略,继由其第三公子叔受致答谢词,会场中悬有蒋委员长'人伦坊表'挽额,及党国元老于右任、邵力子、张群、陈立夫、沈士远等挽联。"

◎12月前,沙孟海应先生诸子之请,为《晚山人集》作解题。

按,沙文若《晚山人集题辞》云:"甬上自古多文史著作之彦,民国以来,称慈溪陈训正无邪、冯开君木、洪允祥佛矢,余皆得而师之。冯、洪二先生以教授终其身,陈先生晚岁莅政杭州,最为通显,享年最高,著述亦最富,蕲春黄侃季刚,尝以深宁王氏目之。先生著述初刊于甬上,曰《天婴室诗》,嗣刊于上海、杭州,曰《天婴室丛稿》,凡两辑。初辑七种,曰《无邪诗存》(即《天婴室诗》更名),曰《无邪杂箸》,曰《哀冰集》,曰《秋岸集》,曰《逃海集》,曰《庸海集》,曰《阏逢困敦集》,合四册①。续辑十种,曰《塔楼集》,曰《北迈集》,曰《末丽词》,曰《炎虎今乐府》,曰《紫荚词》,曰《吉留词》,曰《圣塘集》,曰《揽石秋草》,曰《揽石幸草》,曰《揽石春草》,合两册。其单行本,则有《论语时训》一卷、《甬上名谓籀记》四卷、《倪言》五卷、《悲回风》一卷,又主纂《定海县志》十六卷、《鄞县通志》六编三十六册。以上皆已刊。未刊者,有《读礼籀记》一卷、《孟子学说》三卷、《倪林》二卷、《岁寒述学》四卷、《泽畔吟》一卷、《晚山人集》四卷,又主纂《掖县志》若干卷。别有《天婴诗辑》三卷、《天婴文存》二卷,乃其晚年,就已刊旧稿选取称意者,作为定本,惜其稿未竟。此《晚山人集》,皆抗日期间退居家乡及避地浙南忧时伤乱之作。……今年四月,建凤、建斗、建尾兄弟,既扶柩归葬慈溪官桥,复议先续刊《晚山人集》,属余疏记著作称目,揭之简端,俾后有考焉。民国三十六年十二月,弟子鄞沙文若谨记。"

◎12月间,先生亲友有意将《晚山人集》付梓刊行,但因随即忙于处理陈布雷自杀后的善后事宜而未能付诸实践。

---

① 今观沈云龙《近代中国史料丛刊》本《天婴室丛稿》,又有《无邪诗旁篇》和《庸海二集》,共9种。

按，陈训慈《晚山人集后记》云："忆一九四七年时，诸遗著稿本俱在，而一时无力授梓，因念其六十以前诗文皆已收入《天婴室丛稿》两辑中，六十以后诗词主要为是集，又篇帙非巨，曾请沙孟海先生撰《序》，拟先付梓（今所用《题辞》即此时作）而旋遭仲兄之丧，逡巡中辍。"

1984 年　甲子　卒后四十一年

◎在陈训慈整理、印行《晚山人集》之前，先生弟子孙宾甫业已将《天婴室丛稿》增删为《天婴室诗文选集》，惟因卷帙过大而未能付梓刊行。

按，陈训慈《陈君屺怀事略》篇末云："（抗战）胜利后，（先生）诸未刊稿由保存之门人交其家属，因频有转迁，至解放后竟致佚失，识者惜之。即战前已出之《丛稿》二辑六册及《觇言》等书，亦出己资所印，仅分赠各大图书馆、学府与亲友，今得保存者已稀。君之弟子孙宾甫，为就《丛稿》增删类次，重编为《天婴室诗文选集》，卷帙巨，犹未克重梓。"

1985 年　乙丑　卒后四十二年

◎11 月，《晚山人集》付梓印行。

按，《晚山人集》卷首："陈屺怀先生训正为甬上现代诗文名家，早岁倡导革命，曾办日报外，又主编《鄞县通志》，生平著述甚富。已刊有《天婴室丛稿》二辑六册，《论语时训》一册，（抗日战时分赠已完。）晚年未刊稿，惜多散失。现由家属集资印成《晚山人集》与《天婴诗辑》二种，分送各大图书馆及各大专院校（文科）等。今《晚山人集》已于八五年十一月印成。特先奉赠贵　壹册，以供公阅。《诗辑》俟今冬印成续寄。……陈训慈谨启　一九八六年二月。"

1988 年　戊辰　卒后四十五年

◎冬，陈训慈择取 60 余首先生与其至友"投赠悼念诸作"，同时又选取杨鲁曾《官桥陈氏义田会记》、冯君木《陈府君墓表》、黄侃《陈玄婴先生六十寿序》、张原炜《陈无邪墓志铭》、张让三《溪上诗人三病夫一狂夫歌》、赵志勤《陈屺怀先生生平事略》诸文，汇为《天婴诗辑续编》。

按，陈训慈《天婴诗辑·后记》云："训慈与青、尾两侄与辟尘等共商，将其晚年所为诗《晚山人集》与当时自删定旧作诗词《天婴诗辑》存有副本者,付之复印。一九八五年春,《晚山人集》印成,乃在校钞《诗辑》、谋付续梓时,发现作者自序,谓所收分'比兴之什'与'赋之什'两类,而细核篇目,但有前者,连词约逾九十首,顾无后者'赋之什'。质诸友好之知诗者,皆以为'赋之什'当析为另册,未誊入副本而散佚耳。……训慈不敏,惟就旧印丛稿及单行本(如《悲回风》)中,检取其平生至交投赠悼念诸作,补钞六十余首,系之后幅,颜曰《续编》,以示非作者所自定,庶几览者得多窥见其出处行义。……其校录经过吴君月峰、沈君传镐及周君振纲,皆与有劳,并识卷尾申谢。一九八八年戊辰冬月,从弟陈训慈谨记。"①

---

① 《陈训慈先生纪念文集》所录沈传镐《忆陈训慈先生最后三年的二三事》云:"与此同时,陈先生为教育家陈屺怀整理编辑《天婴诗集》(上、下辑),它的付印出版,是以陈先生为主,并与亲友共同集资而成的。《天婴诗集》出版后,即全都分赠给全国各地有名的大专院校、学术科研单位,和各省、市主要的图书馆、博物馆,得到广泛好评。"

参考文献

一、古今图书

[1] 卜正民.明代的社会与国家.陈时龙,译.北京:商务印书馆,2014.

[2] 蔡乐苏.宁波白话报//丁守和.辛亥革命时期期刊介绍(第一集),北京:人民出版社,1982.

[3] 陈布雷.陈布雷回忆录.北京:东方出版社,2009.

[4] 陈布雷.陈布雷集.张竟无,编.北京:东方出版社,2011.

[5] 陈建风.陈训正行述//卞孝萱.民国人物碑传集.南京:凤凰出版社,2011.

[6] 陈训慈.热心兴办宁波地方教育的陈屺怀//浙江省政协文史资料委员会.浙江文史资料(第45辑).杭州:浙江人民出版社,1991.

[7] 陈训正.鄞隐居卢君传略//宁波市鄞州区档案馆.近代鄞县史料辑录.天津:天津古籍出版社,2013.

[8] 陈训正.天婴室丛稿第二辑.铅印本.1934.

[9] 陈训正.天婴室丛稿//沈云龙.近代中国史料丛刊正编(63),台北:文海出版社,1972.

[10] 陈训正.国民革命军战史初稿//沈云龙.近代中国史料丛刊正编(79),台北:文海出版社,1972.

[11] 陈训正.晚山人集.抄本.陈训慈,整理.1985.

[12] 陈训正.天婴诗辑.抄本.陈训慈,整理.1988.

[13] 陈训正,马瀛.定海县志//中国地方志集成:浙江府县志辑(38).上海:上海书店,1993.

[14] 戴光中.陈氏兄弟各有千秋——陈训正、陈布雷和陈训慈//王永杰.文化群星——近现代宁波籍文化精英.北京:中国文史出版社,1998.

[15] 桂信义.甬江名医吴莲艇//宁波市政协文史资料委员会.宁波文史资料(第4辑).宁波:[出版者不详],1986.

[16] 董祖义.镇海县新志备稿//中国地方志集成·浙江府县志辑(34),

上海:上海书店,1993.

[17] 方子长.陈谦夫与宁波的教育卫生事业//宁波市政协文史资料委员会.宁波文史资料(第8辑).杭州:浙江人民出版社,1990.

[18] 冯可铺,杨泰亨.光绪慈溪县志//中国地方志集成·浙江府县志辑(35),上海:上海书店,1993.

[19] 干人俊.民国慈溪县新志稿.宁波:[出版者不详],1987.

[20] 高时良,编.洋务运动时期教育.上海:上海教育出版社,1992.

[21] 洪允祥.慈溪文史(第五辑)悲华经舍诗选注.洪崇基,唐武声,选注.宁波:[出版者不详],1991.

[22] 胡纪祥.童氏家族.宁波:宁波出版社,2011.

[23] 胡审严.清末民初宁波的职业教育//宁波市政协文史资料委员会.宁波文史资料(第8辑).杭州:浙江人民出版社,1990.

[24] 黄富荣.略论胡瑗的分斋教学法及其历史命运//姜锡东,李华瑞,主编.宋史研究论丛(第6辑).保定:河北大学出版社,2005.

[25] 黄苇.方志学.上海:复旦大学出版社,1993.

[26] 蒋介石.蒋介石日记.手稿本.美国斯坦福大学胡佛研究所藏.

[27] 蒋介石.蒋介石言行录.上海:上海新民书局,1933.

[28] 克洛泽.蒋介石传.封长虹,译.北京:国际文化出版公司,2011.

[29] 李宝嘉.文明小史.北京:华夏出版社,1995.

[30] 李庆坤.宁波效实中学简史//宁波市政协文史资料委员会.宁波文史资料(第2辑).宁波:[出版者不详],1984.

[31] 林端辅,口述.宁波光复亲历记.何雨馨,整理//宁波市政协文史委员会.辛亥革命宁波史料选辑.宁波:宁波出版社,2011.

[32] 刘大禹.蒋介石与中国集权政治研究(1931－1937).杭州:浙江大学出版社,2012.

[33] 柳曾符,柳定生,编.柳诒征劬堂题跋.台北:华正书局,1996.

[34] 宁波旅沪学会.宁波杂志(第一卷第一期)//陈湛绮,编.民国珍稀短刊断刊·上海卷(二十一).北京:全国图书馆文献缩微复制中心,2006.

[35] 宁波市教育委员会.宁波市教育志.杭州:浙江教育出版社,1996.

[36] 宁波市政协文史委员会.甬商办医:宁波帮与近代宁波慈善医院史料集.宁波:宁波出版社,2014.

[37] 宁波市政协文史委员会.近现代报刊上的宁波.宁波:宁波出版社,2016.

[38] 清高宗,敕撰.清朝通典.影印文渊阁《四库全书》本.

[39] 钱淦,袁希涛.宝山县续志//中国地方志集成•上海府县志辑(9),上海:上海书店,1991.

[40] 茹管廷.国民党统治时期浙江省民政厅见闻//浙江省政协文史资料研究委员会.浙江文史资料选辑(第21辑),杭州:浙江人民出版社,1982.

[41] 阮毅成.学者从政的典范——回忆陈屺怀先生//浙江省政协文史资料研究委员会.浙江文史资料选辑(第43辑),杭州:浙江人民出版社,1990.

[42] 沙茂世.沙孟海先生年谱.杭州:西泠印社出版社,2010.

[43] 沙韦之.若榴花屋师友札存.杭州:西泠印社,2002.

[44] 申报影印本.上海:上海书店,1983.

[45] 沈松平.陈训正评传.杭州:浙江大学出版社,2015.

[46] 沈松平.论陈训正的教育实践及其理念//张伟.浙东文化研究(第1辑).杭州:浙江大学出版社,2014.

[47] 沈文泉.朱彊村年谱.杭州:浙江古籍出版社,2013.

[48] 施养成.中国省行政制度.上海:上海人民出版社,2015.

[49] 史致训,黄以周.定海厅志.柳和勇,詹亚园,校点.上海:上海古籍出版社,2011.

[50] 释敬安.八指头陀诗文集.梅季,校点.长沙:岳麓书社,2007.

[51] 唐文治.茹经堂文集//民国丛书第五编.上海:上海书店,1996.

[52] 王焕镳.因巢轩诗文录存.上海:上海古籍出版社,2005.

[53] 显宗.回忆宁波佛教孤儿院//宁波市政协文史资料委员会.宁波文史资料存稿选编宁波文史资料(第22辑).宁波:宁波出版社,2001.

[54] 谢一彪.城市贱民——宋代以来江浙沪地区堕民起源述评//张利民.城市史研究(第32辑).北京:社会科学文献出版社,2015.

[55] 叶千里.陈氏私塾沿革记略//余姚市政协文史资料委员会.余姚文史资料(第11辑).余姚:[出版者不详],1993.

[56] 鄞县工校廿周纪念筹备会编辑部.宁波:[出版者不详]1931.

[57] 虞辉祖.寒庄文编.铅印本.1921.

[58] 虞辉祖.寒庄文外编.冯君木,编.铅印本.1923.

[59] 章学诚.文史通义校注.叶瑛,校注.北京:中华书局,1985.

[60] 张原炜.葑里賸稿//沈云龙.近代中国史料丛刊正编(87).台北:文

海出版社,1972.

[61] 张任天.西湖博览会纪事//浙江省政协文史资料研究委员会.浙江文史资料选辑(第21辑).杭州:浙江人民出版社,1982.

[62] 赵晨.国民党统治时期的杭州市长//杭州市政协文史资料工作委员会.杭州文史资料(第5辑).杭州:[出版者不详],1985.

[63] 赵尔巽.清史稿.北京:中华书局,1977.

[64] 浙江图书馆.陈训慈先生纪念文集.北京:北京图书馆出版社,1996.

[65] 浙江省临时参议会.浙江省临时参议会第一届常会会刊.杭州:浙江省图书馆古籍部,1939.

[66] 浙江省临时参议会.浙江省临时参议会第二届第一次大会会刊.杭州:浙江省图书馆古籍部,1943.

[67] 浙江省通志馆馆刊合订本.杭州:杭州古籍书店,1986.

[68] 浙江图书馆.陈训慈百年诞辰纪念文集.北京:北京图书馆出版社,2006.

[69] 赵志勤.宁波光复前后的陈屺怀//浙江省政协文史资料研究委员会.浙江辛亥革命回忆录续辑.杭州:浙江人民出版社,1984.

[70] 赵志勤.陈屺怀事迹述略//宁波市政协文史资料委员会.宁波文史资料(第8辑).杭州:浙江人民出版社,1990.

[71] 周克任.陈屺怀轶事三则//宁波市政协文史资料委员会.宁波文史资料(第8辑).杭州:浙江人民出版社,1990.

[72] 宗源瀚.颐情馆闻过集.北京:北京出版社,2000.

二、新旧报纸

[1] 陈训正启示.宁波:四明日报,1910-7-14.

[2] 稿本掖县城区详图.烟台:烟台晚报,2008-3-23.

[3] 明哲见机.宁波:四明日报,1910-6-9.

[4] 张介纯.一张罕见的民国地契.宁波:东南商报,2005-1-10.

[5] 芷芬.陈屺怀先生离杭之去思.宁波:时事公报(附刊五味架),1928-12-9.

三、期刊论文

[1] 蔡罕.近代宁波早期的自办报刊与宁波的近代化.浙江传媒学院学报,2012(4):19-20.

[2] 陈训正.慈溪县志草创例目.文澜学报,1936,2(1).

[3] 陈元.陈屺怀与陈布雷兄弟.档案春秋,2008(9):20-23.

[4] 冯贤亮.从国家到地方:清代江南的府县秩序与行政控制.学术月刊,2010(5):135-143.

[5] 宫云维.马一浮主讲浙江大学"国学讲座"始末.齐鲁学刊,2010(1):46-50.

[6] 广义.转道老和尚传.南洋佛教,1969(4):20.

[7] 黄瑛.近代上海著名中医实业家李平书.中医药文化,2011(3):23.

[8] 黄燕生.傅振伦与民国方志学.中国历史博物馆馆刊,1994(2):8-17.

[9] 柳和城,刘承.上海通社与《通社丛书》.出版史料,2009(1):110-120.

[10] 柳建军.从民国《定海县志》、《鄞县通志》看陈训正的方志思想.浙江方志,2002(4):84-89.

[11] 马振犊.邵元冲与张默君.民国档案,1986(1):119-120.

[12] 沈松平.从"当代方志的雏形之作"——《民国鄞县通志》看陈训正对传统方志学理论的超越.黑龙江史志,2002(6):10-13.

[13] 翁汶英.记家父翁祖望.古镇慈城,2013(56).

[14] 邬奇峥.甬人最早的自办报刊——《宁波白话报》.宁波帮,2013(4):76-77.

[15] 吴承洛.中国之化学药品及化学原料工业.经济建设季刊,1943(4):128.

[16] 徐震.与陈屺怀先生论文书.浙江省立图书馆馆刊,1935,4(5):32.

[17] 徐鸿钧.陈屺怀的教育思想与实践初探.国家教育行政学院学报,2005(11):82-85.

[18] 俞婉君.社会变迁与浙东堕民的解放和消融.浙江社会科学,2009(9):71-76.

[19] 张美翊著,樊英民编校.蒙绮阁课徒书札.山西画院《新美域》,2008(2):51-138.

[20] 赵志勤.赵林士系年要录.古镇慈城,2011(49):19.

[21] 中国第二历史档案馆.陈布雷日记选(1936年1月—2月).民国档案,1988(1):27.

[22] 周慧惠.《鄞县通志》编纂详探——以天一阁藏鄞县通志馆收支报告档案为中心.浙江档案,2016(5):42-46.

四、学位论文

[1] 洪正龙.清代贱民阶层中的江浙堕民研究.台南:成功大学,2004.
[2] 江淑文.清末民初小学教师专业化的研究——1903－1927年.台中:东海大学,1989.
[3] 张唯.陈训正研究.宁波:宁波大学,2012.

后 记

　　工作机缘,结识了唐教授,相聊方知是同乡,且师出同门,欣喜。闲暇时刻,见其每每专注于古籍文本,几乎纵目其中,学术之认真,钦佩。多年来,我一直在浙江基础教育战线上奔走,听课评课、编撰调研,繁杂忙乱中已然忘却自己曾经所学的是历史学,似乎已是教育学。不禁莞尔。

　　作为宁波人,有着自然的故乡情结,即便身处杭城已是二十多载。慰藉乡思的有效方法便是深入了解故乡的历史与风土。作为甬籍近代历史名人,陈训正集教育家、文学家、报人、学者于一身,一生坦荡。无论其研究经世实用之学,还是投身革命事业,其笔伐专制,开启民智,兴办教育,庇佑寒门,编纂方志,所为一切皆是以报效国家、为民造福为宗旨。陈训正一生著述极丰,跨界之事颇多,纵然学界有所研究,却不能详尽,故而为其修年谱极为必要。

　　当下,基础教育界的改革风起云涌,高中历史教育强调学科五大核心素养:唯物史观、时空观念、史料实证、历史解释、家国情怀。《陈训正年谱》无论从史家专门史研究角度,还是从基础教育历史教学角度,都可谓是"质实有用,取征后来"。

戴晓萍

记于戊戌暮春之西溪